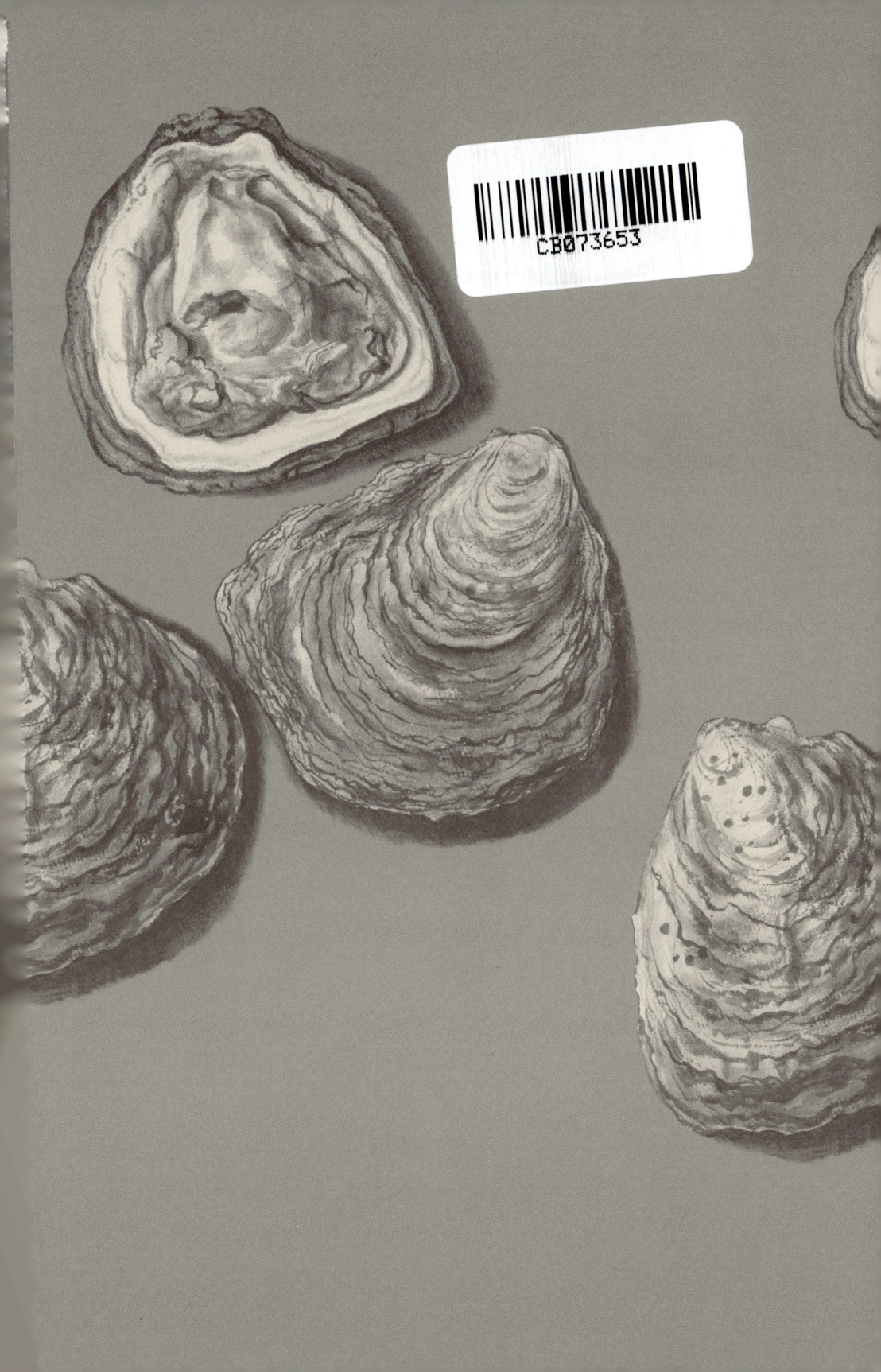

Rubem Alves

OSTRA FELIZ NÃO FAZ PÉROLA

3ª edição
3ª reimpressão

PAIDÓS

Copyright © Rubem Alves, 2008, 2021
Copyright © Editora Planeta do Brasil, 2016, 2021
Todos os direitos reservados

Revisão: Tulio Kawata, Denise Morgado e Carmen T. S. Costa
Projeto gráfico e diagramação: 3Pontos Apoio Editorial Ltda
Capa: Filipa Damião Pinto | Foresti Design
Ilustração de capa: Rijksmuseum
Ilustrações de miolo: Elivelton Reichert

Dados Internacionais de Catalogação na Publicação (CIP)
Angélica Ilacqua CRB-8/7057

Alves, Rubem, 1933-2014
　　Ostra feliz não faz pérola / Rubem Alves. – 3. ed. – São Paulo: Planeta, 2021.
　　288 p.

　　ISBN 978-65-5535-459-1

　　1. Crônicas brasileiras. I. Título.

21-2606　　　　　　　　　　　　　　　　　　　　CDD B869.8

Índice para catálogo sistemático:
1. Crônicas brasileiras

MISTO
Papel | Apoiando o manejo florestal responsável
FSC® C005648

Ao escolher este livro, você está apoiando o manejo responsável das florestas do mundo e outras fontes controladas

2025
Todos os direitos desta edição reservados à
EDITORA PLANETA DO BRASIL LTDA.
Rua Bela Cintra, 986 – 4º andar
01415-002 – Consolação – São Paulo-SP
www.planetadelivros.com.br
faleconosco@editoraplaneta.com.br

Acreditamos nos livros

Este livro foi composto em Adobe Garamond Pro e impresso pela Gráfica Santa Marta para a Editora Planeta do Brasil em fevereiro de 2025.

Para a Thais

Sumário

10 Caleidoscópio

76 Amor

88 Beleza

104 Crianças

118 Educação

150 Natureza

160 Política

180 Saúde mental

190 Religião

248 Velhice

264 Morte

282 Biografia do autor

"São os que sofrem que produzem a beleza, para parar de sofrer."

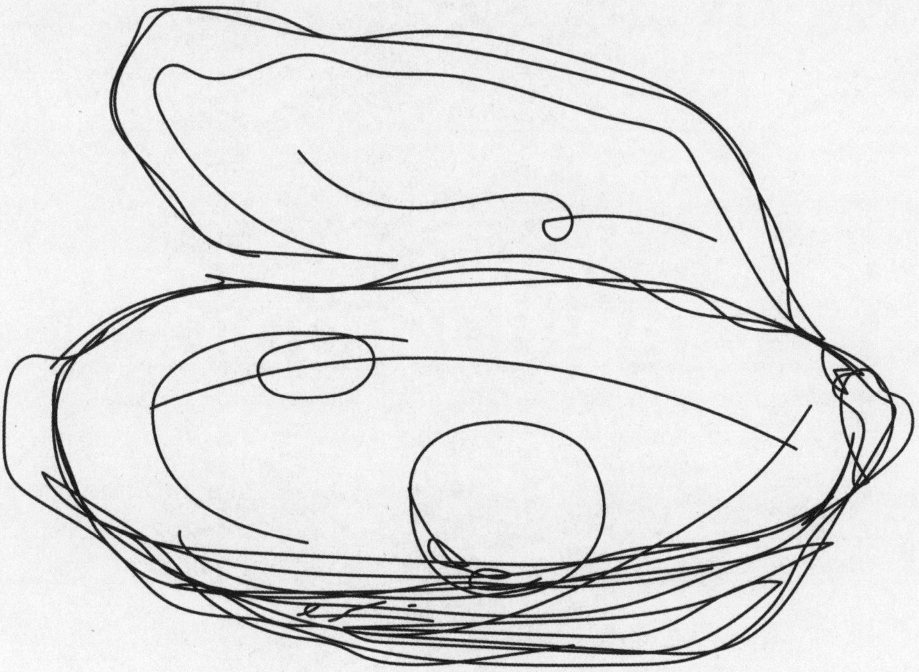

Caleidoscópio

Ostra feliz não faz pérola

Ostras são moluscos, animais sem esqueleto, macias, que representam as delícias dos gastrônomos. Podem ser comidas cruas, com pingos de limão, com arroz, *paellas*, sopas. Sem defesas – são animais mansos –, seriam uma presa fácil dos predadores. Para que isso não acontecesse, a sua sabedoria as ensinou a fazer casas, conchas duras, dentro das quais vivem. Pois havia num fundo de mar uma colônia de ostras, muitas ostras. Eram ostras felizes. Sabia-se que eram ostras felizes porque de dentro de suas conchas saía uma delicada melodia, música aquática, como se fosse um canto gregoriano, todas cantando a mesma música. Com uma exceção: de uma ostra solitária que fazia um solo solitário. Diferente da alegre música aquática, ela cantava um canto muito triste. As ostras felizes se riam dela e diziam: "Ela não sai da sua depressão...". Não era depressão. Era dor. Pois um grão de areia havia entrado dentro da sua carne e doía, doía, doía. E ela não tinha jeito de se livrar dele, do grão de areia. Mas era possível livrar-se da dor. O seu corpo sabia que, para se livrar da dor que o grão de areia lhe provocava, em virtude de suas aspereza, arestas e pontas, bastava envolvê-lo com uma substância lisa, brilhante e redonda. Assim, enquanto cantava seu canto triste, o seu corpo fazia o trabalho – por causa da dor que o grão de areia lhe causava. Um dia, passou por ali um pescador com o seu barco. Lançou a rede e toda a colônia de ostras, inclusive a sofredora, foi pescada. O pescador se alegrou, levou-as para casa e sua mulher fez uma deliciosa sopa de ostras. Deliciando-se com as ostras, de repente seus dentes bateram num objeto duro que estava dentro de uma ostra. Ele o tomou nos dedos e sorriu de felicidade: era uma pérola, uma linda pérola. Apenas a ostra sofredora fizera uma pérola. Ele a tomou e deu-a de presente para a sua esposa.

Isso é verdade para as ostras. E é verdade para os seres humanos. No seu ensaio sobre *O nascimento da tragédia grega a partir do espírito da música,* Nietzsche observou que os gregos, por oposição aos cristãos, levavam a tragédia a sério. Tragédia era tragédia. Não existia para eles, como existia para os cristãos, um céu onde a tragédia seria transformada em comédia. Ele se perguntou então das razões por que os gregos, sendo dominados por esse sentimento trágico da vida, não sucumbiram ao pessimismo. A resposta que encontrou foi a mesma da ostra que faz uma pérola: eles não se entregaram ao pessimismo porque foram capazes de transformar a tragédia em beleza. A beleza não elimina a tragédia, mas a torna suportável. A felicidade é um dom que deve ser simplesmente gozado. Ela se basta. Mas ela não cria. Não produz pérolas. São os que sofrem que produzem a beleza, para parar de sofrer. Esses são os artistas. Beethoven – como é possível que um homem completamente surdo, no fim da vida, tenha produzido uma obra que canta a alegria? Van Gogh, Cecília Meireles, Fernando Pessoa...

Caleidoscópio

O caleidoscópio nasceu na Inglaterra, nos primeiros anos do século passado. Seu inventor foi *Sir* David Brewster. Acho que era um vagabundo porque se fosse ocupado não teria a ideia. O trabalho intenso faz mal à criatividade. Nietzsche, dirigindo-se àqueles para quem a vida é "trabalho furioso", aqueles para quem "o trabalho furioso é coisa boa, e também tudo o que é rápido, novo e diferente", conclui: "O fato é que vocês não se suportam. Seu trabalho é fuga, um desejo de se esquecerem de vocês mesmos. Mas vocês não têm conteúdo... nem mesmo para a preguiça". Deve ter sido num momento de vagabundagem que a ideia do caleidoscópio apareceu na cabeça de *Sir* David Brewster. Como era homem culto e conhecia o grego antigo, uniu as palavras gregas *kalos* (= belo), *eidos*

(= imagem) e *scopéo* (= vejo). Caleidoscópio quer dizer "vejo belas imagens". As belas imagens do caleidoscópio se fazem com caquinhos de vidro, clipes, tachinhas, pedrinhas. O mesmo acontece com os artistas. Eles têm a capacidade de produzir o belo com o insignificante. Este livro está cheio de caquinhos que podem, eventualmente, produzir belas imagens.

Albert Camus
... sonhava com o momento em que poderia escrever com liberdade total, na orgia anárquica do corpo: "Quando tudo estiver acabado: escrever sem preocupação de ordem. Tudo o que me passar pela cabeça" (A. Camus, *Primeiros cadernos*, p. 427). Ele não teve essa chance. Morreu antes. Eu estou tendo.

Pregador de vagabundagem
Jovem, quando eu era pastor, era frequente que meus sermões provocassem reações negativas nos conservadores porque eles esperavam que eu falasse sobre a certeza da salvação de suas almas e eu, que nada sabia e ainda nada sei sobre a vida após a morte, falava sobre as coisas da vida. Recebi então um convite para pregar na Igreja Presbiteriana da Lapa, São Paulo. Disse para mim mesmo: "Estou cansado de confusões. Vou pregar um sermão pra ninguém botar defeito. Todos sorrirão. Falarei sobre as crianças...". Li as palavras de Jesus: "E se vocês não mudarem suas maneiras de sentir e pensar e não se transformarem em crianças, jamais entrarão no Reino dos Céus...". Aí falei sobre as crianças. Diferentes dos adultos, que vivem para trabalhar, as crianças vivem para brincar. Brincar é o sentido da vida... Esse sermão provocou uma confusão que excedeu todas as outras. Acusaram-me de corruptor da juventude, pregando a vagabundagem. Daí para a frente, em qualquer igreja onde eu fosse pregar, lá estavam os inquisidores com gravadores para capturar as minhas heresias. Que Deus os tenha. Conselho aos jovens pregadores: se vocês querem ser bem-sucedidos digam aos membros de suas igrejas o que eles desejam ouvir. Bom conselho é "não lançar pérolas aos porcos". Ou, na

sua versão oriental, "nunca mostres teu poema a um não poeta". O que eles desejam é ouvir a confirmação de suas velhas ideias. Eles amam as repetições e odeiam tudo o que perturba a sua paz. Existe um livrinho muito divertido que poderá ajudá-los na difícil tarefa de agradar a sua congregação. Infelizmente não foi traduzido para o português: *How to Be a Bishop Without Being Religious* [Como ser um bispo sem ser religioso]. Ali você encontrará os conselhos que o ajudarão a chegar a bispo. É um velho bispo metodista que dá conselhos ao seu jovem sobrinho que acaba de ser ordenado. Como é bem sabido, os bispos protestantes se casam. Um dos conselhos mais importantes refere-se à escolha da sua mulher: escolha uma mulher feia. Se for uma mulher bonita, a congregação começará a fazer fantasias sobre o bispo e sua mulher na cama, e isso não é bom para a sua vida espiritual. E é importante que vocês não sejam felizes. Porque um pastor feliz quererá gastar muito tempo com sua amada em atividades não religiosas, o que roubará o precioso tempo em que ele deveria estar preparando o sermão, consultando os textos originais em hebraico e grego e os comentários bíblicos.

Orgasmos nasais

Acometido por uma crise de espirros enquanto caminhava pela fazenda Santa Elisa, lembrei-me de um estudante que me confessou espirrar sempre que se sentia excitado sexualmente. Nos livros sobre erótica que li nunca vi referência alguma a esse curioso fenômeno. É bem possível que os espirrantes, envergonhados dessa anomalia e com medo de serem catalogados psicanaliticamente como "perversos", tenham guardado o seu segredo. Para quem não sabe, ser "perverso" em psicanalisês não quer dizer "malvado". Do latim *perversus*, virado, ao contrário, feito contra o costume e a razão. Ter orgasmo com o nariz é uma perversão, não é normal. Quem sabe o Vaticano soltará uma encíclica condenando os espirros da mesma forma como condena os homossexuais e a camisinha? O fato é que o espirro muito se assemelha ao orgasmo. Começa com uma discreta cócega, a cócega cresce até estourar numa explosão eólica extremamente prazerosa seguida de alívio. O prazer sexual do espirro levou os antigos a inventar uma forma de ter orgasmos nasais artificialmente. Inventaram o rapé. O rapé era o Viagra nasal daqueles tempos: orgasmos nasais à vontade. Do francês *râper*, ralar, raspar. Rapé é fumo raspado, em pó. Houve tempos em que era elegante cheirar rapé, o pó preto. Vendiam-se caixinhas de prata, à semelhança das caixas de fósforo, verdadeiras joias. Dentro ia um pedaço de fumo. De um lado, um minúsculo ralador. Ralava-se o fumo na hora para se obter um cheiro de qualidade superior, da mesma forma como, para se obter um bom café, o grão tem de ser moído na hora. Qual era a maneira elegante para se cheirar rapé? Primeiro, fechava-se uma das mãos, na horizontal. Depois esticava-se o dedão firmemente para cima. Ao fazer isso aparece, na junção da mão com o braço, um oco, produzido pelo tendão esticado do dedo. Nesse oco se coloca o pó. Aproxima-se então o pó de uma das narinas, tendo a outra tampada com o dedo indicador da outra mão. Respira-se com força, o pó entra pela narina e o espirro vem para o prazer do espirrante. Ainda é possível comprar rapé nas tabacarias. Eu mesmo tenho uma latinha que me foi dada por um amigo. Quem sabe seria possível substituir o pó branco pelo pó negro? Espirro dá prazer sem fazer mal.

É preciso saber para passar no vestibular!

Minha neta estava lendo um lindo livro de biologia. Ah! Como a biologia é fascinante! A vida! Mas não havia entusiasmo no seu rosto. Nem nada que se parecesse com curiosidade. Era mais uma expressão de tédio. Sei o que é isso. Há textos que reduzem o leitor a uma panqueca que se arrasta pelo chão. Arrasta-se porque tem de ler mas não quer ler. É por causa desses textos que Barthes disse que a preguiça é parte essencial da experiência escolar. Perguntei o que ela estava lendo. Ela me mostrou um parágrafo com o dedo. Era isso que estava escrito: "Além da catalase, existem nos peroxíssomos enzimas que participam da degradação de outras substâncias tóxicas, como o etanol e certos radicais livres. Células vegetais possuem glioxissomos, peroxissomos especializados e relacionados com a conversão das reservas de lipídios em carboidratos. O citosol (ou hialoplasma) é um coloide... No ciosol das células eucarióticas, existe um citoesqueleto constituído fundamentalmente por microfilamentos e microtúbulos, responsável pela ancoragem de organoides... Os microtúbulos têm paredes formadas por moléculas de tubulina...". Encontrei ainda palavras que nunca lera: "retículo sarcoplasmático, complexo de Golgi, pinocitose, fagossomo, fragmoplasto, o padrão do axonema é constituído por 9+2, uma referência aos 9 pares de microtúbulos em torno de um par central". Parece-me que essa última afirmação tem a ver com o rabo do espermatozoide, mas nesse momento os meus pensamentos já estavam tão confusos que não posso garantir. Não posso imaginar minha neta conversando sobre essas palavras com suas amigas ou seu namorado. Ele, eu acho, só vai se interessar pelo rabo do espermatozoide... Fico curioso: o que é que o professor que escreveu esse texto imaginava que os adolescentes iriam fazer com ele? Li esse texto para um erudito professor de biologia. Sua reação foi: "Não entendi nada...".

Pocinhos do Rio Verde canhoneia Paris

Quem suspeitaria que Pocinhos do Rio Verde, um lugarzinho bucólico, com matas, riachos, pássaros, um dia ajudou a canhonear Paris? Mas não foi por virtude de matas, riachos e pássaros. Foi em virtude do que havia nas montanhas vulcânicas, um metal raro, zircônio, bom para produzir aço para canhões. Desde o início do século XX, o zircônio era exportado para a Alemanha. Na guerra de 1914-1918, a Alemanha construiu três canhões gigantescos, de 420 mm de calibre, capazes de lançar granadas a 100 quilômetros de distância: Paris! O primeiro canhão explodiu no primeiro tiro, matando sua guarnição. Mas os outros dois, apelidados de "Berta" (com certeza, três irmãs gêmeas, de mau gênio...), conseguiram o seu objetivo. Bombardearam Paris. Minha hipótese para a explosão da primeira irmã Berta é que seu aço era de má qualidade, sem zircônio de Pocinhos. Pocinhos, quem diria, lugarzinho tão pacífico, tem essa mancha negra no seu passado... Mas Deus já perdoou. Foi sem querer... Essas informações se encontram no livro *Memória da Companhia Geral das Minas* (Poços de Caldas, Alcoa Alumínio). Nesse livro se encontra uma foto de Getúlio Vargas rodeado por pessoas importantes: todos vestidos em ternos de linho branco e calçados com sapatos brancos com ponta preta, lustrosa. O único urubu em meio a essas garças é um bispo... Afinal de contas: o que é que bispo tem a ver com mineração? Minas abençoadas produzem mais?

Sobre o tamanho
Se o maior fosse o melhor, o elefante seria o dono do circo.

Novo *slogan* político
Alguém escreveu num muro branco da Universidade do Porto, em Portugal, a sua exigência política: "Queremos mentiras novas!". Quem o escreveu sabia das coisas. Sabia que seria inútil pedir o impossível: "Basta de mentiras!". Na política, apenas as mentiras são possíveis. Mas ele já estava cansado das mentiras velhas, batidas, como piadas cujo fim já se conhece, que diariamente aparecem nos jornais. Mentiras velhas são um desrespeito à inteligência daqueles a quem são dirigidas. Que mintam, mas que respeitem a minha inteligência! Mintam usando a imaginação! Por isso escrevia, em nome da inteligência, do possível e do humor: "Queremos mentiras novas!".

Os bichos vão para o céu?
Tenho um amigo que é pastor de uma comunidade protestante. Por favor, não confundir "protestante" com "evangélico"... Contou-me de uma velhinha solitária que tinha como seu único amigo um cãozinho. Ela o procurou aflita. Havia lido no livro de Apocalipse 22:15, que não entrarão no céu "os cães, os feiticeiros, os impuros, os assassinos, os idólatras...". Que os impuros, os assassinos, os idólatras não entrem no céu está muito certo. "Mas, reverendo", ela dizia, "o meu cãozinho... A Bíblia está dizendo que o meu cãozinho não vai entrar no céu... Mas eu amo o meu cãozinho. O meu cãozinho me ama... O que será de mim

sem o meu cãozinho?" Aí eu pergunto aos senhores, teólogos, estudiosos dos mistérios divinos: há, no céu, um lugar para os cãezinhos? Sei qual será a sua resposta. "No céu não há lugar para cãezinhos porque cãezinhos não têm alma. Somente os humanos a têm." Acho que, teologicamente, segundo a tradição, os senhores estão certos. Nas inúmeras telas que os artistas pintaram da bem-aventurança celestial, por mais que procurasse, nunca encontrei animal algum. Aves, às quais são Francisco pregou (por que pregar-lhes, se elas não têm alma?), peixes, símbolos de Jesus Cristo, vacas, jumentos e ovelhas, que adoraram o Menino Jesus no presépio, todos eles serão reduzidos a nada. Não ressuscitarão no último dia. O céu será um mundo de almas desencarnadas. Não haverá beijos nem abraços. Falta às almas a materialidade necessária para beijos e abraços. Os senhores já observaram que no Credo Apostólico a "alma" não é sequer mencionada? Lá se fala em "ressurreição da carne". É a carne que está destinada à eternidade. A carne é o mais alto desejo de Deus. Tanto assim que Ele se tornou carne, encarnou-se. A esperança é a volta ao Paraíso, onde havia bichos de todos os tipos. Se Deus os criou é porque Deus os desejava e deseja. Um céu vazio de animais é um céu de um Deus que fracassou. Ao final, Ele não consegue trazer de novo à vida aquilo que criou no princípio. Não. Herege que sou, direi à velhinha: "Fique tranquila. O seu cãozinho estará eternamente ao seu lado... Não só o seu cãozinho como também gatos, girafas, macacos, peixes, tucanos, patos e gansos... Deus gosta de bichos. Os bichos o louvam melhor que os humanos. Se Ele gosta de bichos eles serão ressuscitados no último dia...".

A arte da dança
Contarei o milagre mas não contarei os santos. Não lhes pedi permissão. Eram um lindo casal de brasileiros que faziam estudos avançados na Universidade de Lovaina, Bélgica. Convidaram-nos para uma recepção e lá foram eles elegantemente vestidos. Música. Danças. Dançavam eles no salão quando notaram que os outros casais paravam de dançar e formavam uma roda ao seu redor, todos a olhar para eles. Pensaram: devemos

estar dançando muito bem. Aí capricharam nos passos para não desapontar a plateia, até que a música terminou. Ao se aproximarem de um professor amigo, ele lhes disse com um divertido sorriso: "É a primeira vez que vejo um casal dançando o hino nacional da Bélgica...".

Inspiração

O livro do Eclesiastes adverte: "Um último aviso: escrever livros e mais livros não tem limite. E o muito estudo é enfado da carne...". Não obedeci. Escrevi muitos livros. É o jeito que tenho de brincar. Livros são brinquedos para o pensamento. De todos os que escrevi, acho que o que mais amo é *A menina e o pássaro encantado*. Escrevi para transformar uma dor em beleza. Eu ia me ausentar do Brasil por um período longo e a minha filha de 4 anos, a Raquel, estava inconsolável. As crianças têm uma sensibilidade especial. Sabem que toda ausência passageira é metáfora de uma ausência definitiva. Ela sofria e eu sofria com o sofrimento dela. Aí, de repente, veio a inspiração. Inspiração é quando a gente não sabe de onde a ideia vem. Na ciência é o contrário: é preciso explicar o caminho que se tomou para chegar à ideia. É esse caminho que tem o nome de método. Seguindo o mesmo caminho, qualquer outro cientista poderá chegar à mesma ideia. Na literatura é o contrário: o escritor não sabe de onde as ideias vêm. Portanto não se pode ensinar o caminho. Veja como Fernando Pessoa descreveu essa experiência: "Às vezes tenho ideias felizes, ideias subitamente felizes... Depois de escrever, leio... Por que escrevi isso? Onde fui buscar isso? De onde me veio isso? Isto é melhor do que eu...". A ciência é a caça de um pássaro definido de antemão que, depois de apanhado, será preso numa gaiola de palavras. Mas a inspiração não é uma caça. A inspiração chega em momentos raros de distração. Picasso explicou o seu "método": "Eu não procuro. Eu encontro...". Ou seja, a inspiração não tem método: o pássaro pousa no nosso ombro, sem que o tivéssemos procurado e apenas nos espantamos de que ele seja assim tão bonito... Foi assim que me apareceu a estória *A menina e o pássaro encantado*. Nela, uma menina que não suportava a saudade, para impedir que seu pássaro voasse tratou de prendê-lo numa gaiola. Resultado: o pássaro encantado deixou de ser encantado; perdeu as cores e esqueceu o canto. O pássaro só é encantado quando é livre. O sentido original da estória era claro: era uma estória para a minha filha e para mim cujo objetivo era transformar a dor em beleza. Mas aí aconteceu o inesperado: depois de publicado, os leitores passaram a ver sentidos novos que eu não havia visto: o livro começou a ser usado por terapeutas para lidar com casais em que cada um tentava engaiolar o outro. E estavam certos. Foi então que um amigo me disse: "Que linda estória você escreveu sobre Deus!". Espantei-me. "Sobre Deus? Qual?" *"A menina e o pássaro encantado"*, ele respondeu. Contestei: "Mas a estória não é sobre Deus...". Ao que ele me disse: "Pois eu pensei que o pássaro encantado era Deus, que as religiões aprisionam em gaiolas...". Pode também ser... É impossível engaiolar o sentido.

Ele não existe

Eu e minha filha de 5 anos voltávamos do cinema. Tínhamos visto o *E.T.* Minha filha chorava convulsivamente. Nada a consolava. Em casa, depois do lanche, para consolá-la eu lhe disse: "Vamos ao jardim ver a estrelinha do E.T.". Fomos. Mas o céu se cobrira de nuvens. Minha mágica não dera certo. Improvisei. Corri para trás de uma palmeira e gritei: "O E.T. está aqui! Venha ver!". Ela ficou séria e disse: "Papai, não seja bobo. O E.T. não existe...". Respondi: "Não existe? Então, por que é que você estava chorando?". Ela respondeu: "Por isso mesmo, porque ele não existe...".

Pensamentos-brinquedos

Pensamentos vagabundos são pensamentos que a gente pensa sem querer pensar, diferentes dos pensamentos que a gente pensa por precisar deles. Os pensamentos que a gente pensa por precisar deles andam sempre um atrás do outro como soldados em ordem unida. São ferramentas. Eles vêm quando a gente os chama. Os pensamentos vagabundos são como as nuvens que o vento leva, uma hora se parecem com um cachimbo, o cachimbo vira um navio, o navio se transforma em elefante, o elefante vira flor... Coisa de poetas desocupados... São brinquedos. Eles vêm sem serem chamados. Guimarães Rosa relata que foi assim que lhe chegou o conto "A terceira margem do rio". Ele ia andando distraído pela rua quando, repentinamente, o conto lhe veio pronto, como a bola chega às mãos do goleiro. Ele foi para casa e o escreveu. Quando alguém lê o que escrevemos e gosta é porque entrou no brinquedo...

Gaiola de prender ideias

Quando uma ideia boa me chegava eu a prendia na minha "gaiola de prender ideias", um caderninho, na esperança de um dia transformá-la num artigo. Mas a quantidade de ideias que eu colocava na gaiola de prender ideias era muito maior que minha capacidade de escrever. Elas nunca iriam se transformar em literatura. Seriam condenadas ao esquecimento. Fiquei com dó delas. Resolvi então tirá-las da gaiola e soltá-las aos quatro ventos. Estão aí, neste livro...

Sobre o amar e o ouvir

Amamos não a pessoa que fala bonito, mas a pessoa que escuta bonito... A arte de amar e a arte de ouvir estão intimamente ligadas. Não é possível amar uma pessoa que não sabe ouvir. Os falantes que julgam que por sua fala bonita serão amados são uns tolos. Estão condenados à solidão. Quem só fala e não sabe ouvir é um chato... O ato de falar é um ato masculino. Fala é *falus*: algo que sai, se alonga e procura um orifício onde entrar, o ouvido... Já o ato de ouvir é feminino: o ouvido é um vazio que se permite ser penetrado. Não me entenda mal. Não disse que fala é coisa de homem e ouvir é coisa de mulher. Todos nós somos masculinos e femininos ao mesmo tempo. Xerazade, quando contava as estórias das 1.001 noites para o sultão, estava carinhosamente penetrando os vazios femininos do machão. E foi dessa escuta feminina do sultão que surgiu o amor. Não há amor que resista ao falatório.

Bernes

As férias podem ser perigosas porque elas nos expõem a experiências insólitas. Camus sabia disso e disse que viajava só pra ter medo. Pois uma coisa incomum me aconteceu nas últimas férias que jamais poderia ter acontecido em Campinas. Peguei um berne. Ou melhor, uma mosca varejeira me pegou. Pra quem não sabe, varejeira é uma mosca caipira parecida com as moscas urbanas, só que maior. Não querendo se ocupar com os incômodos da maternidade, ela põe seus ovos em carne viva, boi, cães, seres humanos. Assim ela garante o alimento da larva sem ter de se preocupar. (Há uma vespa que faz a mesma coisa. Caça uma aranha de abdômen gordo, leva-a para dentro de sua toca, imobiliza-a com um líquido paralisante, põe seus ovos sobre sua barriga e se manda, para nunca mais. Quando nascem as larvas, elas têm carne fresquinha à sua disposição, sem que a aranha possa fazer qualquer coisa...) A gente não sente quando a varejeira pousa na pele. Sente só quando ela enfia o ferrão e põe o ovo. Aí o ovo vai crescendo... Coceira. Ferroadas a intervalos. Espremer não adianta, porque o berne não é bobo, refugia-se no fundo da carne. Vai crescendo, engordando, na forma de um minivulcão com uma minicratera, respiradouro. Os homens do campo se valem de um artifício simples para extrair o berne. Colocam um pedaço de toucinho sobre o vulcanículo, preso com um esparadrapo. O berne fica sem ar, sufocado. Trata de procurar ar para não morrer. Vai para a superfície e entra dentro do toucinho. Aí é só tirar o esparadrapo que o berne está lá. Não sei direito o que acontece se o berne se desenvolver até o fim. Acho que ele se transforma em varejeira e sai voando. Tive calafrios ao pensar nisso. O berne me fez pensar que o mundo está cheio de varejeiras que nos injetam ovos que vão crescendo vida afora, dando ferroadas. Malditos bernes que não podem ser retirados com toucinho porque se alojam nos sentimentos e nas ideias. Tenho muitos bernes na minha alma, bernes que coçam e dão ferroadas. O problema é que eles, por oposição aos bernes da varejeira, não saem voando, gostam de permanecer bernes dentro da alma. Com o tempo, a gente até passa a gostar deles, em virtude de sua coceirinha. Ficam porque gostamos... Meu berne não saiu nem com toucinho nem com espremeções. Precisei apelar para a ação de uma dermatologista que teve de fazer uma minicirurgia... Agora estou livre de ferroadas e coceiras.

Inveja

Ela estava muito feliz. A casa dos seus sonhos, que ela e o seu marido estavam construindo, ficou pronta. Queriam, agora, compartilhar a sua alegria com os amigos. Decidiram, então, fazer um dia de *open house*, "casa aberta", para o qual todos os amigos seriam convidados. A alegria compartilhada fica maior. Foi o que ela me disse numa sessão de psicanálise. Eu me calei. Não tive coragem de falar. Na sessão seguinte ela estava mergulhada em profunda tristeza. Nada acontecera como o esperado. Os amigos não ficaram felizes. Os visitantes trataram de estragar a sua alegria. "Mas você não acha que aquela parede amarela teria ficado melhor se tivesse sido pintada de verde?" "Esse forno de *pizza*: meu primo fez um; no início foi uma festa, depois foi o esquecimento. O forno de *pizza* está lá na casa dele, sem uso..." "Aquela escada de madeira teria dado mais classe à sua casa se fosse de granito..." Foi assim que ela aprendeu a dura lição da inveja. Não pense que seus ditos amigos ficarão felizes com a sua felicidade. Eles tratarão de destruí-la.

Presente

A conversa rolou solta, navegando ao sabor das memórias de infância. Contou-me esse amigo que o presente que o seu pai recebeu quando completou 5 anos foi... uma enxada! Sim, uma enxada! Dirão os que nada entendem de poesia: "Mas que presente absurdo para se dar a uma criança!". Não, foi um presente profundamente amoroso. O pai estava dizendo ao filho pequeno: "Você já pertence ao mundo dos grandes. Você já é nosso companheiro. Eu tenho uma enxada, seus tios têm enxadas, seu avô tem uma enxada. Nós trabalhamos no campo. E estamos felizes porque agora você é um de nós...". Nas cerimônias de iniciação era assim que se fazia: o candidato era declarado adulto dando-se-lhe um objeto que só os adultos podiam usar.

Parto no pilão

Contou-me também que, para o parto do seu pai, sua avó foi colocada assentada num pilão! Parto de cócoras, que agora voltou à moda. E o avô foi colocado a correr em volta da casa, enquanto o parto acontecia. Diziam que a corrida do marido ajudava a mulher parindo. Duvido. Mas tinha duas grandes virtudes: afastar o pai do quarto, porque ele só iria atrapalhar a ação da parteira. E propiciar uma descarga muscular para a sua ansiedade. Correr liberta energias represadas e tem um efeito tranquilizador...

Filosofia de jangadeiro

A Vilma Cloris de Carvalho, maravilhosa professora aposentada da Unicamp, a quem deveria ser conferido o título de "Professora Emérita", vive em Recife e descobriu sua veia literária. Isso acontece com frequência: que as pessoas, livres dos deveres dos empregos, descubram universos novos... Um dos seus prazeres é caminhar pela praia, pela manhã. Ela me contou o seguinte: "Na minha caminhada, passo por uma praia de jangadeiros. É ali que eles trazem os seus peixes. Todos eles já fazem uso do telefone celular para se comunicar com a terra. Passei por um jangadeiro que falava ao celular. Curiosa, diminuí o passo para ouvir a conversa. Ele falava com uma mulher. Foi isso que ele disse: 'Meu bem, quando estou com você, sou só seu. Quando estou com a minha mulher, sou só dela. Mas, quando estou no mar, não sou de ninguém'".

O que a minha cadela pensa de mim

Meu nome é Lola. É assim que me chamam. Quando gritam o meu nome, sei que me querem perto deles. Psicologicamente posso ser definida como um animal incapaz de mentir ou fingir. Minha alma mora na minha pele. Quando estou alegre, meu rabo abana por conta própria, independente da minha vontade. Quando a alegria é demais, dou umas mijadinhas. Quando estou triste, meu rabo e minha cabeça abaixam. Quando estou com sono, me esparramo no chão, do rabo ao focinho. Tudo se dependura: pele, orelhas, testa, olhos. Meu dono gosta de mim, embora fique bravo quando eu pulo para abraçá-lo e lhe dou uma lambida. O que é verdade para mim não é verdade para o meu dono. A alma dele não mora na pele. Ele mente. Ele finge. Nunca o vi dar uma mijadinha de felicidade. Talvez ele não seja suficientemente feliz para isso. Às vezes, eu estou deitada do jeito como descrevi e ele está assentado numa cadeira. Ele olha para mim de um jeito diferente. Não é alegria. Não é tranquilidade. Acho que é inveja. Ele gostaria de ser como eu sou, mas não tem coragem... Está morrendo de vontade de se esparramar também no chão frio, como eu. Mas não o faz. Fico a pensar: o que o impede? Acho que é vergonha. Os homens têm vergonha uns dos outros. Sou feliz porque não tenho vergonha e faço o que quero. Talvez essa seja a razão por que os homens gostam de ter *pets*: porque nos *pets* eles projetam uma felicidade que eles mesmos não têm. Diga-me o *pet* que você tem e eu saberei como é a sua alma. Os *pets* têm uma função terapêutica. Bem, eu sou uma cadela, e tudo o que disse foi de brincadeirinha. Porque eu mesma, na realidade, me contento em ser feliz. Não gasto tempo pensando essas coisas...

Definição

Para encerrar a conversa, a entrevistadora fez a última pergunta: "Como é que você se definiria?". Êta pergunta impossível de ser respondida! Porque definir, como o próprio nome está dizendo, vem do latim *finis*, fim. Definir é determinar os limites. Mas sei eu lá quais são os meus limites! Para respondê-la, eu teria de encontrar uma frase que não fosse definição, que apontasse para o sem limites. Aí eu me lembrei da frase que Robert Frost escolheu para sua lápide e disse que aquela era a definição de mim mesmo: "Ele teve um caso de amor com a vida". Quero que essas sejam as palavras na minha lápide.

Formigas

Li uma informação na revista *National Geographic* sobre as formigas que me horrorizou: "O peso de todas as formigas do mundo é aproximadamente o mesmo peso dos 6 bilhões de habitantes da Terra somados" (*National Geographic*, Edward O. Wilson, maio de 2006).

Conselho ao Nelson Freire

Caro Nelson Freire: Ao terminar de ouvir os dois concertos de Brahms interpretados por você, lembrei-me de um incidente que poderá lhe ser de grande valia. Bernard Shaw foi ouvir Jascha Heifetz. Chegando em casa, depois do concerto, escreveu-lhe uma carta imediatamente. O conteúdo era mais ou menos assim: "Prezado senhor Jascha Heifetz. Ouvi-o no concerto desta noite. Voltei para casa profundamente preocupado. Porque tocando do jeito como o senhor toca é impossível que os deuses não se roam de ciúme – porque é certo que eles não conseguem tocar como o senhor. Eles sentirão inveja. E deuses invejosos são perigosos. Assim, dou-lhe um conselho. De noite, antes de dormir, não faça suas orações costumeiras. Pegue o seu violino e toque desafinado. Os deuses, ao ouvi-lo, se sentirão aliviados na sua inveja e deixarão o senhor em paz. Atenciosamente, George Bernard Shaw". Nelson, faço meu o conselho de Shaw. Sozinho, de noite, em vez de rezar, toque mal, esbarre algumas notas, erre... Nenhum crítico o estará ouvindo. Mas os deuses estarão. E eles dormirão em paz e você dormirá em paz. Conselho do seu conterrâneo Rubem Alves.

Dia das Mães

Quando eu era menino, o Dia das Mães se celebrava assim: as crianças que tinham mãe colocavam uma flor vermelha na blusa; as crianças que não tinham mãe, uma flor branca. Era tudo. Tudo estava dito.

Internet

A internet é um logra-bobos. Recebi um *e-mail* da princesa Kevin David, da Costa do Marfim, endereço eletrônico d011@yahoo.com ou kdavid@yahoo.com informando-me que estava pronta a transferir para uma conta bancária minha a modesta importância de 2 milhões de dólares, para negócios em sociedade e solicitando retorno. Não sei como ela descobriu o meu nome. Mas sei que ela descobriu muitos outros nomes que receberam a mesma oferta. Retornei: "Prezada princesa Mary Kevin David: Sinto-me profundamente honrado com a sua escolha da minha pessoa para receber 2 milhões de dólares. Mas lamento informar que, por razões religiosas, não posso aceitá-los. Fiz votos de obediência, castidade e pobreza e não posso quebrá-los. Sua oferta me faria um homem rico. Mas estou destinado a ser pobre. Deus não me perdoará se eu quebrar o meu voto. Portanto eu rejeito sua generosa doação por medo do fogo eterno do Inferno. Humildemente, Rubem Alves".

Fraqueza masculina

O conto do vigário mais comum dirige-se aos homens. São muitas as empresas que o oferecem. Se oferecem, é porque é bom negócio. Transcrevo: "De: Thomas Bean, ubrksqhf@partysone-berlin.de – Revolução sensacional na medicina. Aumente o seu pênis até 10 centímetros ou 4 polegadas. É uma solução herbal que não tem efeitos colaterais mas tem resultados 100% garantidos. Clique aqui: http://monk-cotton.info". Outro: "Ele é grande que chegue? 68% das mulheres dizem que o pênis dos seus amantes não é grande que chegue. Você é um deles? Nossos médicos desenvolveram uma pílula que vai fazê-lo crescer até 3 polegadas. Resultados 100% garantidos". O mercado para esse remédio milagroso é inimaginável. Os homens sofrem muito... O sofrimento os torna bobos. Pagam, ele fica como era e não se pode reclamar, por vergonha...

Memória

A memória, por vezes, é uma maldição. Meu querido amigo Amilcar Herrera me confessou: "Eu desejaria, um dia, acordar havendo me esquecido do meu nome...". Não entendi. Esquecer o próprio nome deve ser uma experiência muito estranha. Aí ele explicou: "Quando me levanto e sei que meu nome é Amilcar Herrera, sei também tudo o que se espera de mim. O meu nome diz o que devo ser, o que devo pensar, o que devo falar. Meu nome é uma gaiola em que estou preso. Mas se, ao acordar, eu tiver me esquecido do meu nome, terei me esquecido também de tudo que se espera de mim. Se nada se espera de mim, estou livre para ser aquilo que nunca fui. Começarei a viver minha vida a partir de mim mesmo e não a partir do nome que me deram e pelo qual sou conhecido". Entendi na hora e fiz ligação com algo que Alberto Caeiro escreveu: "Procuro despir-me do que aprendi, procuro esquecer-me do modo de lembrar que me ensinaram, e raspar a tinta com que me pintaram os sentidos, desencaixotar minhas emoções verdadeiras, desembrulhar-me e ser eu, não Alberto Caeiro, mas um animal humano que a natureza produziu". Roland Barthes, na sua famosa "Aula", também disse estar se entregando à desaprendizagem do aprendido para livrar-se das sucessivas sedimentações dos saberes que, com a passagem do tempo, vão se depositando em nossos corpos. Aconteceu comigo: sem nenhum esforço, sem que eu quisesse, repentinamente, eu me esqueci. Tive um ataque de amnésia. Não me esqueci do meu nome nem do nome das pessoas nem das ideias. Esqueci-me dos espaços. Coisa semelhante já havia acontecido com uma querida amiga, professora de neuroanatomia, doutora nos caminhos complicadíssimos do sistema nervoso. Acordou, olhou em volta e desconheceu. Que lugar é este? Onde estou? Foi até a porta e a abriu cuidadosamente. Olhou para um lado, olhou para o outro: um longo corredor com portas. Podia ser um hotel. Ou um mosteiro. Não teve coragem de sair e perguntar: "Por favor, digam-me onde estou!". O outro morreria de susto. Entrou e fechou a porta. Resolveu pesquisar. Abriu a bolsa. Lá estava o passaporte. Dólares. Estava num país estrangeiro. Carimbo de Portugal. Estava em Portugal. Mas onde? Para quê? Lembrou-se de um amigo. Telefonou-lhe. "Está lá?" Dali a pouco lá estava o amigo para salvá-la. A amnésia durou pouco. Recuperou a memória. O que a causou? Os exames nada revelaram. Assim me aconteceu. De repente, eu perdi a noção do espaço. Desconheci caminhos. Fechava as portas quando deveria abri-las. Ia para a direita quando deveria ir para a esquerda. Felizmente eu não estava só. Me levaram para o hospital com medo de que estivesse tendo algo grave, como um AVC. Mas eu estava com saúde. Passado algum tempo, voltei ao mundo meu conhecido.

Brinquedos

Todo mundo sabe que os brinquedos me fazem feliz. Pois uma amiga de Vitória da Conquista me enviou um brinquedo dentro de uma caixa. Eis o que escreveu a Edméa: "Em janeiro, quando terminei de ler o seu livro *Quando eu era menino* mandei-lhe uma correspondência. Hoje volto a escrever-lhe para falar sobre um presente que estou lhe enviando. Trata-se de uma linda carroça, feita por uma criança negra de 85 anos que... demonstra muito talento e meticulosidade no fazer arte". Aí ela me conta que, ao comprar uma carroça para presentear um neto, ela se lembrou de uma outra criança... eu! A carroça com o cavalo está sobre a minha mesa. É um brinquedo delicioso. Só de ver eu sorrio. A Edméa conhece a minha alma. Obrigado! Tenho dó dos adultos que assumiram a máscara de adultos, que se identificaram com isso que a sociedade fixou como normalidade para pessoas de uma certa idade. Há uns dias, lendo um livro de um educador português, dei-me conta de que Picasso nunca fez uma pintura cubista de uma criança. Todas as suas crianças são extraordinariamente belas. E ele mesmo se sentia como criança. "Nasci pintando como Rafael", ele declarou, "e custou-me a vida toda aprender a pintar como uma criança." Mas tenho uma tristeza: jogaram fora a caixa com o endereço da Edméa! E o envelope e a carta que vieram dentro da caixa não têm o endereço. Como é que vou agradecer? Se alguém souber o endereço da Edméa de Vitória da Conquista que me avise!

Pássaros leem jornais

O Carlos Rodrigues Brandão me deu um livro, faz tempo, que ainda não li. O título é: *A linguagem dos pássaros*. Nunca levei o dito a sério porque era minha firme convicção que passarinho não tem linguagem. Pois mudei de ideia. Eles não só falam como também leem os jornais. Tive prova disto, prova que não se pode contestar. Eu me queixei, numa de minhas crônicas, da ausência dos pássaros no meu apartamento, a despeito do jardim que a Raquel, minha filha, pôs na varanda. Aventei a hipótese de que é porque moro no oitavo andar, talvez seja altura demais. Guimarães Rosa diz que, no sertão, só há duas alturas: altura de urubu ir e altura de urubu não ir. Fiquei pensando que, aqui no oitavo andar, só os urubus. A crônica saiu num domingo. Na segunda-feira, ao chegar em casa do trabalho no final do dia, lá estava, na sala, atendendo à minha queixa, um beija-flor empoleirado no lustre. O bichinho se assustou. Como se sabe, os homens são os seres que perderam a confiança dos pássaros. Ele se pôs a voar de um lado para outro, desorientado, sem saber onde estava a saída. Tentei pegá-lo. Inutilmente. Aí ele se refugiou no banheiro. Fechei a porta, subi numa cadeira e finalmente o segurei com palavras tranquilizantes. Ele não acreditou e até deixou várias penas na minha mão. Desci da cadeira, fui até a varanda e o soltei. Ele partiu como uma flecha. Ah! Como me senti feliz! Pois, no dia seguinte, a coisa se repetiu: não com o beija-flor, mas com uma curruíra. Ela não entrou no apartamento, mas ficou saltitando na minha mini-imitação dos jardins suspensos da Babilônia. Peguei as peninhas do beija-flor, azuis, amarrei-as com um fio e as pendurei no bambu do jardim, como mensagem de paz. Quero que os pássaros confiem em mim. Vocês não concordam comigo que o fato de um beija-flor e uma curruíra terem me visitado no meu apartamento é prova cabal de que leem jornal? Por que é que foram aparecer justo no dia seguinte ao da minha queixa? E fiquei feliz por saber que eles leem o que eu escrevo...

Ninho

Gaston Bachelard é um homem que amo pela erudição, simplicidade e poesia. Erudição e simplicidade, que coisa rara! A erudição de Bachelard está sempre escondida, para não atrapalhar. Erudição escancarada é sempre despudorada, pornográfica, ofensiva. *A poética do espaço*: esse é o título que deu a um dos seus livros. Poética do espaço? O espaço fica poético quando um homem o modela. Quem constrói uma casa faz um poema. Por isso enchemos as casas de plantas, de quadros, de música, de livros. E que dizer da poética das gavetas, dos cofres e armários? Ah! Quanta poesia as gavetas podem conter, especialmente aquelas que são trancadas a chave! A concha, casa assombrosa dos moluscos, os cantos, a imensidão íntima: todos esses espaços estão cheios de poesia. Faz uns dias, olhando o jardim que minha filha Raquel plantou na pequena varanda do meu apartamento, lembrei-me de um parágrafo seu que me comoveu: "Ergo suavemente um galho; um pássaro está ali chocando os ovos. Não levanta voo. Somente estremece um pouco. Tremo por fazê-lo tremer. Tenho medo que o pássaro que choca saiba que sou um homem, o ser que deixou de ter a confiança dos pássaros. Fico imóvel. Lentamente se acalma – imagino eu! – o medo do pássaro e o meu medo de causar medo. Respiro melhor. Deixo o galho voltar ao seu lugar. Voltarei amanhã. Hoje, trago comigo uma alegria: os pássaros fizeram um ninho no meu jardim". Lembrei-me desse parágrafo porque estou recebendo visitas regulares de um beija-flor e de uma curruíra. Minha alegria: quem sabe eles farão ninhos no meu jardim!

Data show

Sempre que vou falar em algum lugar, o pessoal técnico me pergunta, com antecedência, se vou usar *data show*. Se você não sabe, *data show* é uma expressão americana. Falar em inglês é mais avançado tecnologicamente. *Show* que dizer "mostrar". E *data* que dizer "dados". Trata-se de um artifício para mostrar dados, que são projetados em uma tela numa sala escura. Acho que o *data show* pode ser útil para mostrar dados. Mas o uso que dele se faz é horrível: os palestrantes o usam para projetar na tela os itens ou esboço da sua fala, eliminando dela qualquer surpresa, pois é claro que os ouvintes, de saída, leem o esboço até o fim. É como contar o fim da piada no início... Apagam-se as luzes, o palestrante e os ouvintes olham todos para a tela, e ele vai falando. Ninguém presta atenção. Mas todos acham que usar *data show* é prova de ser avançado, tecnologicamente. Quem não usa é atrasado. Quem leva suas notas num caderninho é como alguém que anda de carro de boi num mundo de Fórmula 1. Assim vão os palestrantes, todos com seus *laptops*, para a sessão de cineminha sem graça. Falando sobre isso, uma mulher que trabalha num firma promotora de eventos contou-me qual a maior vantagem do *data show*, uma coisa em que eu não havia pensado: com as luzes apagadas, longe do olhar do palestrante, os ouvintes podem dormir à vontade. Contou-me de uma ocasião em que um homem dormiu e roncou tão alto que chegou a perturbar palestrante e ouvintes. Todo mundo se pôs a rir. Barulho de ronco é muito divertido... Mas ela foi obrigada a tomar providências. Tinha de fazer algo para pôr fim aos roncos. E o que ela fez, sádica e humoristicamente, foi colocar um microfone perto da boca do roncador. Aí ele acordou-se a si mesmo.

Habilidades excepcionais

Antigamente se usava chamar de "excepcionais" as pessoas deficientes. De fato, elas são exceções, em meio à dita normalidade. Hoje essa palavra não é mais usada. Mas eu gosto dela na expressão "habilidades excepcionais". Foi criada por um empresário do Paraná para se referir às habilidades excepcionais que os deficientes desenvolvem. "O *boy* da minha empresa", ele me disse, "não tem os dois braços. Sendo deficiente de braços ele desenvolveu habilidades excepcionais com as pernas. Anda com uma velocidade... Vai para os bancos com a bolsa de cheques pendurada no pescoço. Quem vai assaltar o moço sem braços? Não paga ônibus. E ainda por cima não fica na fila..." Ele fabricava capas para vídeos. Contou-me que as capas de vídeos, ao sair das formas, têm rebarbas que devem ser eliminadas. Ele descobriu que os cegos são muito mais rápidos em identificar as rebarbas que os "videntes". Basta correr a mão. Sendo cegos, desenvolveram habilidades excepcionais com o tato. Já os paraplégicos realizam com muita competência a tarefa de ascensoristas de elevador...

Inteligência brilhante

Tive um primo de inteligência fulgurante. Éramos da mesma idade. Aos 8 anos brincávamos de soldadinhos de chumbo. Mas seu prazer era um dicionário comparativo de português, francês, inglês e alemão que estava fazendo. Eu olhava para aquele livro enorme de capa preta, daqueles que os contadores usavam para registrar a contabilidade de firmas, cada página dividida em quatro colunas, uma para cada língua. Na escola, quando tirava 98 numa prova ele batia com a palma da mão na testa em desespero e dizia: "Fracassei". Dele jamais se poderia dizer que foi mau aluno. Seu brilho prometia uma vida de vitórias. Adulto, pela manhã, ao levantar, o seu primeiro gesto era ligar a fita da língua que estava aprendendo. Veio a conhecer doze línguas. Não sei direito para quê. Que utilidade poderia lhe ter a língua húngara? Os benefícios de falar húngaro eram desproporcionais ao esforço de aprendizagem. Como psicanalista, eu pergunto: Será que ele estava em busca da língua desconhecida que lhe permitiria entender a Babel da sua alma? Muitos brilhos são chamas de um coração infeliz. Lançou-se do sétimo andar de um prédio. Não suportou o sentimento de fracasso que lhe deu um discurso – pelos seus critérios, o tal discurso não era merecedor da nota 10. Matou-se por não suportar a vergonha de um pequeno fracasso. Esse é o perigo de querer ser perfeito. Não conheço nenhum estudo que explore as relações entre genialidade e loucura. Mas deve haver. Conheci um homem que se vangloriava por ter um QI acima de 200. E trazia sempre consigo a carteira de Membro dos Gênios de QI acima de 200. Acho que para certificar-se de que era inteligente. Quando os outros não concordavam com ele julgava-os burros e ele, um incompreendido. Autoritário. Quem se julga possuidor de QI 200 e se gaba disso tem de ser autoritário. Não saltou do sétimo andar apesar de ser um chato presunçoso. Não sei onde andará. Suspeito que tenha se mudado para o país dos homens com QI acima de 200.

Patativa do Assaré
Que homem extraordinário! Leia este poeminha e você virará um poeta: "Pra gente aqui ser poeta/ Não precisa professor./ Basta vê no mês de maio/ Um poema em cada gaio/ Um verso em cada fulô".

O sucesso
A moda é o sucesso. Um famoso conferencista anuncia com letras enormes: "O seu lugar é o pódio". Imaginemos que assim seja. Jogos

Olímpicos. Corrida de 100 metros rasos. Aí ele diz para todos: "O seu lugar é o pódio!". Os corredores disparam. Só um deles arrebenta a fita. Nas Olimpíadas, são pouquíssimos os que vão para o pódio. Isso vale para a vida inteira. Então, alguma coisa está errada. O mais provável é que o dito conferencista esteja mentindo para manter-se no pódio à custa da credulidade das pessoas. Quem acredita que o seu lugar é o pódio está sempre estressado, competindo, tentando passar na frente. Quem não tem pretensões ao pódio vive uma vida mais alegre. Não é preciso chegar na frente. Mas há uma seita que anuncia como palavra de Deus: "Você está destinado ao sucesso!". Não sei onde descobriram isso. Pelo menos o Deus cristão não promete sucesso para ninguém.

O pianista

O filme *O pianista* provocou em mim sentimentos contraditórios. Primeiro foi a sua beleza trágica: a história de um homem que, em meio ao maior sofrimento, sobrevive alimentando-se com a beleza da música. É comovedor o momento em que ele se encontra com o oficial alemão e ele lhe pede que toque alguma coisa. Confesso que fiquei com medo que suas mãos, de tanto sofrer, tivessem se esquecido. Mas parece que a beleza é eterna. E ele toca a *Balada nº 1 em sol menor*, de Chopin. Naquele momento, a diferença que os separava, ele, um judeu perseguido, e o oficial alemão, um nazista perseguidor, deixa de existir. Os dois eram um na beleza. O segundo sentimento foi uma mistura de raiva e tristeza. Pois, ao final, o último momento, quando o suspense havia sido resolvido e ele toca a *Grande Polonaise* – como se estivesse dizendo: "Esta é a razão da minha vida!" –, os espectadores começaram a deixar o cinema, como se a música não importasse. Prova de que não haviam entendido absolutamente nada. Pensaram que o filme havia terminado com a conclusão da ação. Não entenderam que a conclusão da ação levava precisamente àquele momento, o momento supremo: a razão da vida do pianista: a beleza. Aí me lembrei de um ditado triste de Jesus: "não lanceis as vossas pérolas aos porcos...". Nessa semana que se passou tive a experiência oposta. O filme havia realmente terminado. Tudo o que era para ser dito havia sido dito. A tela começou a mostrar os nomes dos técnicos que haviam trabalhado na produção. Era hora de ir embora. Mas ninguém se mexeu. O público estava paralisado. Paralisado pela beleza, pela bondade, pela humanidade, pela simplicidade. E, quando as luzes se acenderam, a plateia explodiu em aplausos. Tratava-se da história comovente e simples de dois jovens, estudantes de medicina. Antes de terminar o seu curso resolveram fazer uma aventura: viajar, com pouco dinheiro, numa motocicleta velha, a "Poderosa", de Buenos Aires até a Venezuela, para conhecer o nosso continente, a América Latina. Os cenários são maravilhosos. A fotografia, lindíssima. Mas o que comove é a experiência humana, o contato com a prepotência dos ricos e a impotência dos pobres, os mineiros de face dura e triste, os leprosos deformados. Do princípio ao fim, o filme é uma experiência humana linda em que se misturam risos e choro. Não existe ação, no sentido que os americanos dão a esta palavra. Nenhum suspense de violência, nenhuma pregação ideológica. O que há de suspense angustiante são as crises de asma de um deles, o mais moço, Ernesto. O nome do filme é *Diários de motocicleta*, extraído do diário que o jovem asmático de 24 anos de idade, Ernesto Guevara, escreveu durante a viagem.

Ovo frito

Gosto muito de ovo. Ovo frito. Ovo escaldado, com pão torrado. Coisa boba, o fato é que comecei a pensar sobre as razões por que gosto de ovo. Lembrei-me... Meu pai era viajante. Passava a semana fora de casa. Voltava às sextas-feiras, no trem das oito. Noite escura, o trem das oito vinha apitando na curva, resfolegando de cansado, expelindo enxames de vespas vermelhas, chamuscava uma paineira, entrava na reta, passava a dez metros da nossa casa, todos nós estávamos lá, o pai com a cabeça de fora, sorrindo, e todos corríamos para a estação. Ele vinha com fome e sujo. Água quente não havia. Mas não tinha importância. Da leitura do Evangelho havíamos aprendido de Jesus, no lava-pés, que quem está com os pés limpos tem o corpo inteiro limpo. A coisa, então, era lavar os pés. E esse era o costume geral lá em Minas. Minha mãe esquentava água no fogão de lenha, punha numa bacia e eu lavava os pés do meu pai. Depois de limpo, ele se assentava à mesa e o que tinha para comer era sempre a mesma coisa: arroz, feijão, molho de tomate e cebola, ovo frito e pão. Ele me punha assentado ao joelho e comia junto. Ah, como é gostoso comer pão ensopado no molho de tomate, pão lambuzado no amarelo mole do ovo! Era um momento de felicidade. Nunca me esqueci. Acho que quando enfio o pão no amarelo mole do ovo eu volto àquela cena da minha infância. Os poetas, somente os poetas, sabem que um ovo é muito mais que um ovo...

O olhar

Geórgia O'Keeffe foi uma pintora norte-americana. Seus quadros são assombrosos! Porque seus olhos são assombrosos! "Ninguém vê uma flor, realmente", ela observou certa vez. "A flor é tão pequena... Não temos tempo e o ato de ver exige tempo, da mesma forma como ter um amigo exige tempo." O ver, como fenômeno físico, acontece instantaneamente. Basta abrir os olhos... A luz toca a retina e a imagem se forma nalgum lugar do cérebro. Igual ao que acontece com a máquina fotográfica. Mas há um outro ver que não é coisa dos olhos. Como quando se contempla uma criança adormecida. A visão de uma criança adormecida nos acalma. Faz-nos meditar. O olhar se detém. Acaricia vagarosamente. O olhar se torna, então, uma experiência poética de felicidade. Sentimos que a criança que vemos dormindo no berço dorme também na nossa alma. E a alma fica tranquila, como a criança. É por isso que, mesmo depois de apagada a luz, ida a imagem física, vai conosco a imagem poética como uma experiência de ternura.

Orgulho

Era de manhã. Caminhava por uma praça de La Paz com um grupo de amigos. Mulheres índias haviam montado suas pequenas bancas de comércio e ofereciam os seus produtos. Uma delas vendia laranjas. Seu estoque não ultrapassava vinte laranjas. Pensamos em proporcionar-lhe uma grande alegria. Compraríamos todas as laranjas. "Não posso vender todas as laranjas agora", ela disse. "Posso vender no máximo dez." "Por quê?", perguntamos surpresos. "Se eu vender todas as minhas laranjas agora, o que é que vou fazer no resto do meu dia?" Ela não estava lá para vender laranjas. Estava lá para ter o orgulho de ser proprietária de um estabelecimento comercial. Se vendesse todas as suas laranjas, ela ficaria sem um negócio e com isso seria roubada da sua dignidade.

Patos selvagens

Era uma vez um bando de patos selvagens que voava nas alturas. Lá em cima era o vento, o frio, os horizontes sem fim, as madrugadas e os poentes coloridos. Tudo tão bonito! Mas era uma beleza que doía. O cansaço do bater das asas, o não ter casa fixa, o estar sempre voando e as espingardas dos caçadores... Foi então que um dos patos selvagens, olhando lá das alturas para a terra aqui embaixo, viu um bando de patos domésticos. Eram muitos. Estavam tranquilamente deitados à sombra de uma árvore. Não precisavam voar. Não havia caçadores. Não precisavam buscar o que comer: o seu dono lhes dava milho diariamente. E o pato selvagem invejou os patos domésticos e resolveu juntar-se a eles. Disse adeus aos seus companheiros, baixou seu voo e passou a viver a vida mansa que pedira a Deus. E assim viveu por muitos anos. Até que... Até que, num ano como os outros chegou de novo o tempo da migração dos patos. Eles passavam nas alturas, no fundo do azul do céu, grasnando, um grupo após o outro. Aquelas visões dos patos em voo, as memórias de alturas, aqueles grasnados de outros tempos começaram a mexer com algum lugar esquecido dentro do pato domesticado, o lugar chamado saudade. Uma nostalgia pela vida selvagem, pelas belezas que só se veem nas alturas, pelo fascínio do perigo... Até que não foi mais possível aguentar a saudade. Resolveu voltar a ser o pato selvagem que fora. Abriu suas asas, bateu-as para voar, como outrora... mas não voou. Caiu. Esborrachou-se no chão. Estava gordo demais. E assim passou o resto de sua vida: em segurança, gordo de barriga cheia, protegido pelas cercas e triste por não poder voar...

Dentaduras

Meu dentista me contou que em tempos antigos as dentaduras se faziam com dentes arrancados dos escravos. E como não havia técnicas para fazer com que as dentaduras se encaixassem sob pressão nas gengivas, um dentista imaginoso fez dentaduras articuladas uma com a outra, mantidas abertas por meio de molas. Essas dentaduras, ao contrário das modernas, que permanecem discretamente fechadas quando fora da boca, dentro do copo d'água, estavam permanentemente abertas, prontas a morder.

Caras

Em situações de tédio somos capazes de ler as coisas mais absurdas. Numa cela de penitenciária, vazia, o prisioneiro lê até rótulo de pasta dental. Eu já li bula de remédio numa viagem de ônibus. Pois eu estava na sala de espera do meu dentista. Houve atraso, não por culpa dele. Eu tinha de matar o tempo. Na mesa, pilhas da revista *Caras*. Nunca havia me interessado por ler uma, embora soubesse da sua fama. Folheando, vi que havia palavras cruzadas. Um bom passatempo. Mas todas já estavam resolvidas. E eram muito fáceis. Resolvi, então, ir à substância da revista. Achei-a muito interessante. A pessoa que a criou deve ser um gênio. Podem imaginar uma revista que é sempre igual, tratando sempre de um mesmo assunto, e é comprada semanalmente por milhares de leitores famintos? Podem imaginar um público que coma sempre a mesma comida? A pessoa que imaginou a *Caras* descobriu a comida que, sendo sempre a mesma, é comida sempre, com prazer. Pois todas as *Caras*, sem exceção, tratam de um único assunto: sorrisos de *socialites*. Cada revista é um caleidoscópio de sorrisos. Aí propus-me um jogo: contar quantos sorrisos estavam publicados na revista que eu tinha nas mãos. Fui rigoroso. Sorrisinho de boca fechada não valia. Só valia sorriso mostrando os dentes. Comecei a contar. No princípio foi fácil: um, dois, três. Mas quando cheguei aos cem ficou complicado: cento e sessenta e quatro. A língua começou a tropeçar. Tive de ir mais devagar. Lamentei que o meu instrumental de pesquisa não me permitisse distinguir sorrisos de dentes naturais dos sorrisos de dentadura. Como já informei, nas primeiras dentaduras, os dentes eram arrancados dos escravos. Escravo banguela, senhor sorridente... Quando o dentista me chamou, eu já havia contado todos os sorrisos dentais de metade da revista, muito grossa: trezentos e setenta e cinco. Abandonei a revista com tristeza. A pergunta continua a me atormentar: quantos sorrisos? Sugiro que vocês que leem a *Caras* façam a mesma brincadeira e me enviem o resultado das suas pesquisas. Contar sorrisos é uma atividade muito educativa, terapêutica, mesmo. Ao final, vocês também estarão não sorrindo, mas rindo. Sorrisos fotográficos têm sempre uma pitada de ridículo, por serem todos produzidos automaticamente quando o fotógrafo diz "cheese". Compreendi, então, as razões para o fracasso da revista *Bundas*, criação de Ziraldo e companhia. É que bundas não sabem sorrir, não têm dentes a exibir, muito embora o Drummond, no seu livro *O amor natural,* tenha escrito, página 25: "A bunda, que engraçada. Está sempre sorrindo. Lá vai sorrindo a bunda. Vai feliz na carícia de ser e balançar...".

Linguagem dos mudos
Quando eu era menino, com os meus colegas de escola aprendemos, por conta própria, a linguagem dos surdos-mudos, e assim conversávamos entre nós. Lição aos pedagogos: criança, quando quer, aprende, especialmente se a coisa não for lição de casa. Ainda hoje me lembro. Consigo falar com as mãos. Coisas simples. Ler é mais difícil. É preciso que a conversa seja vagarosa. Pois visitando o Instituto Metodista de Lins, um grupo de adolescentes me apresentou um colega surdo-mudo. Eu o saudei na linguagem dos surdos-mudos. O sorriso dele foi maravilhoso! Ficamos amigos sem um único som. O mesmo aconteceu, faz poucos dias, no caixa do Pão de Açúcar. Fiz uma brincadeira com o jovem que estava pondo minhas compras nos sacos plásticos e ele não disse nada. Aí a caixa explicou: "É surdo-mudo...". Falei com ele em linguagem dos surdos-mudos. De novo, foi aquela alegria! Não seria legal se as crianças e adolescentes, por puro prazer, aprendessem o alfabeto dos surdos-mudos? Não se aprende inglês e francês? Deveriam aprender, nas escolas, como parte de um projeto de inclusão.

Excelentíssimo

Ando pesquisando coisas antigas da terra onde nasci, Dores da Boa Esperança, à procura de vestígios da minha infância. Pois ontem, fuçando umas pastas velhas, encontrei lá uns jornais de antigamente, muito antes de eu nascer. Acho que os médicos de hoje fariam bem em se informar sobre os remédios daquele tempo que eram muito mais maravilhosos que os remédios de agora. Hoje, quando se toma um remédio, não se sabe quem o fez. Não há, portanto, um jeito de fazer a reclamação à pessoa responsável, caso o remédio não funcione. Naqueles tempos, os remédios traziam no rótulo o retrato do inventor da poção curativa. Tal é o caso do miraculoso remédio Elixir de Nogueira, um "santo remédio", eficaz no tratamento de "escrófulas, darthros, boubas, inflamações do útero, corrimento dos ouvidos, gonorrhéas, fístulas, espinhas, cancros venéreos, rachitismo, flores brancas, úlceras, tumores, sarnas, rheumatismo em geral, manchas da pelle, affecções do fígado, dores no peito, tumores nos ossos, latejamento das artérias" (jornal *A Esperança*, Dores da Boa Esperança, 23 de outubro de 1927, p. 4). Agora me digam: que remédio moderno pode se comparar ao poder curativo do Elixir de Nogueira, atestado pela foto do dr. Nogueira, grande bigode retorcido nas pontas, óculos, colarinho e gravata? Os óculos sempre foram marca dos cientistas. Cientista sem óculos não é digno de crédito... Mas, examinando as notícias no miúdo, nota-se que todas as pessoas eram "excelentíssimas" e "ilustríssimas". Os que viajavam eram sempre o ilustríssimo senhor Fulano de Tal com sua excelentíssima esposa... Os juízes eram "meritíssimos", isto é, portadores de méritos incontáveis. Contou-me um juiz amigo que numa audiência numa cidade do interior o advogado insistia em chamá-lo de "meretríssimo", tratamento insólito que lhe causou sério problema facial: ele não sabia se o advogado estava a ofendê-lo, chamando-o de "filho da puta", caso em que ele deveria fechar a cara, ou se o advogado era apenas um pobre-diabo que não sabia o sentido das palavras, caso em que o seu rosto se abriria numa risada... Incapaz de concluir, ele optou pela postura indiferente, clássica no rosto dos juízes. Mas o que me levou a esta excursão foi o fato de um "meretríssimo", convencido da sua grande importância, haver entrado na Justiça com uma ação contra os funcionários do edifício em que mora, posto que eles, ignorantes da sua excelência, não o tratavam com os devidos "doutor", "excelentíssimo", "ilustríssimo". Esse juiz, ao que me parece, coloca paletó e gravata para defecar e usa fraque e cartola para perpetuar os coitos exigidos pelas obrigações conjugais, se é que o faz. Imagino que ele seja juiz por competência, isto é, passou nos exames. O que é prova cabal de que o conhecimento das leis não é garantia da sabedoria do juiz. Como dizia um homem sábio, na cidade onde nasci, "duas são as coisas em que não se pode confiar: bunda de criança e cabeça de juiz...". Se ele deu entrada nessa ação, imagino, é que deve haver dispositivos legais para obrigar as pessoas ao tratamento devido, meritíssimo, magnífico, reverendíssimo, ilustríssimo, excelentíssimo, doutor. Pergunto aos conhecedores da lei se não haverá dispositivos legais que punam pessoas que usam títulos sem possuí-los. Um bacharel pode colocar placa de doutor? Engenheiro é doutor? Lembro-me de um homem, também lá em Minas, que queria ser doutor a qualquer preço. Para ele, ser doutor era ter diploma de engenheiro agrônomo. Tirou o diploma. Mas o tiro saiu pela culatra. De caçoada, deram-lhe o apelido de Zé Doutor. Quando vejo escrito na capa de um livro, como autor, Doutor Fulano de Tal, não consigo esconder o riso. É uma pena que a lei não tenha provisões para punir a estupidez e a presunção.

Desembarcar

Bernardo Soares escreveu que nosso problema está em nossa incapacidade de desembarcar de nós mesmos. É inútil ir até a China se não saímos da bolha onde vivemos. Tudo o que virmos e pensarmos nessa viagem será uma repetição da nossa mesmice. Isso vale para viagens. E vale também para a leitura. Porque toda leitura é uma viagem por um mundo desconhecido. Não, isso que escrevi não está certo. Há livros que não nos levam a viajar por mundos desconhecidos. Eles apenas repetem a nossa mesmice. Por isso são de leitura fácil. Há alguns anos, quando estive preso numa cadeira por causa de uma operação de hérnia de disco, pus-me a ler uma série de livros que tinham estado à espera, numa prateleira. Mas eles davam canseira na cabeça de um homem que estava doente. Quem está doente não quer viajar. Mudei-me então para os policiais da Agatha

Christie. Leitura para passar o tempo, porque não era preciso pensar. Todos eles são iguais. E eu ficava no meu mundinho. Para se entender um livro de outro mundo, a primeira condição é sair do nosso mundo. Isso exige uma decisão preliminar: "Vou, provisoriamente, num jogo de faz de conta, parar de ter minhas ideias. Vou desembarcar do meu mundo. Vou entrar no mundo do autor. Vou aprender a sua língua...". Se eu não fizer isso não terei condições de entendê-lo, se for o caso, ainda que para discordar dele honestamente. Se eu parto do pressuposto de que o autor só diz besteiras eu só lerei besteiras – as que estavam dentro de mim. Lembro-me dos meus tempos de universidade: se alguém ia ler Max Weber, ia sabendo que ele era o "ideólogo da burguesia". Se se ia ler Durkheim, sabia-se de antemão que ele era um "funcionalista conservador". Para se ler Nietzsche é preciso antes ficar nu e tomar um banho. Se vocês quiserem ler um exemplo de absoluta incompreensão de Nietzsche leiam o que Coplestone, padre jesuíta, disse dele na sua história da filosofia.

Críticos

Penso que um crítico de arte, ao se pronunciar sobre uma tela, uma música, um livro, uma escultura, deveria ter o cuidado de não dizer: "Essa obra é medíocre", "Essa obra é genial". Ao escrever assim, ele está fazendo uma afirmação sobre a verdade daquela obra. Mas o fato é que ele não sabe a verdade de coisa alguma. Muitas obras de arte hoje consideradas geniais foram ridicularizadas pelos críticos da moda. Segundo Karl Popper, nem mesmo a ciência sabe a verdade. A ciência só dá "palpites provisórios", que são constantemente modificados. É preciso que os críticos se reconheçam como "palpiteiros". Um crítico dá os seus palpites, opiniões, impressões, sentimentos acerca da obra sobre a qual escreve. Assim, um crítico cuidadoso e ético deveria dizer: "Penso que essa obra é medíocre", "Penso que essa obra é genial". Porque assim ele estará honestamente comunicando os seus pensamentos sobre a obra, e não a verdade sobre a dita obra. A sua crítica é apenas um pedaço dele mesmo, a "sua" obra de arte, as suas reações subjetivas à obra. Muitas obras que foram sentenciadas como medíocres por críticos do momento foram consideradas geniais posteriormente. Nos *Primeiros cadernos,* de Albert Camus (Lisboa, Livros do Brasil, p. 213), encontra-se o seguinte fragmento de uma carta que o escritor escreveu ao crítico literário A. R.: "Três anos para escrever um livro, cinco linhas para o ridicularizar – e citações falsas". Albert Camus recebeu o Prêmio Nobel de Literatura no ano de 1957. A história provou que medíocre era o crítico.

Estórias para crianças
Frequentemente pessoas me perguntam sobre o "método" que uso para escrever uma estória para crianças. Houve uma que chegou a me perguntar sobre a "teoria" de que eu me valia... Coisa de gente acostumada aos jeitos universitários. Nem método nem teoria. Tudo começa com uma coceira. Coceira é coisa que incomoda. A coceira pode ser, por exemplo, a ansiedade de uma criança que vai ser operada. Ou a ansiedade de uma criança diante da sua diferença: ela se julga feia, é deficiente, tem um defeito físico. A dor da criança se transforma em coceira na gente. Aí eu começo a coçar e vou coçando, até sair sangue. Quando o sangue sai, a estória está pronta para ser escrita. Como dizia Nietzsche, é preciso escrever com sangue.

Sem inveja
"O tico-tico não se ressente do canto da patativa, e até mesmo o aprova, achando-o melodioso. Mas, se não canto como você canta, você me chama de mentiroso." (Angelus Silesius, século XVII)

O que Deus ajuntou...
Faz muito tempo que não assisto a um casamento, e quando assisto não presto muita atenção naquilo que o padre fala porque aqueles que foram contratados para fazer o vídeo e o álbum de fotografias não deixam. Mas é assim mesmo. A cerimônia do casamento existe só para ser filmada e fotografada. Quando os amigos fazem uma visita é hora de

mostrar o álbum de fotografias e os vídeos. O que comprova que todos os casamentos são iguais. "Como a noiva estava linda!" Todas as noivas são igualmente lindas. Disseram-me que num país do Oriente (as coisas estranhas só acontecem em países do Oriente...) escolhem-se as damas de honra entre as moças mais feias – para que a beleza da noiva fique realçada. Nesse país, ser convidada para ser dama de honra é um desaforo. Divaguei. Disse tudo isso só para explicar que não estou certo das palavras tradicionais da liturgia. "Aquilo que Deus ajuntou não o separe o homem": é isso? Se for, acho que está errado. O verbo está no imperativo. De acordo com a teologia católica, quem realiza o sacramento não é o padre. É o próprio Deus. Se é Deus que ajunta está vedado aos homens desfazer o nó que Deus deu. O fervor da Igreja sobre a questão da indissolubilidade do casamento não é derivado de um piedoso amor à família. O que está em jogo não é a família, é a Igreja. Aceitar o divórcio é rejeitar a teologia sacramental da Igreja, é rejeitar a própria Igreja. Assim, está proibido separar aquilo que Deus ajuntou, isto é, aquilo que a Igreja julga ter ajuntado. Eu proponho, entretanto, que o verbo, em vez de estar no modo imperativo, deve estar no modo indicativo: "Aquilo que Deus ajuntou não o separa o homem". Se separou é porque Deus não ajuntou. Os portugueses se horrorizaram ao saber que os índios matavam as pessoas e as comiam. Os índios se horrorizaram ao saber que os portugueses matavam as pessoas e não as comiam. Tudo depende do ponto de vista.

Composição da mesa

Há muitas coisas que provocam a minha curiosidade. Por que os paletós dos homens têm três botões nas mangas? Parece não terem função alguma. Disseram-me que os botões foram aí colocados porque os homens, mal-educados e anti-higiênicos, tinham o costume de limpar os narizes esfregando-os na ponta da manga. As golas dos marinheiros, curiosas, quadradas, como um babador que se coloca nas costas, eram isso mesmo, um babador ao contrário. Em tempos muito antigos, os marinheiros usavam tranças que lubrificavam com óleo de peixe. As tranças lubrificadas lambuzavam a blusa. Então, uma pessoa inteligente, provavelmente a lavadeira, teve a ideia de colocar uma gola nas costas com a função de babador. Outra coisa que desperta a minha curiosidade é: por que, nas solenidades, se faz uma coisa chamada "composição da mesa", que não tem função alguma? Compor a mesa é chamar para se assentar no palco, atrás de uma mesa, as pessoas importantes. Tenho horror de mesas compostas!

Escrito numa calçada
"Cachorro educado não faz cocô no chão." Como cachorros não sabem ler, é óbvio que essa mensagem se dirige aos seus donos. Os cachorros que os donos levam a passear são extensões dos seus donos. Assim sendo, não são os cachorros que fazem cocô no chão. São os seus donos. Os donos e donas que contemplam seus *pets* na ridícula posição que tomam para realizar o ato fisiológico – são eles mesmos que, por metonímia, estão na posição ridícula, defecando na cidade.

Propaganda
Vamos ver se você tem cabeça de propagandista, se você pode se candidatar a um emprego na empresa do Duda Mendonça. Vi essa propaganda de um carro numa revista, quando morei nos Estados Unidos. Um conversível vermelho, sem capota, num bosque. Você colocaria uma, duas, três, quatro ou nenhuma pessoa dentro do carro? E as duas portas? Estariam fechadas? As duas estariam abertas? Ou apenas uma aberta? Pense e dê o seu palpite. A solução vem depois.

O que o sogro imaginou
A estória me foi contada por um amigo, um homem sábio e manso, que conhece as coisas da alma humana. Aconteceu na sua cidade, faz muito tempo. Um moço visitava pela primeira vez a casa dos pais da sua namorada. Era uma visita importante. Precisava que os pais o aprovassem. Tudo transcorria agradavelmente quando ele se sentiu premido por uma inadiável necessidade fisiológica. Vermelho de vergonha, pediu para ir

ao banheiro. Foi e fez. Não imaginava que esse ato simples, democraticamente partilhado por todos e ditado por pressões intestinais que se encontram fora do controle da razão, seria o fim da sua esperança de casamento. O pai da moça ficou furioso por sua petulância. E com um gesto definitivo pôs fim ao namoro. Esse relato me fez pensar. O que teria passado pela cabeça do pai da namorada? A única resposta que me ocorreu, resposta que só poderia ocorrer a um psicanalista, é que o pai se ofendeu porque o moço colocou as suas partes pudendas no mesmo lugar em que sua filha também colocava as suas partes pudendas. Diante dos seus olhos zelosos da pureza de sua filha teria ocorrido uma comunhão de partes pudendas nuas: as de sua filha e as do namorado. E ele imaginou que o namorado, ao olhar para a privada, tivesse imaginado: essa privada vê, diariamente, as partes deleitosas da minha amada. Que excitante! Moço atrevido, imoral e indecente. E, com essa conclusão, pôs fim a um amor... Tudo por causa de uma privada...

Uma formiga

Olhei para a tampa da minha escrivaninha. Vi uma formiga quase invisível. Não deveria ter mais que dois milímetros. A forma como corria indicava que estava perdida. Corria como tonta, em todas as direções. Pus os olhos de novo no micro. Escrevi. Olhei de novo. A pobrezinha continuava lá, correndo na mesma velocidade na direção da confusão. Ela não sabe onde está. Caiu, por obra de algum vento, nessa superfície lunar. Enfiei os cotovelos na mesa e fiquei a observá-la. Sua velocidade era assombrosa. Proporcionalmente, ela corre a uma velocidade maior que os bólidos de Fórmula 1. Pensei que aquela formiga era mais maravilhosa que o universo. O Manoel de Barros é mais radical: "o cu da formiga é mais importante que uma usina nuclear".

Sobre o ouvir

O ato de ouvir exige humildade de quem ouve. E a humildade está nisto: saber, não com a cabeça mas com o coração, que é possível que o outro veja mundos que nós não vemos. Mas isso, admitir que o outro vê coisas que nós não vemos, implica reconhecer que somos meio cegos... Vemos pouco, vemos torto, vemos errado. Bernardo Soares diz que aquilo que vemos é aquilo que somos. Assim, para sair do círculo fechado de nós mesmos, em que só vemos nosso próprio rosto refletido nas coisas, é preciso que nos coloquemos fora de nós mesmos. Não somos o umbigo do mundo. E isso é muito difícil: reconhecer que não somos o umbigo do mundo! Para se ouvir de verdade, isto é, para nos colocarmos dentro do mundo do outro, é preciso colocar entre parênteses, ainda que provisoriamente, as nossas opiniões. Minhas opiniões! É claro que eu acredito que as minhas opiniões são a expressão da verdade. Se eu não acreditasse na verdade daquilo que penso, trocaria meus pensamentos por outros. E se falo é para fazer com que aquele que me ouve acredite em mim, troque os seus pensamentos pelos meus. É norma de boa educação ficar em silêncio enquanto o outro fala. Mas esse silêncio não é verdadeiro. É apenas um tempo de espera: estou esperando que ele termine de falar para que eu, então, diga a verdade. A prova disto está no seguinte: se levo a sério o que o outro está dizendo, que é diferente do que penso, depois de terminada a sua fala eu ficaria em silêncio, para ruminar aquilo que ele disse, que me é estranho. Mas isso jamais acontece. A resposta vem sempre rápida e imediata. A resposta rápida quer dizer: "Não preciso ouvi-lo. Basta que eu me ouça a mim mesmo. Não vou perder tempo ruminando o que você disse. Aquilo que você disse não é o que eu diria, portanto está errado...".

O múltiplo e o simples
O *Tao-Te-Ching*, livro sagrado do taoísmo, já dizia há mais de um milênio que temos dois lados. Há um lado que olha para fora. Olhando para fora defrontamo-nos com o mundo da multiplicidade, 10 mil coisas que se impõem aos nossos sentidos, nos dão ordens, nos atropelam, e nos enrolam aos trambolhões, como aquelas ondas de praias de tombo. Mas há um outro lado que olha para dentro. Aí nos defrontamos com uma única coisa, o desejo mais profundo do nosso coração, aquela

coisa que, se a tivéssemos, nos traria alegria. Jesus contou a parábola de um homem que tinha muitas joias e que, ao encontrar uma única pérola maravilhosa, vendeu as muitas para comprar uma única. No primeiro lado mora o conhecimento, a ciência, a bolsa de valores, a cotação do dólar, as coisas que se podem comprar, e todas as coisas que compõem a nossa vida de fora. Essas coisas são "meios para se viver" – ferramentas que podemos usar. No segundo lado mora a sabedoria, que é a capacidade para discernir as coisas que valem a pena. Num bufê, você encheria o seu prato com tudo o que está na mesa? Somente um tolo faria isso. Você consultaria o seu desejo: "De tudo isso que está à minha frente, o que é que realmente desejo comer?". Tolos são aqueles que, seduzidos pela multiplicidade, se entregam vorazmente a ela. Eles acabam tendo uma terrível indigestão... Sábios são aqueles que, da multiplicidade, escolhem o essencial. Simplicidade é isto: escolher o essencial.

Receitas

Leonardo da Vinci foi um dos maiores gênios da humanidade. Pintor, músico, construtor de instrumentos musicais, compunha, improvisava, arquiteto, escultor, imaginava máquinas de todos os tipos, inclusive voadoras, estudou os fósseis, a meteorologia, a anatomia, amava os cavalos. Pois fiquei sabendo que, além de tudo isso, ele se dedicava à culinária. No final do século XV, foi trabalhar na corte de Ludovico Sforza, governante e protetor da cidade. Lá ele não só inventava utensílios culinários (foi ele que inventou a tampa para as panelas) como também coordenava eventos pantagruélicos. Aqui vão os nomes de alguns dos pratos que se serviam nos banquetes: crista de galo com miolo de pão, testículos de carneiro com creme e mel, rabos de porco com polenta, pastelão de cabeça de cabra, sopa de rã, enguias cozidas, galinha recheada com uvas, sopa de caracóis, intestinos de truta. Quem quiser experimentar as receitas que compre o livro e depois me diga: *Os cadernos de cozinha de Leonardo da Vinci* (Rio de Janeiro, Editora Record, 2002).

Linguagem

Linguagem, essa mentirosa... Agora é moda falar em carros seminovos, em celulares seminovos. Isso é uma enganação. Ou é novo ou não é. Há coisas que não podem ser "semi": semivirgem, semigrávida, semi-honesto, semibom...

Culinária

Os textos sagrados dizem que, quando Deus voltar à terra do seu exílio, a sua presença será servida como um banquete: todos reunidos à volta de uma mesa, comendo, bebendo, conversando, rindo... Deus se dá como comida. Tal como aconteceu no filme *A festa de Babette*. Babette, a feiticeira, com a sua culinária transformou uma aldeia de pessoas amargas em crianças! O comer é um ritual mágico. Comer é o impulso mais primitivo do corpo. O nenezinho tudo ignora: para ele, o mundo se reduz a um único objeto mágico, o seio da sua mãe. Nasce daí a primeira filosofia, resumo de todas as outras: o mundo é para ser comido. Disse alguém que a nossa infelicidade se deve ao fato de que não podemos comer tudo o que vemos. Sabem disso os poetas. Os poetas são seres vorazes. Escrevem com intenções culinárias. Querem transformar o mundo inteiro, os seus fragmentos mais insignificantes, em comida. Quem sabe numa simples azeitona... Poemas são para serem comidos. "Sou onívoro de sentimentos, de seres, de livros, de acontecimentos e lutas", dizia Neruda. "Comeria toda a terra. Beberia todo o mar..." "Persigo algumas palavras... Agarro-as no voo... e capturo-as, limpo-as, aparo-as, preparando-me diante do prato, sinto-as cristalinas... vegetais, oleosas, como frutas, como azeitonas... E então as revolvo, agito-as, bebo-as, sugo-as..." A memória mais forte que tenho do cozinhar é a de um pai preparando um peixe para o forno. Ele ficava transfigurado. Acho que teria se realizado mais como cozinheiro. Quando via o prazer no rosto dos convidados era como se eles estivessem devorando ele mesmo, o cozinheiro, antropofagicamente. Todo cozinheiro quer sentir-se devorado. Toda comida é antropofagia, toda comida é sacramento. Fico a me perguntar: quais foram as razões que fizeram com que a culinária nunca tenha sido elevada à dignidade acadêmica de "arte", como a música e a pintura? Não sei a resposta.

"De onde?"

Apresentei-me à recepcionista da empresa e disse: "Sou Rubem Alves. Tenho uma entrevista marcada...". Ela me olhou e perguntou: "De onde?". Levantei o meu braço em curva e, com o indicador, apontei verticalmente para o cocuruto da minha cabeça e lhe disse: "Daqui!". Ela ficou espantada, achou que eu fosse louco. Essa pergunta "de onde?" quer dizer: De que empresa? E traduzida em linguagem mais clara significa o seguinte: O senhor como indivíduo não existe. Mas o senhor passará a existir para a minha empresa quando disser o nome da empresa a que o senhor se encontra plugado. Acho que nunca passara pela cabeça da recepcionista que houvesse pessoas que não estivessem plugadas a empresas, cuja identidade não dependesse do "onde". Essa é a norma, ao telefone. Quando a inocente telefonista (inocente porque esse procedimento lhe foi ensinado) me faz a pergunta de praxe, eu lhe respondo: "De onde? Da rua Frei Antônio de Pádua, 1521". Ela se embaraça. E eu, de maldade, acrescento: "É no bairro Guanabara, Campinas...". Elas não são culpadas. Disseram-lhes que fizessem assim. Mas essa simples pergunta revela um horror: vivemos no mundo em que as pessoas deixaram de existir como pessoas. Essa é a tragédia dos aposentados: estão desplugados de empresas. Cartesianismo ao contrário: "Estou desplugado de uma empresa, logo não existo...".

Telefone

Ligo para a Receita Federal. A telefonista atende. Eu digo: "Preciso falar com o delegado da Receita Federal...". Pergunta a telefonista: "Quem gostaria?". Respondo: "Gostaria? Eu não disse que gostaria. Na verdade, eu não gostaria. Eu preferiria não ter que falar sobre imposto de renda... Eu só disse que preciso falar com o delegado, mesmo sem gostar...". Terrível é quando nos deixam ao telefone enquanto, na espera, fica uma gravação falando sobre as maravilhas da empresa. Se demora, a gravação começa a se repetir. E eu não tenho alternativas. Tenho de ficar ouvindo, à espera de que o outro atenda. Obrigar uma pessoa a ouvir o que ela não quer ouvir é grosseria.

Por que se suicidam mais?
Fui informado de uma pesquisa que concluiu que gaúchos e paranaenses se suicidam mais que baianos. Não devia ser. Rio Grande do Sul e Paraná têm índices de qualidade de vida mais altos que os da Bahia. Alguém sugere uma explicação?

Solução
O carro está vazio, com as duas portas abertas. Se apenas a porta do motorista estivesse aberta, a gente concluiria que ele saiu do carro para fazer xixi. Se as duas portas estão abertas, é porque no carro havia duas pessoas: um homem e uma mulher. Normalmente homens não vão juntos passear nas matas em conversíveis vermelhos. Por que saíram? Onde estarão agora? O que estarão fazendo agora? A fisga da propaganda não está naquilo que ela mostra. Está naquilo que ela faz imaginar.

Murilo Mendes
Lendo Murilo Mendes dou-me conta da minha indigência literária. Eu precisaria viver de novo para andar pelos mundos por onde ele andou. Mas infelizmente só descobri a literatura muito tarde. Há livros maravilhosos que a gente lê uma vez. Não adianta ler a segunda porque já se sabe o fim da estória. Outros não contam estória alguma, são feitos de fragmentos inconclusos, e cada fragmento é uma chave para um mundo inteiro. Assim é *Transistor* (Rio de Janeiro, Nova Fronteira, 1980), que me foi presenteado pelo Heládio Brito, um dos que me introduziram à literatura. Ler o Murilo Mendes é uma fonte inesgotável de felicidade.

A recuperação dos criminosos

Todos sabem que as penitenciárias são escolas do crime. Não se sabe de um criminoso que tenha sido reformado pelo sistema penitenciário. Juntando-se criminosos num mesmo lugar é certo que pensarão maneiras mais eficientes de realizar o crime. Da mesma forma como torcedores de um mesmo time, juntos, vão falar sobre o seu time. Um sequestrador recém-capturado confessou que foi numa penitenciária, onde se encontrava cumprindo pena por crime pequeno, que aprendeu as vantagens e técnicas do crime grande, os sequestros. É preciso notar que os criminosos não são criminosos só por razões práticas, como dinheiro e poder. Eles são criminosos também por razões estéticas. Todos os homens desejam ser figuras lendárias, heróis, objetos de admiração, espanto ou mesmo de horror. A felicidade do criminoso quando a sua fotografia aparece na primeira página do jornal! Há um enorme prazer em se sentir temido e odiado. O horrendo pode ser belo. Também os criminosos se alimentam de fantasias narcísicas! Na Idade Média havia uma forma curiosa de punir os criminosos. Eles eram colocados em pelourinhos com cabeças e mãos presas numa peça de madeira. O pelourinho ficava numa praça pública. Ali ficavam os infratores, expostos ao riso e zombaria do povo. Essa situação de ridículo, imagino, se constituía num poderoso antídoto a quaisquer imagens heroicas que os criminosos pudessem ter de si mesmos. Não há narcisismo que resista à zombaria. Aí fiquei pensando se não haveria uma forma moderna de se aplicar esse castigo pedagógico e inspirado na psicanálise. O medo do ridículo é capaz de desencorajar muitas ações. Já imaginaram? Poderia haver praças dedicadas aos políticos corruptos, aos sequestradores, aos pedófilos, aos assassinos etc. etc. Lá ficariam eles expostos ao riso público e, preferivelmente, com as partes pudendas à mostra. Se essa proposta é inviável, por razões práticas (não há praças em número suficiente, o número dos criminosos é muito grande), as autoridades competentes poderiam colocar na internet um *site* com o nome de "Pelourinho". Ali poderíamos ver a cara dos criminosos nas mais variadas versões. Aí o povo começaria a rir deles. Quem sabe os criminosos se regenerariam, por vergonha...

Sobre direitos e avessos

"Consulte sempre um advogado. Você tem direitos. Consulte sempre um psicanalista. Você tem avessos..."

Emulsão de Scott

Como é que uma coisa ruim vira coisa boa, e só é boa se continuar a ser ruim? Não, não pensem que endoidei. Vou contar o que aconteceu. Esses dias de outono, céu muito azul, um friozinho gostoso, as cores mais brilhantes... Me lembrei, com saudade, da minha infância em Minas. Lembrei-me que, quando chegava o mês de julho, mês de férias, era o tempo de tomar Emulsão de Scott. Para quem não sabe, Emulsão de Scott é um fortificante à base de óleo de fígado de bacalhau. Branco, pastoso, difícil de engolir, malcheiroso, gosto ruim. Vinha a minha mãe com a colher de Emulsão de Scott numa mão e uma tampa de laranja na outra, pra tirar gosto e cheiro. Pois não é que fiquei com saudade da Emulsão de Scott! Pensei, então, que eu gostaria de tomar Emulsão de Scott para voltar, na imaginação, à minha infância. Fui à farmácia, comprei um vidro e preparei-me. Mas, oh! decepção! Os laboratórios estragaram a emulsão. Deixou de ser branca. Está cor-de-rosa! E o que fizeram com o gosto ruim de óleo de fígado de bacalhau? Estragaram-no com sabor doce de morango! Fracassou minha programada volta à infância! Porque Emulsão de Scott, para ser boa, para ter poderes mágicos, tem de ser ruim...

Convicções

"É preciso que aquele que pensa não se esforce em persuadir os outros a aceitar sua verdade... (Esse é) o lamentável caminho do 'homem de convicções'; os homens políticos gostam de se qualificar assim. Mas o que é uma convicção? É um pensamento que parou, que se imobilizou, e o 'homem de convicções' é um homem tacanho; o pensamento experimental não deseja persuadir, mas inspirar; inspirar um outro pensamento, pôr em movimento o pensar." (Ignoro o autor.)

Avestruz

Falam muito mal dos avestruzes, injustamente. Seus detratores, movidos por motivos inconfessáveis, declaram que aquelas aves são de estupidez sem paralelo. Dizem que elas, ao se defrontar com um leão, enterram suas cabeças na areia. Se assim eles se comportam é porque devem ser adeptos de uma antiga filosofia que afirmava que "ser é perceber". Raciocinam os avestruzes: se não percebo o perigo, o perigo não existe para mim. (Traduzido popularmente: "Aquilo que os olhos não veem, o coração não sente".) Continua o pensamento dos avestruzes: "Posso, assim, me comportar como se ele não existisse, desde que continue com a cabeça enterrada na areia". Tudo estaria bem se o leão não fosse de verdade. E o resultado é que o avestruz acaba na barriga do leão... Mas, como disse antes, eu não acredito que os avestruzes sejam assim tão estúpidos. Estupidez igual somente encontrei em exemplares da espécie *Homo sapiens* a que pertencemos. O que provocou essa meditação foi uma conversa que tive com o dr. Augusto Rocha, que me falou sobre o curioso comportamento de pessoas que têm hipertensão arterial e se recusam a tomar remédio. Hipertensão é doença crônica. Sem cura. Para o resto da vida. Como o diabetes. Embora não possam ser curadas, as doenças crônicas podem ser controladas. Para isso, o doente há de aceitar uma rotina diária de tomar os remédios devidos. Se isso é doença crônica, podemos dizer que todos nós somos portadores de uma enfermidade crônica que, se não for tratada rotineira e diariamente, pode levar à morte em um mês. É a fome. E o remédio diário para ela é um bom prato de comida... O fato é que ninguém se esquece de comer. Mas alguns doentes crônicos se esquecem de tomar seus medicamentos. Na verdade, não creio que seja esquecimento. Segundo Freud, todos os esquecimentos são intencionais. Os portadores de doenças crônicas se "esquecem" de tomar seus medicamentos porque eles são adeptos da filosofia dos avestruzes. Acham que, não percebendo, a coisa não existe. Acham que ninguém pensa assim? Tive um amigo, um homem inteligente de extraordinárias habilidades mecânicas que não ia ao médico de forma alguma. Alegava: "Não vou ao médico porque pode ser que eu tenha alguma coisa...". Não ia ao médico para não saber. Não sabendo, ele acreditava que a doença não existia. O leão existe mesmo quando fechamos os olhos...

Direitos humanos

Li que Baudelaire escreveu: "Esqueceram-se de dois direitos na Declaração dos Direitos do Homem: o de se contradizer e o de se ir embora". De acordo. Mas quero acrescentar outro: o direito ao silêncio. O silêncio é parte do meu espaço. Qualquer ruído que o perturbe é uma invasão da minha casa, uma agressão ao meu corpo.

Cidades

As cidades são como os seres humanos: têm um corpo e têm uma alma. Talvez muitas almas, porque o corpo é um albergue onde moram muitas almas, todas diferentes em ideias e sentimentos, todas com a mesma cara. O corpo das cidades são as ruas, praças, carros, lojas, bancos, escritórios, fábricas, coisas materiais. A alma, ao contrário, são os pensamentos e sentimentos dos que nela moram. Há corpos perfeitos com almas feias e são como um violino Stradivarius em mãos de quem não gosta de música e não sabe tocar. Mas pode acontecer o contrário: um corpo tosco com alma bonita. Aí é como acontecia com as rabecas do querido Gramanni. Rabecas são violinos rústicos fabricados por artesãos desconhecidos. Mas o Gramanni era capaz de tocar Bach nas suas rabecas... O mesmo vale para as cidades: cidades bonitas por fora e com almas feias, cidades rústicas por fora com almas bonitas. Onde se podem encontrar as almas das cidades? Eu as encontro bonitas nas feiras, nas bancas de legumes e frutas, no mercadão, no sacolão. Esses são lugares onde acontecem reencontros felizes. Também na feira de artesanato, nos jardins onde há crianças, nos concertos... Mas ela aparece assustadora nas torcidas de futebol e no tráfego... Ah, o tráfego! É nele que a alma da cidade aparece mais nua. Pensei nisso na semana que passei em Portugal. Lembrei-me que há lugares onde os motoristas sabem que o pedestre tem sempre a preferência. Eles param para que o pedestre passe. Um amigo me contou de sua experiência em Munique: desceu da calçada, pôs o pé no asfalto e, para seu espanto, viu que todos os carros pararam para que ele atravessasse a rua. Sempre que paro meu carro para que o pedestre passe percebo a surpresa no seu rosto. Não acredita. É preciso que eu faça um gesto com a mão para que ele se atreva. Não é incomum ver um motorista acelerar o carro ao ver um pedestre atravessando a rua. Disseram-me que existe mesmo um *video-game* cuja sensação está em atropelar os pedestres. E a contagem é maior se o atropelado for um velho... As cidades voltarão a ser bonitas quando os motoristas compreenderem que o natural é andar a pé. Os pedestres devem ter sempre a preferência. No Brasil há uma cidade assim. Mas não estou bem certo... Acho que é Campo Mourão, no Paraná.

Praias no inverno

As praias, no inverno, são mais bonitas. Vocês já viram uma vaca coberta de carrapatos? É algo de dar dó... Pois assim são as praias no verão: os milhares de pessoas são carrapatos que infestam as areias brancas. No inverno, as praias são lisas, solitárias. Quase ninguém. Parece que os homens têm medo da solidão. Gostam mesmo é do falatório, do agito, do som... Prefiro a música do mar e do vento porque ela faz eco na minha alma. Não se ouvem vozes humanas. Apenas o pio dos pássaros. E os pensamentos vêm mansamente. Águas-vivas mortas – seria inútil jogá-las no mar novamente. Eram bonitas vivas, flutuando transparentes... Caranguejos de olhos saltados, andando de lado, fugindo para os buracos na areia. Parecem-se com certas pessoas que não conseguem andar para a frente... Catar conchinhas... Eis aí uma deliciosa brincadeira para quem deseja ser escritor. A alma é um grande mar que vai depositando conchinhas no pensamento. É preciso guardá-las. Quem deseja ser escritor há de aprender com as crianças a catar conchinhas, pensamentos avulsos como esses com que estou brincando, e guardá-los num caderninho. De Camus, o livro que mais amo – e por isso mesmo releio sempre – são os seus *Cadernos da juventude*. Ali ele anotava o voo dos pássaros, uma trovoada, uma nesga azul no céu de tempestade, uma citação que lhe vinha à cabeça, um diálogo entre marido e mulher. Nietzsche também colecionava conchinhas que ele transformava em aforismos. O problema com os aprendizes é que eles pensam que literatura se faz com coisas importantes. O que torna a conchinha importante não é o seu tamanho, mas o fato de que alguém a cata da areia e a mostra para quem não a viu: "Veja...". Literatura é mostrar conchinhas...

Notícias de jornal

Ele tinha medo dos 60 anos não por causa do número de anos, mas por causa dos jornais. Dizia: "Se eu for atropelado vão noticiar 'Sexagenário atropelado'". Ele nunca foi atropelado. A notícia não aconteceu. Mas eu li uma mais divertida: "Ancião de 50 anos atropelado". Era um concurso importante, livre-docência. O candidato, um dentista professor competentíssimo, meu amigo, já falecido. A imprensa compareceu e noticiou: "Ao final a banca examinadora concedeu-lhe o título de Professor Livre-docente. E, além deste, deram-lhe também o título de *Ad referendum* da Congregação'". Numa matéria sobre a sinfônica, o repórter escreveu: "Será tocado o *Concerto nº 5*, em si bemol, *Imperador*, com os movimentos Allegro, Adagio un poco mosso e Rondó: Allegro todos eles compostos por Beethoven".

Explicações que ofendem

O rei estava reunido com o seu ministério e tratava de dar explicações duvidosas para uns gastos com banquetes gastronômicos. Os ministros, sem acreditar, faziam de conta que acreditavam. Mas o bobo, um dos ministros do rei (todo governo deveria ter um bobo da corte...), deu uma risadinha e comentou em voz alta: "Majestade, há explicações que são piores que uma ofensa...". O rei ficou furioso, expulsou o bobo e declarou que, se ele não explicasse essa declaração absurda até o fim do dia, iria passar uma semana no calabouço. O bobo sumiu. O rei, cansado, ao fim de um dia de explicações, ia sozinho por um corredor do palácio, corredor esse decorado com grandes colunas de mármore. Atrás de uma delas estava o bobo escondido, pronto a provar sua tese. Quando o rei passou, o bobo pulou e agarrou as nádegas do rei. O rei deu um grito de susto e raiva. E o bobo se desculpou: "Perdão, Majestade, eu pensei que fosse a rainha...". Estava provada a tese de que há explicações que são piores que uma ofensa.

Humilhação
Fico literalmente enfurecido quando vejo alguém humilhar uma pessoa mais fraca, mais pobre. Quando isso acontece, eu me esqueço da idade que tenho e dos conselhos da prudência. Aconteceu no supermercado Champion. Ouvi uma pessoa que vociferava em alta voz ofensas a uma outra. Fui ver o que estava acontecendo. Um cliente, valendo-se da sua condição de cliente, cliente tem sempre razão, valendo-se do fato de que os empregados não podem reagir, sob pena de perder o emprego, destratava um empregado humilde que tudo ouvia em silêncio, de cabeça baixa. Não aguentei. Aproximei-me e disse ao dito: "É desprezível que uma pessoa mais poderosa se valha de sua suposta superioridade para humilhar uma pessoa mais fraca...". Ele poderia ter me xingado ou dado um murro. Não pensei nisso. O fato é que ele enfiou a viola no saco e se foi resmungando. Coisa semelhante aconteceu dias atrás no Pão de Açúcar: um homem de 1,90 de altura humilhou uma mocinha modesta que estava no caixa. Eu estava meio longe, não ouvi o que ele disse. Ele se foi e ela começou a chorar... Só pude tentar consolá-la. Tenho o maior desprezo por pessoas que, para afirmar sua duvidosa superioridade, pisam nos mais fracos.

Um amigo
Um amigo é uma pessoa com quem se tem prazer em compartilhar ideias de forma tranquila e mansa. Não é preciso estar de acordo. O rosto do meu amigo não é igual ao meu rosto. E essa diferença me dá alegria. Se convivemos bem com nossos rostos diferentes, por que haveríamos de querer que nossas ideias fossem iguais? Experimentar a diferença de ideias mansamente é uma das evidências da amizade. Assim, se você deseja

saber se uma pessoa é sua amiga, pergunte-se: Temos prazer e gastamos tempo compartilhando ideias? Acho que os casais – namorados ou casados de papel passado – deveriam se propor esse teste. Não existe amor que sobreviva só de sentimentos, sem a conversa mansa.

Amigos ausentes

Uma das alegrias da literatura está em que ela cria a possibilidade de estabelecer conversas mansas com pessoas ausentes e mesmo mortas. Muitos dos meus melhores amigos, pessoas com quem converso longamente, estão mortos há muito tempo. É o caso de Albert Camus. Ler Camus é um exercício de felicidade. Poderíamos até formar uma dupla... Seus pensamentos mais pessoais não se encontram em seus livros com princípio, meio e fim. Encontram-se nos seus diários, onde registrava os pensamentos que lhe ocorriam sem imaginar que um dia seriam transformados em livros. Muitas das suas experiências batem com as minhas. Num certo lugar ele escreve notas para um romance: "Infância pobre. Eu tinha vergonha da minha pobreza e da minha família. Só conheci essa vergonha quando me puseram no liceu. Antes, toda a gente era como eu e a pobreza parecia-me o próprio ar desse mundo. No liceu foi-me dado comparar". Num outro lugar ele comenta: "Que pode um homem desejar de melhor do que a pobreza? Não disse miséria nem o trabalho sem esperança do proletário moderno. Mas não vejo o que pode desejar-se a mais do que a pobreza ligada a um ócio ativo". Foi exatamente essa a minha experiência. Minha infância foi vivida na pobreza. A princípio, grande pobreza. Depois, pobreza simplesmente. Desses anos não tenho uma única memória infeliz. Tive dores, como toda criança tem: dor de dente, dor de tombo, dor de barriga, dor de queimadura. Mas não tive experiência de infelicidade. Minha infelicidade começou quando a vida melhorou e nos mudamos de uma cidade do interior de Minas para o Rio de Janeiro. Meu pai me matriculou num colégio de cariocas ricos. Foi então que, como Camus, senti vergonha da minha pobreza e da minha família: eu era diferente, não pertencia ao mundo elegante dos meus colegas. Num outro lugar do seu diário, Camus registrou: "Atenção: Kierkegaard, a origem dos nossos males está na comparação". Kierkegaard foi um solitário filósofo dinamarquês. Os desbravadores são sempre solitários. Veem coisas que os outros não veem. Como foi o caso de Nietzsche. Kierkegaard foi meu primeiro amigo filósofo. Com ele tive longas e mansas conversas. Sua filosofia é construída em meio a uma teia de sutis percepções psicológicas. O sofrimento da pobreza, quando não é miséria, se encontra na comparação. A miséria é diferente da pobreza. A pobreza está muito próxima da simplicidade. Simplicidade tem a ver com as coisas que são essenciais. Simplicidade é caminhar com uma mochila leve. A riqueza, ao contrário, é caminhar arrastando muitas malas pesadas, sem alças... A pobreza simples é uma pobreza feliz. Feliz porque leve. É a comparação, origem da inveja, que a torna infeliz. Camus e eu experimentamos a infelicidade da comparação na escola. Mas hoje não é preciso ir à escola para sentir a sua maldição. Basta ligar a televisão. A televisão é uma máquina de infelicidade, na medida em que ela nos obriga a comparar. Os pobres, nos lugares mais distantes, ligam as novelas e sentem a sua desgraça. A comparação é um exercício dos olhos: vejo-me; estou feliz.

Armadilha da memória

Um dia eu estava andando de carro com meu amigo Carlos Rodrigues Brandão, em Pocinhos, por uma estrada de terra. Aí ele começou uma conversa mole sobre a memória. Disse-me: "Rubem, estou agora seguindo a seguinte filosofia: eu não possuo aquilo de que me esqueci. O que é que você acha disso?". Pensei: Eu me esqueci da coisa que possuo. Se me esqueci dela é como se ela não existisse para mim. Não vou usá-la nem sentirei a sua falta. E concluí: "Está certo: eu não possuo aquilo de que me esqueci". Aí a fala mole do Brandão ficou rápida e concluiu: "Você se esqueceu de que eu lhe devo R$ 200,00. Portanto, você não os possui mais. Vou dá-los para a Soninha comprar tijolos...". Soninha era uma amiga comum que estava lutando para construir sua casa. E assim ele o fez. E eu não pude reclamar porque havia acabado de concordar que não possuo aquilo de que me esqueci... Eu havia me esquecido de que o Brandão me devia R$ 200,00.

Confissão

Escrevi um texto de elogio à calvície. Nunca imaginei que uma calva pudesse ser objeto de literatura. Os cabelos têm trânsito fácil na poesia. Já a calva é sempre objeto de riso e nunca de êxtase estético. Escrevi para salvar a minha neta. Ela queria que eu fosse à sua escola contar estórias. Eu disse que iria. Aí, quando sua mãe foi buscá-la na escola ela estava em prantos. "Não quero que o vovô venha à escola..." A razão para sua mudança: uma coleguinha vira uma foto minha na orelha de um livro... careca. E morreu de dar risada. Ela queria poupar a mim e a si mesma da vergonha do riso... O Artur da Távola até me mandou um *e-mail* sobre o assunto. Já escrevi sobre ele várias vezes. Ele apresenta o programa *Quem tem medo de música clássica?* na TV Senado e não se cansa de repetir: "Música é vida interior. E quem tem vida interior nunca está sozinho". Emociona-me o seu amor pelas crianças. Está sempre pedindo aos pais que chamem os seus filhos para ver e ouvir música clássica. Uma amiga, separada, segredou a outra amiga que nunca mais se casaria, a não ser que fosse com o Artur da Távola... No seu *e-mail*, ele fez uma confissão que me comoveu. Achei tão humana a sua confissão que lhe pedi licença para transcrevê-la. "Quando eu era criança, anos 1940, não estava em moda usar barba. Meu pai, exceção, mantinha uma, a nazareno, como se chamava então. Tímido que sempre fui, morria de encabulamento. Uma tarde ele é que foi buscar-me no colégio. A garotada riu daquele homem de barba e eu, assustado, disse que era meu avô. Minha mãe, à noite, achou a desculpa criativa. Mas meu pai ficou triste por rirem dele e por me haver causado o envergonhar-me. Até hoje essa mentirinha me persegue. Ele morreu quando eu tinha 11 anos e nunca pude excusar-me com ele. Aceite o abraço de outro vasto careca e parabéns pela defesa." Parece que isso é algo universal. As crianças têm medo que os outros riam dos seus pais e, consequentemente, riam delas. Todas as crianças querem ter pais bonitos e admirados. Lembro-me de que, quando vivi nos Estados Unidos, o diretor da Cathedral School, onde meus filhos pequenos estudavam, convidou-me a falar para as crianças. Aceitei. Anunciou-se minha ida. Aí notei que o Sérgio e o Marcos começaram a ter um comportamento incomum, cheios de conversinhas pelos cantos. Até que eu os encantoei e pedi explicações. Aí eles me disseram, meio encabulados: "Please, Daddy, don't say anything which will embarrass us..." que, traduzido livremente em linguagem de hoje, seria: "Papai, não nos faça pagar mico...".

A língua

Sou feliz pelos amigos que tenho. Um deles muito sofre pelo meu descuido com o vernáculo. Por alguns anos ele sistematicamente me enviava missivas eruditas com precisas informações sobre as regras da gramática que eu não respeitava, e sobre a grafia correta dos vocábulos, que eu ignorava. Fi-lo sofrer pelo uso errado que fiz de uma palavra. Acontece que eu, acostumado a conversar com a gente das Minas Gerais, falei em "varreção" – do verbo "varrer". De fato, trata-se de um equívoco que, num vestibular, poderia me valer uma reprovação. Pois o meu amigo, paladino da língua portuguesa, se deu ao trabalho de fazer um xerox da página 827 do dicionário, aquela que tem, no topo, a fotografia de uma "varroa" (*sic!*) (você não sabe o que é uma "varroa"?) para corrigir-me do meu erro. E confesso: ele está certo. O certo é "varrição" e não "varreção". Mas estou com medo de que os mineiros da roça façam troça de mim porque nunca os vi falar de "varrição". E se eles rirem de mim não vai me adiantar mostrar-lhes o xerox da página do dicionário com a "varroa" no topo. Porque para eles não é o dicionário que faz a língua. É o povo. E o povo, lá nas montanhas de Minas Gerais, fala "varreção" quando não "barreção". O que me deixa triste sobre esse amigo oculto é que nunca tenha dito nada sobre o que eu escrevo, se é bonito ou se é feio. Toma a minha sopa, não diz nada sobre ela, mas reclama sempre que o prato está rachado.

Para corromper um jovem

"A maneira mais simples de corromper um jovem é ensiná-lo a respeitar mais aqueles que têm opiniões iguais às suas que aqueles que têm opiniões diferentes das suas." (Nietzsche)

Samuel Lago
... é um homem risonho, afável, apaixonado pela educação. Escreve deliciosamente. Recebi dele um livrinho, livrinho mesmo, 7 centímetros de largura por 10 de comprimento, cheio de aforismos sobre a educação. Muitos grandes pensadores se deliciavam com os aforismos. Lembro-me de Lichtenberg, que Nietzsche e Murilo Mendes muito amavam, Nietzsche, Oscar Wilde. Um aforismo é um relâmpago: brevíssimo, ilumina os céus. Por vezes racha rochas. Muitos cérebros são rochas. Aqui vão alguns canapezinhos. "A verdadeira dificuldade não está em aceitar ideias novas, mas em escapar das ideias antigas" (Keynes). "Sábio é aquele que se espanta com tudo" (André Gide). "Todos os jogos são educativos, menos os jogos educativos" (André Lapierre). "Pensa como pensam os sábios, mas fala como falam as pessoas simples" (Aristóteles). "Tudo que se ensina à criança a impede de inventar ou de descobrir" (Piaget). O aforismo de André Gide, em especial, me deixou feliz. Porque eu já fiz a sugestão (minhas sugestões, usualmente, não são levadas a sério. Aqueles que as leem acham que estou brincando, fazendo gozação. Tudo o que é diferente espanta!)... eu já fiz a sugestão de que se criasse um novo tipo de professor: professor de espantos. Mas... todo professor não deveria ser um professor de espantos?

Bestiário
O meu imaginário está cheio de animais. Pássaros, gatos, ratos, galos, águias, onças, elefantes, sapos, porcos, lobos, dinossauros, cobras, patos, gansos: já escrevi estórias sobre todos eles. Sinto um enorme carinho pelas coisas vivas e me espanto diante delas. Por vezes, lá em Pocinhos do Rio Verde, fico parado diante da parede da casa, a admirar as mariposas que nela pousaram, atraídas pela luz. Suas asas são assombros estéticos. Depois de admirar, fico a pensar no mistério da vida. Como é possível? De que fundura de mistério surge tanta beleza? Gosto dos patos. Novinhos, acabados de sair do ovo, amarelinhos, fofos, sem que ninguém lhes tenha ensinado, já sabem nadar. Mesmo que tenham sido chocados por uma galinha. E como é tranquilizante vê-los deslizando calmos sobre as

águas de um lago. Vai aí um conselho terapêutico para a tranquilidade: ficar a ver os patos a nadar por meia hora. Faz bem para a cabeça. Sobre eles escrevi a estória *O patinho que não aprendeu a voar*. Uma livreira me contou que um pai, indignado, devolveu o livro que havia comprado sob a alegação de que o seu filho, ao final da estória, se pôs a chorar. Ele achava que livros para crianças devem sempre terminar em riso. Mas, que posso fazer? Escrevi a estória pra fazer chorar. Parte da educação é mostrar às crianças que a vida se faz também com o choro. Está dito nas Sagradas Escrituras: "Os que com lágrimas semeiam com alegria ceifarão". Escrevi outra sobre gansos, animais que conheci lendo as estórias de Andersen. Por isso tratei de povoar meu lugarzinho em Pocinhos do Rio Verde, o sítio Mar de Minas, com patos e gansos. Lá eles podiam viver tranquilos, sob a minha proteção. Eu jamais mataria um deles para fazer um assado. Não troco a alegria permanente de vê-los pelo prazer glutão de comê-los que termina em poucos minutos. Cada um tem sua própria dignidade. Os gansos são arrogantes, têm consciência da sua importância, andam sempre com o nariz empinado, assoprando. Os patos, desajeitados no andar, são garças ao voar. Sobem até o alto do morro e, de lá, voam brancos numa curva para descer no lago. Sim, lá eles estão seguros. Morrerão de velhice.

Badulaque

"BADULAQUE, s. m.: Guisado de fígado e bofes; coisa miúda, ou velha, de pouco valor; o que as mulheres põem no rosto para amaciar ou enfeitar a pele." Está no Aurélio. No sobradão colonial do meu avô, com sala de visitas de teto barroco, piano Pleyel vindo da França, castiçais para velas, vidros coloridos importados e desenhos dourados, havia um quartão que as tias mantinham fechado a chave (aquelas chavonas pretas, enormes, que se pegam com a palma da mão) e que nós, os sobrinhos, apelidamos de "quarto do mistério". Sobre ele escrevi uma crônica, que se encontra no livro *O quarto do mistério*. Nele se encontravam coisas maravilhosas: canastras antiquíssimas cheias de coisas velhas, aparelhos de medicina que meu tio médico havia abandonado, duas cítaras bordadas em madrepérola, caixas com bisnagas de tinta (minhas tias eram prendadas; pintavam, tocavam cítara, piano, bandolim...), uma vitrola sem a corneta, revistas, um relojão de parede redondo, parado... Os sobrinhos eram proibidos de entrar lá, por causa da poeira e das teias de aranha. Mas a gente roubava a chave, entrava, trancava por dentro, e ficava viajando por mundos imaginários. E havia um outro quarto, não tão proibido, o "quarto dos badulaques". Lá não se servia guisado de fígado e bofes, nem havia as coisas que as mulheres põem no rosto para amaciar ou enfeitar a pele. Lá se encontravam "coisas miúdas, velhas, de pouco valor", quinquilharias sem conta, brinquedos, livros de figura... Era o "quarto dos badulaques"...

Miolo
Meu sogro era um alemão que veio para o Brasil após a Primeira Guerra. Filho de um pastor adventista, tinha uma série de tabus alimentares. Não comia carne de porco, camarão, frango ao molho pardo... E tinha também um tabu particular: detestava, sem nunca haver comido, miolo de boi. Pois um dia ele foi convidado a almoçar numa casa tipicamente brasileira. E ficou felicíssimo porque o prato principal era couve-flor empanada. Comeu, gostou, repetiu, encheu a barriga. Ao final, boca e estômago havendo aprovado, ele quis fazer um elogio à dona da casa. "Essa couve-flor estava divina!", ele disse. Ao que ela esclareceu: "Me alegro que o senhor tenha gostado. Mas não é couve-flor. É miolo...". Ouvida a palavra miolo, o estômago entrou em estertores e ele teve de sair correndo da mesa para vomitar no banheiro. O que foi que ele vomitou? Ele vomitou a palavra "miolo". Nós gostamos não é da "coisa", mas do nome que pomos nela...

Médicos
Eu desejei muito ser médico. Por que não fui, nem sei explicar direito. Mas, na minha juventude, os médicos eram diferentes dos médicos de hoje. Tinham de ser porque o mundo era diferente. Os hospitais eram

raros e raros também eram os laboratórios. Como um Sherlock Holmes, valendo-se de pistas mínimas, o médico tinha de descobrir o criminoso que deixava suas marcas no corpo do doente. Naqueles tempos a inteligência do médico era muito importante. Os médicos eram, frequentemente, heróis solitários que atendiam unha encravada, cachumba, desidratação, bronquite, pneumonia, parto, prisão de ventre, resfriado, crupe, disenteria, gonorreia, berne, conjuntivite, furúnculo, hemorroidas, lombriga, dor de garganta, coqueluche, tosse de cachorro, verruga, indigestão... E tinham de ser humildes porque as derrotas na luta contra a morte e o sofrimento eram mais frequentes. Vocês poderiam ler a estória do Jeca Tatuzinho, do Monteiro Lobato, distribuída em mais de 80 milhões de exemplares. Com meus 5 anos, eu sabia a estória do Jeca Tatuzinho de cor e a "lia", compenetrado, para minha tia Noemia, que estava doente... Com frequência, o médico recebia como pagamento um frango, duas dúzias de ovos, um leitão – mais a eterna gratidão de quem tinha sido atendido e não podia pagar. Deus no céu, o "doutor" na terra, eram as valias dos pobres. O médico que me inspirou foi Albert Schweitzer. Hoje, quando se pensa num médico, pensa-se em alguém portador de um conhecimento especializado: a lista deles se encontra no catálogo da Unimed... Cada médico é uma unidade biopsicológica móvel portadora de conhecimentos especializados e que executa atos sobre o corpo do paciente... Naqueles tempos era diferente. Os médicos tinham, sim, conhecimentos e executavam atos sobre o corpo do paciente. Mas o que os caracterizava, mesmo – pelo menos no imaginário popular –, era o fato de serem seres movidos por compaixão. Compaixão, nas suas origens etimológicas, quer dizer "sofrer com um outro". A compaixão é, talvez, a mais humana das nossas características. Toda pessoa que procura um médico está sofrendo. O "paciente" é aquele que sofre. Há sofrimentos dos mais variados tipos, das hérnias de disco e cálculos renais até a absoluta falta de apetite e a tristeza. O médico, que pode não estar sofrendo nada (se ele estiver sofrendo será um médico mais compassivo...), sofre um sofrimento que não é seu, é de um outro. E é só porque sofre com os sofrimentos dos outros que ele se impõe a disciplina de estudar, pesquisar e desenvolver habilidades: para que o outro sofra menos ou deixe de sofrer.

A medicina nasceu da compaixão. Albert Schweitzer era uma pessoa muito especial. Desde menino sofria com o sofrimento de todas as coisas vivas, os mínimos animais e até mesmo com o capim cortado pela foice. Se disserem que ele deveria ter alguma perturbação mental, eu direi que vocês provavelmente estão certos. Esse tipo de sensibilidade não se encontra no normal das pessoas. Mas é precisamente essa sensibilidade exacerbada que caracteriza os grandes homens e as grandes mulheres. São Francisco, Chopin, Cecília Meireles, madre Teresa de Calcutá, Nietzsche, Faure, Gandhi foram todos pessoas de sensibilidade exacerbada. Por causa deles o mundo ficou melhor e mais bonito. O que faz um médico não são os seus conhecimentos de ciência médica. A ciência médica é algo que lhe é exterior e que ele leva consigo, como se fosse uma valise. Os conhecimentos científicos, qualquer pessoa pode ter. Mas a alma de um médico não se encontra no lugar do saber, mas no lugar do amor. O médico é movido pela compaixão. Albert Schweitzer transformou esse sentimento num princípio ético que todo médico deveria ter afixado no seu consultório, para não se esquecer: "Reverência pela vida". Toda vida, a mais ínfima, é sagrada. E foi movido por esse sentimento que aos 30 anos começou os seus estudos de medicina e foi exercê-la, pelo resto de sua vida, num lugar abandonado do coração da África chamado Lambarene.

Os primeiros colocados nos vestibulares

Já faz anos que os cursinhos publicam as fotografias dos seus alunos que passaram em primeiro lugar nos exames vestibulares. Tais alunos bem que merecem, pois se trata de um feito extraordinário. Mas eu gostaria mesmo é que alguém fizesse uma pesquisa sobre o destino profissional desses gênios de memória. É preciso não confundir memória com inteligência.

Inteligência emocional

Fez e ainda faz muito sucesso um livro com esse título, *Inteligência emocional*. Mas o meu amigo, professor Eduardo Chaves, fez uma observação muitíssimo correta: "Não existe inteligência emocional. O que existe é emoção inteligente". É a emoção que busca inteligência para realizar os seus sonhos. A inteligência é ferramenta da emoção. A inteligência, em si mesma, não sente necessidade alguma da emoção.

Pianos

Murilo Mendes, em suas memórias de infância, diz que Juiz de Fora era a cidade dos pianos. Hoje não dá mais para perceber. Mas, antigamente, quando se andava a pé, ao caminhar ouvia-se o som dos pianos, os principiantes estudando o Czerny, os mais adiantados tocando valsas. Ter um piano era prova de nobreza. Quem não era nobre tocava violão ou clarineta. Boa Esperança, cidadezinha onde nasci, perdida no interior, sem trem de ferro, não era nobre. Tinha não mais que dois pianos. Minha mãe, de origem nobre, ao casar recebeu de meu avô, como presente, um piano importado da França, Pleyel. Demorou a chegar. E nem sei como chegou. Sua chegada foi notícia nas rodas de conversa. Chegou dentro de uma caixa de madeira. Chamaram um marceneiro para tirar o piano de dentro da caixa. Para o homem foi a coisa mais importante da sua vida. Tão importante que, para o evento, caixa de ferramentas na mão, ele compareceu vestido de fraque...

Filhos

Meus filhos, eu os abençoo. Sugiro aos pais ler a página de Gibran Khalil Gibran no seu livro *O profeta* com o título "Os filhos". "Vossos filhos não são vossos filhos. Eles vêm através de vós mas não são vossos, e apesar de estarem convosco não vos pertencem. Sois os arcos dos quais seus filhos, como flechas vivas, são arremessados na direção do alvo que o arqueiro vê no infinito." Uma vez disparada, a flecha voa para longe do arco que fica, vazio... A imagem é linda. Mas não me parece que seja totalmente verdadeira. E isso porque a flecha, ainda que não atinja o alvo, vai sempre na direção do alvo que o arqueiro viu. Sugiro, então, uma alteração: "Vossos filhos são flechas que, uma vez disparadas, se transformam em pássaros que voam para onde querem, e não na direção do alvo que o arqueiro viu". Ser pai é alegrar-se com o voo do pássaro, livre, para longe, numa direção não sonhada. Se eu tivesse voado na direção do alvo que meu pai viu, eu seria um engenheiro, talvez um médico. Pode até ser que tivesse atingido sucesso profissional e me tornado um homem rico. Mas minhas asas me levaram para um lugar que nunca passou pelos seus sonhos, e nem mesmo pelos meus... Nunca imaginei que seria escritor. Parece que as asas sabem mais sobre as direções da alma que nossos pensamentos. E estou contente. E nesse dia abençoo meus filhos nos seus voos.

Mude

No passado, o normal era que um jovem escolhesse uma carreira e permanecesse nela até morrer, ainda que ela não lhe desse felicidade, tal como acontecia também com os casamentos. Para sempre, até que a morte os separe. Uma coisa boa dos tempos em que vivemos, a despeito de todas as suas confusões, é que as pessoas descobriram que é possível mudar a direção do voo. Nada as obriga a voar sempre na mesma direção até o fim. Eu mudei minhas direções várias vezes e não me arrependo. Meu amigo Jether era um próspero dentista na cidade do Rio de Janeiro. Estava ficando rico. Riqueza dá segurança. Segurança dá tranquilidade à família. Mas, enquanto ele olhava para o mundo delimitado pelos dentes dos seus clientes, a sua alma voava por outros mundos! E foi assim que, num belo dia, ele resolveu voar. Chegou em casa e comunicou à esposa Lucília: "Meu bem, vou vender o consultório". E assim, com mais de 40 anos, voltou para a estaca zero e foi se preparar para o vestibular... E ele seguiu um caminho feliz! Está com 82 anos, tem cara de 60, disposição de 40 e leveza de criança! Cada profissão delimita um mundo: há o mundo dos advogados, dos dentistas, dos engenheiros, dos professores, dos médicos, dos músicos, dos artistas, dos palhaços, do teatro. O jovem estudante do filme *Sociedade dos poetas mortos* sonhava em ser artista de teatro. Mas seu pai havia mirado seu arco para a medicina... Dezoito ou dezenove anos é muito cedo para definir o que se vai fazer pelo resto da vida. Esse é um tempo de procuras, indefinições, sonhos confusos. É normal que, ao meio do curso universitário, o jovem descubra que tomou o trem errado e se disponha a saltar na próxima estação. É angústia para os pais. Claro, porque o que eles mais desejam é ver o filho formado, empregado, ganhando dinheiro. Isso lhes daria liberdade para viver e permissão para morrer... Mas não seria terrível para ele – ou ela – se, só para não "perder tempo", "só para não voltar ao início", continuasse até o fim? Se não quero ir para as montanhas, se quero ir para a praia, por que continuar a dirigir o carro pela estrada que vai para as montanhas? Pais, não fiquem angustiados. Sua angústia é inútil. E nem fiquem com a ilusão de que o diploma dará emprego ao filho. Não dará. Assim, é melhor ir devagar, seguindo a direção que o coração manda. O difícil, para os pais, será se o filho, no último ano de direito, lhes comunicar: "Descobri que não gosto de direito. Vou estudar para ser palhaço!". Aí posso imaginar o embaraço do pai e da mãe quando, em meio a uma reunião social, quando se fala sobre os filhos, alguém lhes dirija a palavra e diga: "Meu filho está no Itamarati. Vai ser diplomata. E o seu?". Resposta: "O nosso está no circo. Vai ser palhaço...". Cá entre nós: não sei qual profissão dá mais felicidade, se a de diplomata ou se a de palhaço...

Leitura dinâmica

Um professor meu amigo afixou na porta da sua sala a seguinte frase: "Havendo Deus colocado limites precisos à nossa inteligência é profundamente lamentável que ele não tenha estabelecido limites também para a nossa estupidez". Veio-me a memória essa frase ao pensar em leitura dinâmica. Ler rapidamente, com retenção total! Por que gastar um mês lendo *Grande sertão: veredas* se com as técnicas de leitura dinâmica você poderá lê-lo em uma hora? A vida moderna corre rápida, não há tempo para vagarezas. Ler dinamicamente é muito importante no preparo para o vestibular. Quem anda devagar fica para trás! Sugiro que a filosofia da leitura dinâmica seja também aplicada a outras áreas. Sexo dinâmico! Por que perder tempo gastando uma hora fazendo amor se com a técnica do sexo dinâmico tudo se realiza em dois minutos? Comer dinamicamente! Quanto tempo se perde nas refeições! Com a técnica da comida dinâmica, um jantar termina em cinco minutos. Música dinâmica! A *Nona sinfonia* pode ser ouvida em dois minutos! Durma também dinamicamente! Você terá muito mais tempo para fazer outras coisas! Pessoalmente, eu estaria interessado em pesquisas para se desenvolver técnicas de ver televisão dinamicamente: programas de várias horas reduzidos a poucos minutos. O Pequeno Príncipe encontrou-se com um vendedor de pílulas para matar a sede. "Para que servem essas pílulas?", perguntou o principezinho. Respondeu o vendedor: "Para economizar tempo. Já se fizeram pesquisas que mostram que, por semana, gastamos duas horas indo até o filtro para beber água. Se você tomar as pílulas contra a sede você não gastará esse tempo", explicou o vendedor. "E o que é que eu faço com esse tempo?" "Com esse tempo você faz o que quiser..." O Pequeno Príncipe parou, pensou e concluiu: "Que bom! Se eu tiver duas horas livres eu quero ir vagarosamente, mãos nos bolsos, até a fonte para beber água...".

O pôr do sol e a orquídea

O sol estava se pondo. O pôr do sol a fez lembrar-se do seu pai. E ela começou a falar. Ele estava mortalmente enfermo e sabia disso. Ela abandonou o seu trabalho para estar com ele. E conversavam sobre a partida que se aproximava. Tranquilamente. Aqueles que aceitam a chegada da morte ficam tranquilos. Disse-me que a hora que seu pai mais amava era o crepúsculo. Desde menina, ele se assentava com ela e ia mostrando a beleza das nuvens incendiadas, a progressiva e rápida sucessão das cores, azul, verde, amarelo, abóbora, vermelho, roxo... À medida que a morte se aproximava, a fraqueza aumentava. Mas, mesmo fraco, queria ver o pôr do sol. Talvez pela irmandade de um homem que morre e um sol que se põe. Numa dessas tardes, ela não conseguiu conter as lágrimas. Chorou. Ele a abraçou e colocou seu dedo sobre os seus lábios. "Não quero que você chore...". E, apontando para o sol que se punha, disse: "Eu estarei lá...". E contou-me também de uma orquídea que silenciosamente acompanhou esses momentos de despedida. A orquídea, depois que seu pai partiu para o pôr do sol, se recusou a parar de florir... Será que o seu pai foi morar na orquídea? É possível...

Futebol I
Onde se encontra a emoção do futebol? Será na sua beleza? Sim, é bom ver uma partida que se parece com um balé. Mas esse espetáculo coreográfico não faz o torcedor feliz. Uma partida que termina zero a zero é um tédio. O grito vem quando o gol acontece. É no gol que mora a alegria e... o sofrimento... A alegria do torcedor cujo time fez o gol é simétrica ao sofrimento do torcedor do time que sofreu o gol. Cada gol que se faz é uma afirmação de potência, enquanto cada gol que se leva é uma afirmação de impotência. E o gol é, fundamentalmente, um ato sádico. Um estupro. Um gol é um time que enfia a sua bola no buraco do outro – dolorosamente –, embora o outro tenha feito tudo para impedir que isso acontecesse.

Futebol II
A emoção do futebol, suas alegrias e tristezas, vêm do fato de que futebol é guerra. Uma copa do mundo é uma guerra estilizada entre muitos países. Daí a importância das bandeiras e dos hinos nacionais. Quem está em campo é um país em guerra contra um inimigo. A seleção são seus melhores heróis guerreiros, como na guerra de Troia. O campeão é o vencedor da guerra. Os outros são os vencidos. Medalha de prata não tem graça. O vice-campeão é também um vencido.

Futebol III
O povo unido, esquecidas as diferenças, esquecidos os partidos políticos, esquecidas as crenças religiosas: todos sentindo igual, todos cantando igual, todos gritando ao mesmo tempo, uma única bandeira. O entusiasmo do futebol provoca a união. Essa unanimidade de sentimentos e ações é característica dos tempos de guerra. Diante de um inimigo comum que ameaça, os conflitos internos perdem o seu sentido. As esquerdas argentinas, inimigas da ditadura militar, se esqueceram da sua inimizade e se uniram ao povo e aos militares nas praças, quando as ilhas Malvinas foram invadidas. A guerra faz esse milagre: ela transforma as

inimizades internas em amizade. Campeonato mundial de futebol é a guerra que dissolve todas as oposições internas.

Futebol IV
Mas o fim da Banda é triste. "Mas para meu desencanto/ o que era doce acabou,/ tudo tomou seu lugar/ depois que a Copa acabou..." Terminada a guerra contra o grande inimigo, começam os conflitos entre os irmãos. Passada a Copa, os torcedores tiram a camisa verde-amarela e cada um veste a camisa do seu time. Retorna, então, a guerra antiga...

> "Quem não pode suportar a dor da separação não está preparado para o amor. Porque amor é algo que não se possui, jamais. É evento de graça."

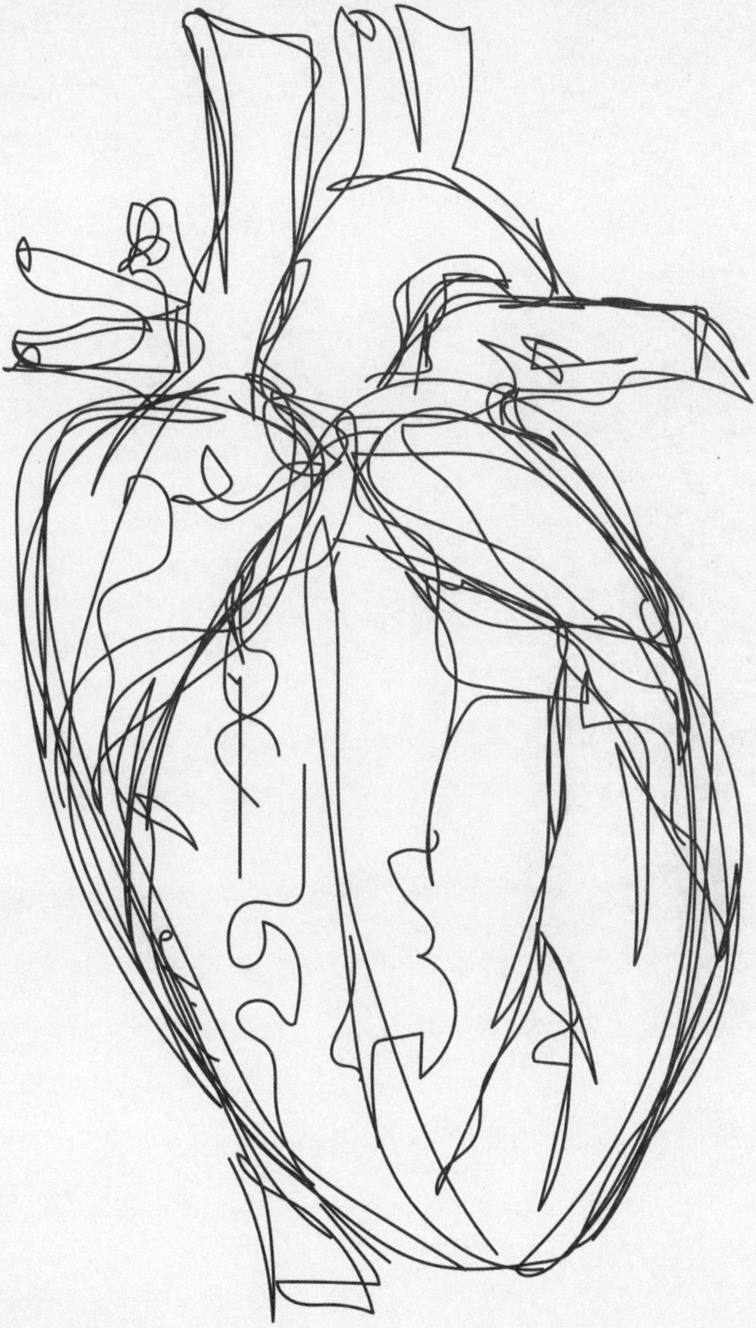

Amor

Mastectomia
A mulher havia perdido um seio. Chorando, ela abraçava o marido, sentindo-se mutilada na sua feminilidade e beleza. Como poderia continuar a ser amada pelo marido? O marido a aperta carinhosamente contra o peito e lhe diz: "De agora em diante, ao abraçar você, o meu peito estará mais perto do seu coração...".

O limite da paixão
"Um mandarim estava apaixonado por uma cortesã. 'Serei sua', disse ela, 'quando tiver passado cem noites a me esperar sentado num banquinho, no meu jardim, embaixo da minha janela.' Mas, na nonagésima nona noite o mandarim se levantou, pôs o banquinho embaixo do braço e se foi." (Barthes, *Fragmentos de um discurso amoroso*, p. 96)

Compaixão
Minha neta Camila estava chorando, aos soluços. Fui conversar com ela para partilhar da sua dor. Ela me explicou: "Vovô, eu não posso ver ninguém sofrer. Quando eu vejo uma pessoa sofrendo, o meu coração fica junto ao coração dela. E aí eu choro com ela...".

Mistérios do amor
Um amigo médico contou-me o seguinte. Ele era médico de um leprosário. Leprosos, estigmatizados, deformados, isolados. As enfermeiras eram

freiras: ali passavam a sua vida. É extraordinário o que o sentimento religioso é capaz de fazer! Uma das freiras teve uma infecção urinária. Teve de fazer um exame de urina. Juntamente com todas as informações patológicas, o laboratorista encontrou na urina evidências do amor: muitos espermatozoides. Ele respeitou esse segredo. Não colocou essa informação na folha do exame.

Amantes
Gosto da palavra "amantes". Amantes são aqueles que se amam. Os amantes, separados pela distância, sentem saudades... Alegram-se com a memória do rosto da pessoa amada. Diferente das palavras "marido" e "esposa". Para se ser "marido" e "esposa" não é preciso amar. Ouvi de um padre, na sua homilia aos noivos: "O que os une não é o seu amor. É o contrato". Padre ortodoxo aquele. Conhecia bem a teologia da Igreja. Porque, para a Igreja, o que une as pessoas não é o que elas sentem. É o ato sacramental que o sacerdote executa. É a Igreja que estabelece a união matrimonial. Sacramentos são atos que um sacerdote executa, em nome de Deus. Portanto, é Deus que executa. E se é Deus que executa, não pode ser desfeito. "Aquilo que Deus ajuntou não o separe o homem." A rejeição do divórcio por parte da Igreja nada tem a ver com o seu amor pela família. O que está em jogo é o poder divino da Igreja para unir. Se ela aceitasse o divórcio, estaria confessando que o sacramento do matrimônio não é coisa divina. E, com isso, estaria se desqualificando como legítima representante de Deus. Acho que o certo seria dizer: "Aquilo que Deus ajuntou o homem não separa. Se separou é porque Deus não juntou...".

Quem não pode transar não pode casar
Faz tempo escrevi um artigo com esse título, "Quem não pode transar não pode casar". Uma enfermeira e seu paciente paraplégico se apaixonaram e queriam casar. Mas, por ser paraplégico, o homem não poderia ter relações sexuais. Queriam casar por puro amor. Mas o bispo proibiu alegando que a sã doutrina da Igreja estabelecia que a função do casamento

é a procriação. Daí o título do meu artigo: "Quem não pode transar não pode casar". Com os progressos da ciência, poderá chegar um dia em que a Igreja exigirá um espermograma dos noivos, e os estéreis estarão proibidos de casar, bem como os velhos.

É difícil dizer que se ama

Havia uma moça que passava sempre defronte da minha casa. Eu a via, do outro lado da rua. Ela tinha um defeito na perna que a fazia mancar. O seu rosto tinha uma suavidade, uma beleza que me encantava. E eu ficava com vontade de atravessar a rua e dizer-lhe: "Eu acho você muito bonita!". E voltar correndo para dentro de casa. Nunca tive coragem. Tive medo de que ela me considerasse um velho desrespeitoso, dando--lhe uma cantada. E eu fico a me perguntar: por que é tão difícil dizer aos outros o quanto gostamos deles?

Encontro e separação

Amor é isto: a dialética entre a alegria do encontro e a dor da separação. E neste espaço o amor só sobrevive graças a algo que se chama fidelidade: a espera do regresso. Quem não pode suportar a dor da separação não está preparado para o amor. Porque amor é algo que não se possui, jamais. É evento de graça. Aparece quando quer, e só nos resta ficar à espera. E, quando ele volta, a alegria volta com ele. E sentimos então que valeu a pena suportar a dor da ausência, pela alegria do reencontro.

Demografia

A obrigação de realizar o ato sexual tem a ver com a demografia dos céus e dos infernos. É preciso completar o número dos salvos e dos condenados para que a Divina Comédia chegue ao fim. O objetivo da união sexual não é a realização do amor. O amor é sentimento humano. O objetivo da união sexual é a procriação. Essa é a lei da natureza.

Sexo e ódio
Um homem e uma mulher unidos pelo sacramento têm o dever de se unir sexualmente, ainda que se odeiem. Porque não é o amor que justifica o sexo; é o contrato...

Sexo racional
Santo Agostinho colocou essa questão de maneira muito precisa ao elogiar o fato de Abraão haver engravidado sua escrava Hagar a fim de ter um filho, posto que Sara, sua mulher, era estéril. Diz o santo que Abraão agiu de maneira racional, por dever e não por prazer. Ele não gozou ao transar com Hagar. Estabelece-se um problema fisiológico: "É possível ejacular sem prazer?".

Sexo é brinquedo
Amar é brincar. Não leva a nada. Não é para levar a nada. Quem brinca já chegou. Fazer amor com uma mulher ou um homem é brincar com o seu corpo. Cada amante é um brinquedo brincante. "Creio na ressurreição do corpo": não é a esperança de um milagre escatológico no fim dos tempos. É uma possibilidade de cada dia. Os sentidos precisam sair do túmulo onde os deveres os enterraram. Corpo de criança, corpo brincante: é nele que acontece a alegria!

As delícias do corpo
O corpo é um lugar maravilhoso de delícias. Mas Xerazade sabia que todo amor construído sobre os prazeres do corpo tem vida breve. A chama se apaga tão logo o corpo tenha esvaziado o seu fogo. O seu triste destino é ser decapitado pela madrugada. Mais que prazer, é preciso alegria. "Não quero prazer", dizia Tereza a Tomás. "Quero alegria!"

Maquineta de fazer crianças
Nos livros de medicina, os órgãos sexuais aparecem sob o título de "aparelho reprodutor". Essa ideia de sexo como aparelho, maquineta de fazer

crianças, me é repulsiva. Só podem tê-la aqueles que não leram o Cântico dos cânticos. Não existe naquele livro uma única sugestão de que sexo seja para procriar. Ali, sexo é só para a alegria do amor.

Bicho-de-pé e educação sexual
O bicho-de-pé (*Tunga penetrans*) merece sobreviver por suas múltiplas utilidades, entre elas, o seu uso didático, utilíssimo em aulas de educação sexual. A jovem, com medo da noite de núpcias, perguntou à mãe se doía muito. Ao que a mãe respondeu: "É feito bicho-de-pé. Dói um pouquinho, mas depois a gente não quer parar de esfregar...".

Luz das velas
O amor nasce, vive e morre pelo poder – delicado – da imagem poética que o amante vê no rosto da amada. O amor prefere a luz das velas. Talvez porque seja isso tudo o que desejamos da pessoa amada: que ela seja uma luz suave que nos ajude a suportar o terror da noite.

As mãos
Como são diferentes as mãos ternas das mãos que desejam a posse! A ternura não deseja nada. O beijo terno apenas encosta os lábios... O olhar terno deseja que aquele momento seja eterno. Daí o seu cuidado, a voz que fala baixo, a mão que tateia, o mover-se vagaroso: para que o encanto da imagem não se quebre...

Conversa
"Ao pensar a possibilidade do casamento cada um deveria se fazer a seguinte pergunta: 'Serei capaz de conversar com prazer com esta pessoa até a minha velhice?'" (Nietzsche) Tudo o mais no casamento é transitório.

Androginia

O segredo do amor é a androginia: somos todos, homens e mulheres, masculinos e femininos ao mesmo tempo. É preciso saber ouvir. Deixar que o outro entre dentro da gente. Nada mais fatal contra o amor que a resposta rápida. Uma resposta rápida é um alfanje que decapita. Escutar demanda tempo. Há pessoas muito velhas cujos ouvidos ainda são virginais: nunca foram penetrados.

O que amo?

Releio as *Confissões* de santo Agostinho. Ele pergunta: "O que é que amo quando amo o meu Deus?". Ele sabia que a simples afirmação "Eu amo o meu Deus" não significa coisa alguma. O amor exige um rosto. Imaginem que um apaixonado fizesse essa pergunta à sua amada: "Que é que eu amo quando amo você?". Ela responderia perplexa: "Então, não é a mim que você ama? Você ama uma outra coisa que aparece em mim?". Esse é um segredo que nenhum amante sabe: ele não ama a pessoa amada. Ele ama algo misterioso que se mostra no seu corpo. A Raposa olhava para os campos de trigo e sentia amor ao vê-los oscilando ao vento. Amava os campos de trigo porque eles a faziam lembrar do cabelo dourado do Pequeno Príncipe. A pessoa amada é apenas o lugar onde a aparição acontece. "O que amamos é sempre um símbolo", disse Hermann Hesse. "Símbolo" é algo que está no lugar da outra coisa. O pão e o vinho eucarísticos marcam o lugar da ausência de Cristo. O símbolo, qualquer símbolo, sendo "uma outra coisa" que não a coisa amada, é sempre um lugar de saudade. "Por que tenho saudade de você, no retrato, ainda que o mais recente? E por que um simples retrato, mais que você, me comove, se você mesma está presente?" (Cassiano Ricardo)

Sem razões

Angelus Silesius disse que o amor é como a rosa: "A rosa não tem 'porquês'. Ela floresce porque floresce"...

A cena
O apaixonado sofre menos com a morte da pessoa amada que com a sua partida para um novo amor. A morte torna eterno o amor. Ela fixa, para sempre, a bela cena. A partida, ao contrário, a destrói.

Como o seio
Somos amantes muito antes de nos encontrarmos com a mulher ou o homem que será objeto do nosso amor. Somos como a criancinha que já ama o seio mesmo antes do primeiro encontro.

Sentimentos não se podem prometer
Somos donos dos nossos atos, mas não somos donos dos nossos sentimentos. Somos culpados pelo que fazemos, mas não somos culpados pelo que sentimos. Podemos prometer atos. Não podemos prometer sentimentos. "Eu sei que vou te amar, por toda a minha vida vou te amar..." Lindo e mentiroso. Não se podem prometer sentimentos. Eles não dependem da nossa vontade. Sua existência é efêmera. Como o voo dos pássaros...

Reflexo efêmero
Meditando sobre as telas de Monet você entenderá o amor. Tudo são reflexos efêmeros... Por um momento a beleza cintila, mas logo o tremor da água faz desaparecer o reflexo... O êxtase do amor é como os reflexos da luz sobre a superfície das águas da lagoa.

Alegre-triste
Disse a Adélia: "O amor é a coisa mais alegre. O amor é a coisa mais triste. O amor é a coisa que eu mais quero...". Todo símbolo é alegre-triste. Alegre, por lembrar a coisa amada, triste por ser o lugar onde ela não

está... Hesse conclui não ser possível fixar o nosso amor em nenhuma pessoa. A fidelidade a uma única pessoa seria um equívoco...

Narciso

Pobre Narciso, enfeitiçado pela beleza que via refletida na superfície da fonte... Sempre que tentava tocá-la, seus dedos encrespavam o espelho da água e ela desaparecia. Será assim o êxtase da experiência amorosa? A bela imagem está lá, sorridente, no rosto da pessoa amada! Aí, vamos tocá-la – e ao tentar fazê-lo ela se desvanece...

Sobre a desilusão amorosa

Os apaixonados vivem num mundo maravilhoso de fantasia amorosa. Concordam com o Tom Jobim: "O nosso amor vai ser assim, eu pra você, você pra mim...". Eles acreditam firme e honestamente que o casamento será a realização da sua paixão em toda a pureza da fantasia. Mas todo mundo sabe, menos os apaixonados, que na vida não acontece assim. As rotinas do dia a dia não combinam com fantasias amorosas. Casados os apaixonados na casinha pequenina, eles terão agora de lidar com uma porção de coisas banais e irritantes. Por exemplo, o pingo de xixi na tampa da privada... Alguém me contou que, na Alemanha, encontrou nos banheiros cartazes proibindo que os homens fizessem xixi da maneira clássica, macha, de pé. A ordem é fazer xixi assentado, como as mulheres. Fazer xixi assentado pode ser um golpe na autoimagem machista dos homens mas, sem dúvida, é uma solução para as tampas de privada molhadas com xixi. Milan Kundera, no seu livro *Os testamentos traídos*, faz um comentário sobre *Madame Bovary*, de Flaubert, indicando que naquele livro o autor fez uma descoberta "por assim dizer, ontológica: a descoberta da estrutura do momento presente", que é feito pela "coexistência perpétua do banal e do dramático sobre o qual nossas vidas estão fundamentadas". Muitos momentos terríveis nascem de coisas absolutamente banais, como uma tampa de privada respingada de xixi... Uma tampa de privada respingada de urina é um golpe definitivo na imagem do príncipe encantado pela qual a esposa estava apaixonada...

Quer ser amado? Alugue os seus ouvidos

A delícia dos livros está em que eles, repentinamente, nos abrem os olhos, e vemos então coisas que nunca havíamos visto. A diferença entre os textos científicos e os textos literários está em que, enquanto os textos científicos nos colocam diante da mesa metálica onde se dissecam os cadáveres, os textos literários nos colocam bem no centro da vida. Quando se lê literatura vive-se a vida de outras pessoas, em outros tempos, em outros lugares. Vidas que não existiram. Acabei de ler *O livro do riso e do esquecimento*, de Milan Kundera. Uma simples frase me deu um choque: "Nós escrevemos porque nossos filhos se desinteressaram de nós". Sim, escrevemos porque somos seres solitários à procura de outros filhos. Ele conta a estória de uma jovem que trabalhava como garçonete num bar. Seu nome era Tamina. Tamina "fica sentada no bar, num tamborete, e quase sempre há alguém que quer conversar com ela. Todo mundo gosta de Tamina. Porque ela sabe ouvir o que lhe contam. Mas será que ela ouve mesmo? Ou não faz outra coisa senão olhar, muito atenta, muito calada? O que conta é que ela não interrompe a fala. Vocês sabem o que acontece quando duas pessoas conversam. Uma fala e a outra lhe corta a palavra: 'é exatamente como eu, eu...' e começa a falar sobre si até que a primeira consiga por sua vez cortar: 'é exatamente como eu, eu...'. Essa frase, exatamente como eu, eu... parece ser um eco aprovador, uma maneira de continuar a reflexão do outro, mas é um engodo: na verdade é uma revolta brutal contra uma violência brutal, um esforço para libertar o nosso próprio ouvido do adversário. Pois toda a vida do homem entre seus semelhantes nada mais é do que um combate para se apossar do ouvido do outro. Todo o mistério da popularidade de Tamina é que ela não deseja falar sobre si mesma. Sem resistência, ela aceita os ocupantes de seu ouvido..." De repente, os diálogos comuns do dia a dia se me tornaram mais claros.

"A poesia gosta mesmo
é de coisas simples."

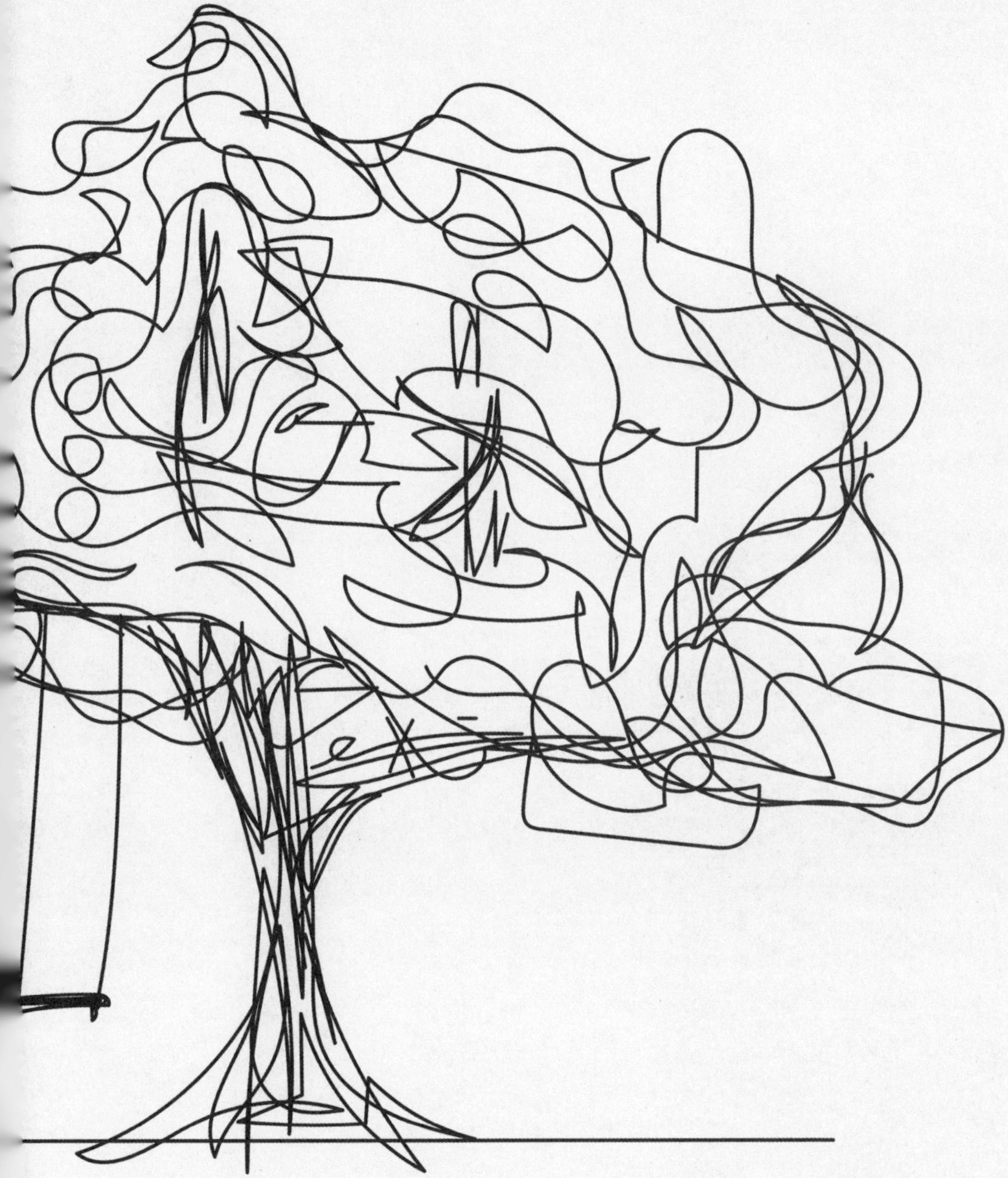

Beleza

Moça com brinco de pérolas

... é um filme sobre uma tela do pintor holandês Vermeer, do século XVII. O filme não tem mistério, mortes, suspense, ação rápida. Tudo é devagar. A vida é devagar. Depressa, só a morte. É uma aprendizagem de ver. Trata-se de uma estória imaginada provocada pela visão dessa tela singela, o rosto de uma jovem com um brinco de pérolas. Como disse Bachelard, "o que se vê não pode se comparar ao que se imagina". Vale, numa tela, a imaginação que ela provoca. Por isso, muitas pessoas de vista perfeita nunca viram realmente um quadro, embora o tenham visto. Falta-lhes imaginação. O autor da estória viu a tela *Moça com brinco de pérolas* e sua imaginação voou. Se me der na telha vou publicar de novo a estória que inventei ao meditar sobre uma outra tela de Vermeer, *Mulher lendo uma carta*. As telas de Vermeer põem paz na minha alma. Elas me reconduzem a um mundo de intimidade tranquila, de sombra e luz, de cores quentes, de falar baixo que não existe mais. É nesse mundo que mora a minha alma. Acostumados à ação rápida, é altamente provável que os jovens não consigam ficar até o fim. Não são culpados. Mas fico triste... Sugestão de um presente insólito para um adolescente: vá a uma livraria boa e compre um livro com telas de Vermeer da coleção Taschen. É barato. Quem sabe seu filho ou filha acabe se encantando...

Mulher com uma vela
Encontrei numa livraria de porão um cartão que me fascinou. É noite. Uma jovem segura uma vela sobre um fundo negro. A chama da vela está na horizontal, o que indica que há uma brisa soprando. A moça protege a chama com a sua mão. A luz da vela se filtra através de sua carne translúcida. De onde estará vindo o vento? A tela não explica. Mas a imaginação sugere. Para se ver bem não basta ter bons olhos. É preciso ter uma imaginação sensível. Ela abriu a porta de sua casa para alguém que bateu, o que explica a brisa. Quem poderia estar batendo à sua porta a tal hora da noite? Não se trata de um estranho porque ela está discretamente sorrindo, sem olhar diretamente nos olhos desse estranho que o pintor não pintou. É duvidoso que esse alguém invisível fosse o seu pai. O seu sorriso não é um sorriso que se oferece a um pai. Há uma pitada de pudor no seu rosto, ligeiramente inclinado... Seria o seu amado? Haviam marcado um encontro, ao abrigo dos olhos curiosos? Com certeza! Quem seria o seu amado? Provavelmente o pintor. O artista imortalizou na sua tela aquele momento de felicidade amorosa. O que é belo deve ser imortal. A prova de que ele imortalizou aquele momento está no fato de que hoje, séculos depois da morte dos dois, aquela cena continua a nos encantar... A arte não suporta o efêmero. Ela é uma luta contra a morte.

Ritmo binário
Dizem que a razão por que se embalam as criancinhas em ritmo binário é porque durante nove meses ouvimos a pulsação binária do coração da mãe. O ritmo binário do coração da mãe se inscreve no corpo da criancinha como uma memória tranquilizadora.

Sou bonito
Não é meu costume ouvir música enquanto escrevo. Fico possuído pela música, numa espécie de êxtase, e isso faz parar meus pensamentos. Contrariando o meu hábito, coloquei no micro um CD de uma peça que

nunca ouvira, a sonata para violino e piano de César Franck. Minutos depois eu estava chorando. Aí interrompi o choro e fiz um exercício filosófico. Perguntei-me: "Por que é que você está chorando?". A resposta veio fácil: "Choro por causa da beleza...". Continuei: "Mas o que é a experiência da beleza?". Sem uma resposta pronta, veio-me algo que aprendi com Platão. Platão, quando não conseguia dar respostas racionais, inventava mitos. Ele contou que, antes de nascer, a alma contempla todas as coisas belas do universo. Essa experiência é tão forte que todas as infinitas formas de beleza do universo ficam eternamente gravadas em nós. Ao nascer, esquecemo-nos delas. Mas não as perdemos. A beleza fica em nós adormecida como um feto. Assim, todos nós estamos grávidos de beleza, beleza que quer nascer para o mundo qual uma criança. Quando a beleza nasce, reencontramo-nos com nós mesmos e experimentamos a alegria. Agora vem a minha contribuição. Continuo o mito. Há seres privilegiados – eles bem que poderiam ser chamados de anjos – aos quais é dado acesso a esse mundo espiritual de beleza. Eles veem e ouvem aquilo que nós nem vemos nem ouvimos. Aí eles transformam o que viram e ouviram em objetos belos que os homens normais podem ver e ouvir. É assim que nasce a arte. Ao ouvir uma música que me comove por sua beleza, eu me re-encontro com a mesma beleza que estava adormecida dentro de mim.

O lugar onde mora a beleza
"Quando te vi amei-te já muito antes. Tornei a encontrar-te quando te achei." Essa é a mais bela declaração de amor que conheço, escrita pelo anjo Fernando Pessoa. Você já morava dentro de mim antes que nos encontrássemos. Nosso encontro não foi encontro; foi re-encontro... Isso que o poeta diz para um homem ou uma mulher pode ser dito também para uma música: "Quando te ouvi, ouvi-te já muito antes. Tornei a ouvir-te quando te ouvi...". O que me comoveu, então, não foi a música de César Franck. Foi a sonata que estava adormecida dentro de mim e que a sonata de César Franck fez acordar. Ao me comover com a beleza

da música, eu me re-encontro com a minha própria beleza. Por isso a música me traz felicidade...

Metáforas

É preciso entender que os poetas nunca falam sobre as coisas acerca das quais estão a falar. Falam sobre as coisas para falar sobre si mesmos. É isso que são as metáforas. Retratos da alma. Fernando Pessoa escreveu sobre as estrelas... Tão distantes. Mas era sobre si mesmo que falava. "Tenho dó das estrelas/ luzindo há tanto tempo,/ há tanto tempo.../ Tenho dó delas./ Não haverá um cansaço das coisas,/ de todas as coisas,/ como das pernas ou de um braço?/ Um cansaço de existir,/ de ser,/ só de ser,/ o ser triste brilhar ou sorrir.../ Não haverá, enfim,/ para as coisas que são,/ não a morte,/ mas sim uma outra espécie de fim,/ ou uma grande razão – qualquer coisa assim/ como um perdão?" Sim, ele estava muito cansado. Seu cansaço deveria ser tão grande como o cansaço das estrelas, brilhando sem fim, desejando apagar e dormir.

A biblioteca submersa

Debussy musicou um poema de Mallarmé, "La Cathédrale engloutie", a catedral submersa. Ouvindo a música, a fantasia nos leva para as funduras do mar, a luz se filtrando através das águas inquietas, vitrais de corais, anêmonas, peixes coloridos e os nossos olhos, "dois baços peixes", à procura, encantados. E se ouve o som dos sinos misturado ao silêncio das águas... Místico. Pensei em escrever um poema parecido, "La bibliothèque engloutie", a biblioteca submersa... Essa ideia me veio quando me lembrei de algo que aconteceu em 1964. Eu acabara de voltar dos Estados Unidos, onde passara um ano estudando. Logo depois do golpe. Meus livros haviam ficado em Lavras, Minas, onde eu fora pastor de uma igreja presbiteriana. Eu havia sido delatado como subversivo embora jamais tenha pertencido a qualquer organização política. Por todos os lados pululavam os delatores. Em tempos de violência política, a delação é uma prova de amor e subserviência aos donos das armas.

A delação liga os delatores aos poderosos, o que lhes dá uma deliciosa sensação de poder impune: "Os outros estão à mercê da minha palavra!". Era preciso eliminar as provas da minha subversão. Os livros. Em tempo de ditadura, pensar é crime. Só se permitem hinos patrióticos. Livros completamente inocentes. Um deles, *Communism and the theologians*, um simples relatório de opiniões de teólogos sobre o comunismo, tinha a capa vermelha com a foice e o martelo. Não poderia esperar que o capitão inquisidor soubesse inglês e se desse ao trabalho de ler. As fogueiras já estavam acesas. Era preciso encontrar as bruxas para justificá-las. Os militares haviam tomado conta da cidade. Muitas pessoas presas. Eu seria uma das próximas. Os livros se recusaram a ser queimados. Um amigo meu, Sílvio Modesto, fazendeiro, fez a sugestão: que eu ensacasse os livros e ele os jogaria no fundo do rio Grande. Foi o que fiz. Sacos e mais sacos de livros foram para o fundo do rio Grande. Devem estar lá, acervo da Biblioteca Submersa Rubem Alves, frequentada por lambaris, piabas e dourados...

Patativa do Assaré
"Prefiro falá as coisa certa com as palavra errada a falá as coisa errada com as palavra certa."

Arte e ideologia
Existe uma inimizade natural entre a ideologia e a arte. Ideologias são gaiolas. O seu objetivo é prender o pensamento. A arte são pássaros em voo. O seu objetivo é fazer o pensamento voar livre. Na revolução cultural da China se queimavam instrumentos musicais do Ocidente em nome de uma ideologia a um tempo comunista e rural. O comunismo sacralizou o chamado "realismo socialista" – um horror total, pintura sem sombras. Maiakóvski se suicidou porque o partido desejava que ele subordinasse a sua poesia à ideologia. A arte moderna foi banida da Alemanha nazista sob a alegação de que se tratava de arte degenerada. Assim

se irmanam os ideólogos de direita e de esquerda. O que eles desejam é usar a arte como instrumento de convencimento ideológico. As marchas militares fazem os corpos marchar e entopem o pensamento.

Mozart

Eu almoçava num restaurante e ouvia-se música: Mozart, *Pequena serenata*, uma das peças mais leves, alegres e brincalhonas jamais escritas. Senti-me feliz. Quis que o dono ou dona do restaurante soubesse da minha alegria. Dirigi-me à moça do caixa: "Por favor, diga ao dono ou dona do restaurante que a comida estava ótima e a música melhor que a comida". A moça me olhou espantada e perguntou: "O senhor está falando sério ou está me gozando?". Se eu só tivesse elogiado a comida ela teria compreendido. Mas que eu tivesse elogiado a música, e música de Mozart, isso lhe era incompreensível. Só poderia ser gozação... Assim, minha alegria se quebrou ao me dar conta do fato de que há pessoas, muitas pessoas, para quem Mozart é barulho. Sorri para a moça e falei sério: "Não, de verdade...". Fui-me imaginando que ela estaria pensando que há pessoas com gosto musical muito esquisito...

Coisas simples

A poesia gosta mesmo é de coisas simples. Basta uma imagem banal. A Adélia Prado é especialista em fazer poesias com insignificâncias. Quiabos "chifre de veado", ora-pro-nóbis, tanajuras, galinhas, ovos, escamação de peixes, galinhas de bico aberto, a mãe cantando enquanto cozinhava exatamente arroz, feijão-roxinho e molho de batatinhas: com essas coisas ela faz poesia. Pois poesia é feito caleidoscópio: faz beleza com caquinhos de vidro. Por que é que os poetas são assim tão ligados às insignificâncias? Porque é com insignificâncias que a vida é feita. Pois eu escrevi sobre a insignificância de chupar laranjas... O Zé, marido da Adélia, me mandou *e-mail* imediato lá de Divinópolis, juntando-se a minha conversa sobre os jeitos de chupar laranja. E ele me disse que por lá os pobres também chupavam de gomo. Só que enfiavam o gomo inteiro na boca, depois cuspiam os caroços e engoliam o bagaço. Isso, por causa da prisão de ventre. Se eu escrevi e o Zé me respondeu é porque a amizade se faz com insignificâncias. Em Minas Gerais até jeito de chupar laranja é poesia...

Beleza

O filósofo russo Nicolas Berdjaev disse que no Paraíso não havia nem ética, nem ciência, nem política: só estética. Deus nos criou para a Beleza. E foi por isso que nos encheu de Amor. Para que dela não nos esquecêssemos...

Olhar perturbado

A poesia é uma perturbação do olhar. O poeta vê o que não está lá. Para ele, as coisas são transparentes, abrem-se para outros mundos. A Adélia Prado diz que Deus de vez em quando a castiga, tirando-lhe a poesia. Ela olha para uma pedra e vê uma pedra. William Blake, poeta inglês, escreveu um poema em que diz: "Ver um mundo num grão de areia e um céu numa flor silvestre...". Octávio Paz descreve essa experiência: "Todos os dias atravessamos a mesma rua ou o mesmo jardim; todas as tardes os nossos olhos batem no mesmo muro avermelhado feito de tijolos e tempo urbano. De repente, num dia qualquer, a rua dá para um outro mundo, o jardim acaba de nascer, o muro fatigado se cobre de signos". A Raposa começou a ver nos campos dourados de trigo batidos pelo vento o cabelo louro do Pequeno Príncipe que partira. Meu filho pequeno, nas minhas ausências e com saudades, ia para o meu escritório vazio para sentir o cheiro do fumo de cachimbo. O cheiro do cachimbo era o que ele tinha de mim. O cheiro do cachimbo era, para ele, um sacramento. Sacramento é uma presença na qual mora uma ausência. A única coisa que recebi de meu pai como herança foi um peso de papel de vidro esverdeado. Quando olho para o peso de papel não vejo peso de papel, insignificância. Vejo o rosto do meu pai.

Palavra que apunhala

Recebi um *e-mail* em inglês que me foi enviado por uma senhora, Lola Degenszjn, nascida na cidade do Cairo, Egito, mas residindo no Brasil há muitos anos. Ela se desculpou dizendo que lia português mas não escrevia bem. Disse-me que gostava das coisas que eu escrevia. Mas uma única palavra que usei foi uma punhalada na sua alma. A palavra, bem... Eu escrevia para as minhas netas e descrevia como era a casa pobre em que vivi, quando menino. Fogão de lenha, luz de lamparina, sem geladeira (não havia eletricidade), as comidas eram guardadas num armário de tela chamado guarda-comida. Foi essa palavra banal que escrevi sem nenhuma emoção que lhe deu a punhalada. "With this I was stabbed", ela disse. E como que se lembrando, escreveu o nome do guarda-comida em francês: "garde manger"... A punhalada aconteceu porque, ao ler a palavra, ela se viu menina, na sua casa no Cairo. Lá havia um guarda-comida... Tanto tempo se passara! Ela até se esquecera de tal objeto. Ao ler a palavra "guarda-comida" no meu texto ela foi devolvida a uma cena da sua infância: ela, menina, na cozinha de sua casa... Eu e a Lola, agora, nos tornamos amigos ligados por essa palavra banal, "guarda-comida"...

Variações

Milan Kundera observou que "as variações eram a forma favorita de Beethoven ao final da sua vida". Variação é ficar repetindo a mesma coisa, cada hora de um jeito. Por que é que se repete? Por ser bonito. A gente quer a repetição do beijo, do doce, do poema, do pôr do sol... A alma não quer ir para a frente. Quem quer ir para a frente é porque ainda não encontrou. Está ainda à procura. Quem quer repetir é porque já encontrou o que procurava. Acho que é por causa disso que, faz muito tempo, estou sempre a repetir as mesmas coisas, cada hora de um jeito.

A alma é música

Quero ouvir música: aquelas que fazem parte da minha alma. Pois a alma, no seu lugar mais fundo, está cheia de música. E, sem precisar me desculpar pelo meu gosto, digo que amo música erudita. Música erudita é aquela que nos faz comungar com a eternidade. Sobre isso escrevi o livro para grandes pequenos *O Barbazul*.

Os limites da palavra
Muito tarde aprendi os limites da palavra. Alguns pensam que os seus argumentos, por sua clareza e lógica, são capazes de convencer. Levou tempo para que eu compreendesse que o que convence não é a "letra" do que falamos; é a "música" que se ouve nos interstícios de nossa fala. A razão só entende a letra. Mas a alma só ouve a música. O segredo da comunicação é a poesia. Porque poesia é precisamente isto: o uso das palavras para produzir música. Pianista usa piano, violeiro usa viola, flautista usa flauta – o poeta usa a palavra.

Fernando Pessoa
Ele confessou, no *Livro do desassossego,* que a sua alma era uma orquestra. E escreveu este poema: "Cessa o teu canto! Dessa, que, enquanto o ouvi, ouvia uma outra voz como que vindo nos interstícios do brando encanto com que o teu canto vinha até nós. Ouvi-te e ouvi-a no mesmo tempo e diferente juntas a cantar. E a melodia que não havia, se agora lembro, faz-me chorar...".

Velho
O senhor Américo era um homem humilde, nascido na roça, religioso, que só tinha ouvidos para pachorrentos hinos de igreja. Pois, não sei como, aos 80 anos, quando já estava meio surdo, os seus ouvidos começaram a ouvir música clássica. Não é que ele nunca tivesse ouvido. Ouvira com o corpo, não ouvira com a alma. Mas, de repente, a alma começou a ouvir e a vida do sr. Américo se transformou. Ficou assombrado, inundado de alegria, e passou o resto da sua vida, até sua morte aos 92 anos, colecionando e ouvindo discos de música clássica.

A viola
... só existe para fazer música. Sem o tocador a viola fica muda. A viola, para ser boa, tem de fazer a música que está na alma do tocador. Pois o corpo é assim mesmo: como uma viola... Há muita gente, viola boa, saúde 100%, que é como viola desafinada, sem tocador. Não faz música. Ninguém é amado por ter saúde boa. Há pessoas de boa saúde cuja companhia ninguém deseja. E, ao contrário, há pessoas de corpo doente que são fontes de beleza. Muita viola velha faz beleza de fazer chorar... Beethoven estava completamente surdo, no fim da vida. E foi dele que saiu a *Nona sinfonia* – que é um hino à alegria.

A alegria
Alegria é o que sinto com o corpo quando ele se encontra com aquilo que desejava. Coisa simples e efêmera... Brecht, num momento de grande depressão, escreveu um poema para lembrar-se das alegrias ao seu redor, a que deu o nome de "Felicidades". É bom que seja assim, felicidades, no plural. Porque ela não é uma e final. Sempre pequenas e passageiras.

Prazer
Digo que este é o objeto da vida: prazer... Haverá algo melhor? O trabalho? Mas o objetivo do trabalho é o jardim que se planta, ou a casa que se constrói, ou o livro que se escreve... Ou será a ciência? Os cientistas de outros tempos sabiam que a única finalidade da ciência era aliviar o sofrimento e tornar possível a construção do Paraíso... A revolução social? Mas para que é que se fazem as revoluções? Não será, por acaso, para pôr fim às ferramentas de sofrimento, e assim as pessoas possam ser livres para usufruir o jardim?

Outono
A primavera é linda, cheia de cores, cios e odores. Mas não me comove. Não encontro nela lugar para a saudade. Por isso lhe falta aquela gota de

tristeza, que mora em toda obra de arte. É que ela existe na paradisíaca inconsciência do fim... O verão é diferente. Excita meu lado de fora, e me transforma em sol, céu, mar. Misturo-me com seu universo luminoso, quente e suarento, cheio de cachoeiras e limonadas geladas. Tudo me convida a não pensar. A só rir, gozar, usufruir... Mas o outono me chama de volta. Devolve-me à minha verdade. Sinto então a dor bonita da nostalgia, pedaço de mim, de que não posso me esquecer... O céu, azul profundo, as árvores e grama de um outro verde, misturados com o dourado dos raios de sol inclinados. Tudo fica mais pungente ao cair da tarde, pelo frio, pelo crepúsculo, o que revela o parentesco entre o outono e o entardecer. O outono é o ano que entardece.

Pôr do sol
... é metáfora poética, e se o sentimos assim é porque sua beleza triste mora em nosso próprio corpo. Somos seres crepusculares.

Haicais
Séculos antes da invenção das máquinas fotográficas, os japoneses já eram mestres na arte de fotografar. Fotografavam sem máquinas. Para isso usavam palavras. Suas maravilhosas miniaturas fotográficas feitas com palavras têm o nome de haicais. Quem lê um haicai vê. São tão pequenos – mas pesam tanto! Leminski, valendo-se de uma sugestão de Jorge Luis Borges, descreve um haicai como um objeto poético mínimo de peso intolerável. Não tente entender. Você entende um pôr do sol? Um pássaro em voo? Um sorriso da pessoa amada? Não são para ser entendidos. São para ser vistos. O prazer do que se vê está no ato de ver e não no ato de pensar sobre o visto. Os pensamentos prejudicam a visão. Não foi à toa que Alberto Caeiro afirmou que "pensar é estar doente dos olhos". Quem lê um haicai fica curado dos olhos por nos obrigarem a não pensar. Veja este haicai: "Na velha casa que abandonei as cerejeiras florescem". Acabou. É só isso. Agora, sem ser levado pelo desejo de compreender, entregue-se à visão. Veja a casa velha. A casa que aban-

donei. Passei por ela. Triste solidão. Os muros estão caídos. O jardim de outrora se transformou num matagal. As paredes estão descascadas. Mas, a despeito desse abandono, as cerejeiras florescem... As cerejeiras são fiéis. Pode-se confiar nelas. Às vezes brinco de fazer haicais, embora não obedeça à técnica. Aqui está um, inspirado pelas cerejeiras. Era o tempo quando se tinha medo de andar pelas ruas de Campinas. A morte estava à espreita nas esquinas. Aí eu vi um ipê florido e o haicai saiu: "Na cidade amedrontada os ipês-amarelos florescem". Os ipês-amarelos estão floridos de novo. Voltam sempre, no mesmo tempo, na ordem certa. Em julho florescem os ipês-rosas. Em agosto, os amarelos. Em setembro, os brancos. De todos, os mais desavergonhados são os ipês-amarelos. Minivulcões em erupções de alegria. É bom ver sua copa amarela, sem uma única folha, contra o céu azul. Alguns deles, fui eu que plantei. Mas são poucos os que se assombram e param para vê-los. Acho um ipê-amarelo florido um milagre maior que um cego ver ou um paralítico andar.

Helena Kolody

Na minha ignorância, eu nunca havia ouvido o seu nome. Conheci-a como um presente de um amigo, Samuel Lago, um livro de poemas. Comecei a ler sem muito interesse e foi amor à primeira leitura. Sou como aqueles poemas. Li os poemas e senti o espanto de me descobrir. O poema me diz. Diz o que eu já sabia sem saber. Bem disse Bernardo Soares que "arte é comunicar aos outros a nossa identidade íntima com eles". Meu rosto aparece refletido no espelho de vidro. Dentro dele, do espelho, vejo diariamente meu rosto conhecido. Meu reflexo não me surpreende. Mas o poema é um espelho onde a minha alma, desconhecida, aparece refletida. Espanto-me. Nunca me havia visto assim. O poema me mostra a beleza da minha alma – que eu não via. Por isso a poesia é salvação. Na minha solidão, dou-me conta de que existe uma outra pessoa cuja alma se parece com a minha. Fico grato porque tal pessoa existe. Minha solidão se transforma em comunhão.

Repetição

Tudo é uma eterna repetição. O que já foi de novo será... Pelo menos essa é a sabedoria do Eclesiastes. Conta-se que, durante a Segunda Guerra Mundial, na divisa entre Suíça e Alemanha, estavam duas guarnições militares: a alemã, do lado da Alemanha, e a suíça, do lado da Suíça. Os soldados nazistas resolveram dar um presente aos suíços. Enviaram-lhes uma caixa própria para presentes. Quando os guardas suíços a abriram, estava cheia de cocô alemão... Os suíços resolveram retribuir o presente. Quando os alemães abriram a caixa, lá estava um lindo queijo, enorme, amarelo, perfumado, e um bilhetinho: "Continuemos assim a nos presentear com aquilo que temos de melhor...". Pulo da fronteira entre Suíça e Alemanha para Araxá, onde viveu dona Beja... Ela era odiada por todas as mulheres honestas do lugar. Estas, movidas pelo pecado verde, a inveja, enviaram-lhe um presente: uma caixa cheia de bosta de cavalo. Ela retribuiu: enviou flores a todas as mulheres que, segundo o seu conhecimento, eram as "presenteadoras", com um bilhetinho: "Cada um presenteia com aquilo que tem de melhor...". Mudam os tempos e os lugares, mas a liturgia é a mesma.

"As crianças que moram em nós são eternas. Não envelhecem."

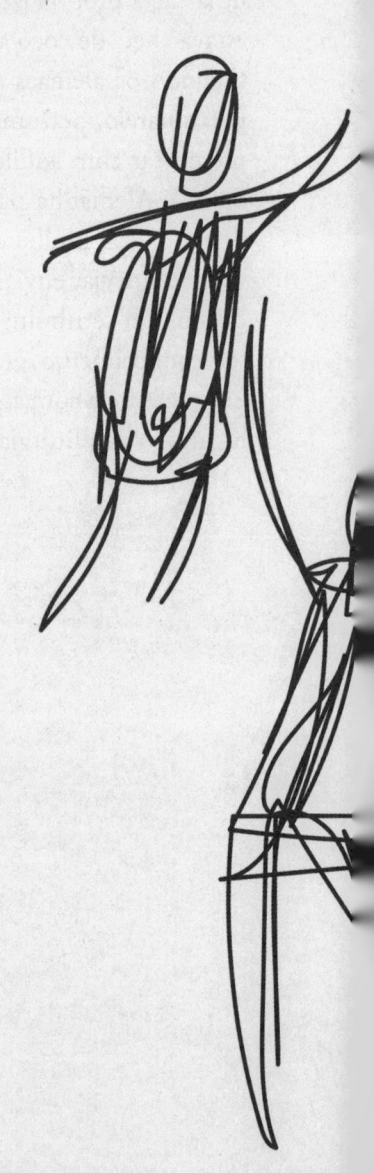

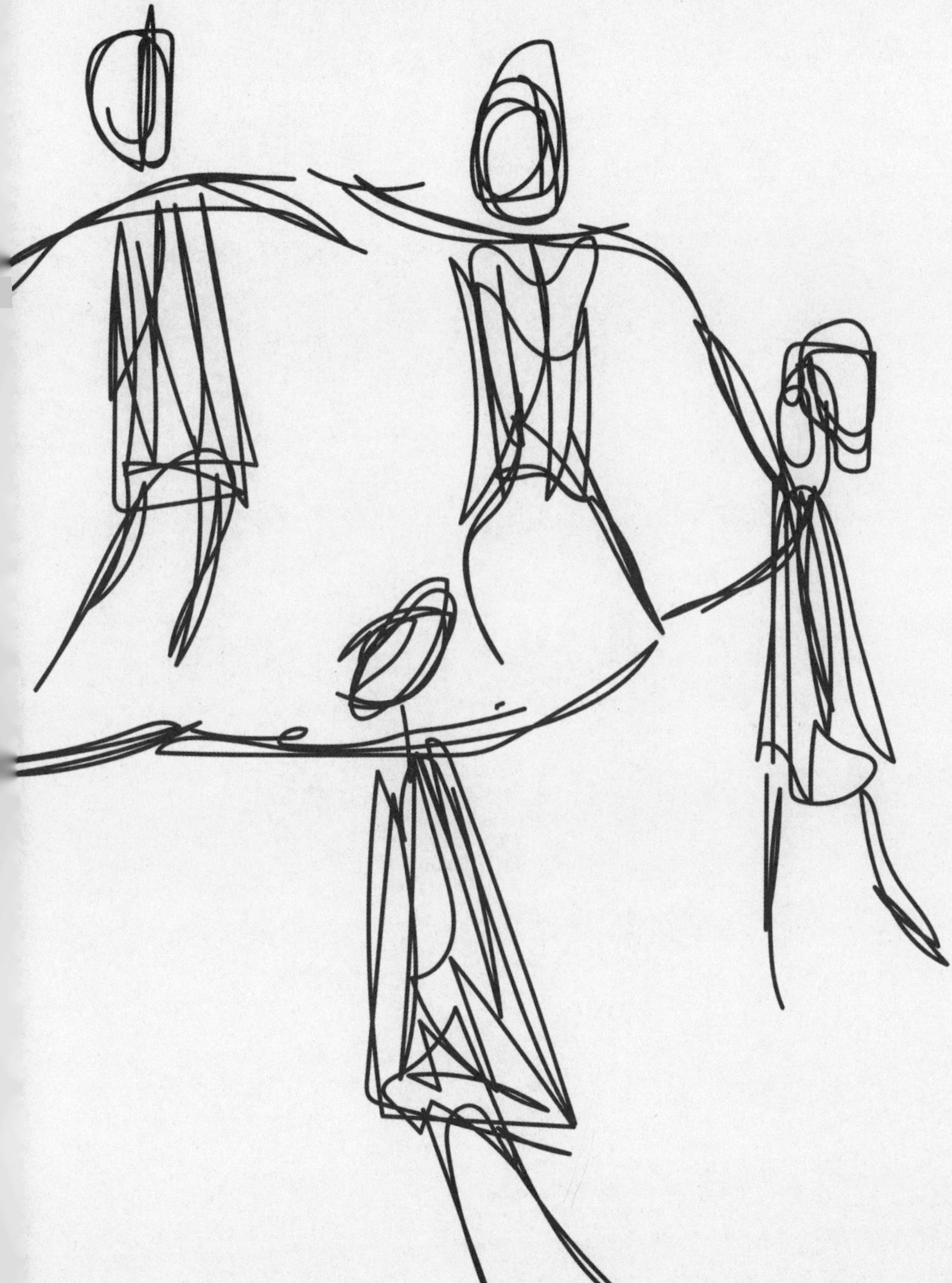

Crianças

Memória de infância

Nos seus devaneios sobre a infância, Bachelard se reencontra com remédios que se tornaram obsoletos, remédios que tinham nomes poderosos, nomes que faziam parte de suas potências curativas. Bastava ouvir o nome para se sentir meio curado. A leitura de Bachelard me levou de volta aos remédios antigos... Lembrei-me da Emulsão de Scott. Quem teria sido esse senhor Scott? O rótulo da garrafa dizia que o senhor Scott era um homem que conhecia os segredos curativos dos peixes. Lá está a figura de um homem carregando às suas costas um peixe enorme, do seu tamanho, um bacalhau. Quem toma Emulsão de Scott ganha a saúde dos peixes. Fiquei com tanta saudade que fui à farmácia e comprei um vidro, pois ela ainda sobrevive, a emulsão, para atender aos devaneios dos velhos. Em casa abri o vidro e oh!, desapontamento. Seu horrível cheiro original havia sido substituído pelo perfume de morangos! Mas que têm os morangos, delicadas frutinhas da horta, a ver com os mares profundos onde nadam os bacalhaus? Voltei à farmácia. Felizmente ainda há os originais. Vejo-me menino, é o mês de julho, mês do frio, mês de tomar Emulsão de Scott. Minha mãe chega com uma colher cheia do líquido pastoso branco de gosto e cheiro horríveis em uma mão, e a metade de uma laranja na outra. A laranja, para consertar o gosto e o cheiro... Resolvi fazer uma pesquisa. Fui à Farmácia Carcajon, minha vizinha, à procura dos remédios velhos. Os atendentes, meus amigos, se juntaram à minha pesquisa. Rum Creosotado. Rum Creosotado é poesia. "Veja, ilustre passageiro, o belo tipo faceiro que o senhor tem ao seu lado. E no entretanto acredite: quase morreu de bronquite. Salvou-o o Rum Creosotado." A poesia torna eternas as lembranças... Essas rimas se encontravam em todo bonde. Pra passar o tempo enquanto viajava, a gente ia lendo e decorando. Os bondes não mais existem, as rimas não mais se leem. Limonada purgativa. Ah! Coisa terrível. Aplicada a quem estava com dor de barriga, produzia uma limpeza apocalíptica no intestino. Muitos apêndices inflamados supuraram por causa da limonada! Nenhuma mulher podia prescindir do Regulador Xavier, números 1 e 2. De novo, o nome: Xavier. Os cientistas, inventores dos remédios, tratavam de perpetuar os seus nomes nos vidros das poções mágicas que inventavam. Mágicas? Isso mesmo! Até se usava a expressão: "Um santo remédio!". Naqueles tempos, os remédios tinham qualidades teológicas, pertenciam ao mundo dos mistérios sagrados. É o caso da palavra "elixir". A etimologia muito me tem revelado sobre a arqueologia das palavras, o que significavam quando do seu nascimento. Na minha cabeça, a palavra "elixir" me transporta para o mundo das estórias de encantamento. Elixir *d'amore*! Emulsão não se aplicaria. Emulsão de amor não soa bem. Por quê? Não sei. A poesia tem razões que a prosa desconhece. O Dicionário Webster, meu amigo fiel, me informou que a palavra elixir vem do árabe *el iksir*, que significa "pedra filosofal". Na alquimia, os elixires eram líquidos que tinham o poder de transformar metais baratos em ouro. E tinham o poder de prolongar a vida indefinidamente. Elixir Dória. Para quem comeu demais. Umas gotas pretas, amargas. Na figura da propaganda, um homem de boca aberta da qual saía a cabeça de um boi, com chifre e tudo. O Elixir Dória digeria até cabeça de boi... Eu ainda faço uso de um elixir, o Elixir Paregórico. Potentíssimo. Ação rápida. Contra cólicas. Sempre carrego um vidrinho em minhas andanças. Outro elixir era o Elixir de Inhame Goulart. Quem diria que dos inhames se podem extrair maravilhas curativas! E, por falar nisso, tinha um remédio com o nome de Maravilha Curativa. Quem seria capaz de resistir ao poder do nome? Não sei o que curava, mas que curava, curava... E o Phimatosan, para tosse, com o qual os meninos faziam uma brincadeira: "Caim matou Abel, Phi matou Zan, Esper matou Zoide...". E que dizer das pílulas? Pílulas de Vida do dr. Ross, redondinhas, branquinhas, do tamanho de um caroço de uva. Dizia a propaganda: "pequeninas mas resolvem". Resolvem o quê? Constipação intestinal, prisão de ventre. Havia os novatos que não acreditavam, as pílulas eram muito pequenas, e resolviam tomar logo cinco de uma vez. Ah! Pobres coitados, condenados a passar uma noite inteira sem poder dormir, correndo entre a cama e a privada... O Biotônico Fontoura. O nome está dizendo: bio = vida + tônico = que fortalece. Remédio que dá vida. Ficou famoso com a estória do Jeca Tatuzinho, que era um pobre caboclo que morava numa casinha coberta de sapé. Tomou o Biotônico, ficou forte, derrubou mato, ficou valente, deu murro em onça, ficou rico, os porcos e galinhas da sua fazenda todos usavam sapatos, para não terem verminose, fumou charuto. Naqueles tempos, o símbolo da riqueza não era ter BMW, era fumar charuto. Era comum se encontrar nos armazéns um quadro com duas metades. Na primeira metade, um magricela, esfarrapado, assentado no chão de um quarto vazio, cheio de teias de aranhas e ratos, com os dizeres: "Eu vendi fiado". Na outra metade, um homem gordo, papada redonda, assentado numa poltrona, numa loja rica, "burra" aberta com dinheiro derramando, fumando um charuto, com os dizeres: "Eu vendi a dinheiro". É, os tempos mudaram. Hoje só fica rico quem vende fiado. Prova disso são os cartões de crédito. Acho que vai chegar um tempo em que o dinheiro vai desaparecer. Apenas usaremos cartões e trabalharemos com números. Vai desaparecer o delicioso prazer de contar dinheiro com o dedo "pai de todos", o dedo do prazer... Os valores monetários serão valores virtuais. E tinha o Xarope de Limão-Bravo, Xarope São João, Salicilato de Bismuto, Pílulas De-Lussen, Pílulas de Erva-de-Bicho, Violeta de Genciana. Compare esses nomes potentes com os nomes dos remédios de agora: Garasone, Lognox, Diclogenom, Cetroloc, Flixotide, Vioxx (com dois "x" mesmo...), Celebra, Clo, Efexor XR, Clob-X, Buscopan, Amaryl. Acho que outros nomes, mais poéticos, mais fantasiosos, teriam mais efeito.

Uma criança

Há livros que se lê uma vez e depois joga-se fora. Lidos, esgotaram o que tinham para dizer. Parecem-se com as piadas: as piadas só fazem rir na primeira vez que são contadas. Outros livros, entretanto, são como fontes. A fonte é a mesma. Mas a água que dela brota é sempre fresca, sempre nova, sempre outra água. Retornamos sempre às fontes. Cada retorno é uma felicidade nova. Na minha infância havia uma fonte, um buraco simples em forma de bacia, que me dava grande alegria visitar. Não que eu estivesse com sede. Apenas para me encantar. Daquela fonte nem meu pai nem minha mãe ficaram sabendo. Vocês são os primeiros a quem estou contando. Que felicidade encontrei na minha infância, solto por espaços vazios de olhos adultos! Os adultos estragam o mundo das crianças com os seus olhos. Diante da fonte, minha amiga, eu estava sozinho, absolutamente sozinho. Guimarães Rosa, falando de sua infância, disse que ela foi muito gostosa. A única coisa que a atrapalhava eram os olhos dos adultos que se intrometiam em tudo. Livrou-se disso quando arranjou uma chave para o seu quarto. Trancado, podia gozar livremente os seus devaneios. Esses livros-fonte não são de diversão. São livros de encantamento. A sua leitura é como beber água da fonte, sempre. Por isso sempre voltamos a eles. Um dos livros-fonte que mais me encantam é *A poética do devaneio*, de Bachelard. Volto sempre a ele e é sempre como se fosse pela primeira vez. Um curto texto que me encanta: "Nos grandes infortúnios da vida, ganhamos coragem quando somos o sustentáculo de uma criança. A inquietação que temos pela criança sustenta uma coragem invencível" (São Paulo, Livraria Martins Fontes, p. 127). Esse livro maravilhoso nunca foi e nunca será *best-seller*. É uma fonte escondida da qual poucos bebem. Quando muitos bebem na mesma fonte, a água fica poluída. Lembrei-me desse texto ao pensar num dos demônios mais potentes a habitar a alma humana: o tédio. Viver sem razões para viver. Pensei logo: só são atacadas pelo demônio tédio as pessoas que não são sustentáculo de uma criança, que não se inquietam por uma criança. O tédio, nenhum exorcista pode com ele. Nenhum terapeuta sabe as palavras que o afugentam. O tédio se cura com o olhar de uma criança. Há tantas crianças soltas pelas ruas da cidade, prontas a salvar-nos do tédio...

Perdoar
As crianças são maravilhosas na sua capacidade de perdoar. Lembro-me de que, quando fazia alguma injustiça com meus filhos pequenos, eu ia à sua cama confessar o meu erro e pedir perdão. Os abraços apertados que me davam são inesquecíveis.

Aconteceu de verdade?
Quando eu lhe contava estórias antes de dormir, minha filha sempre me perguntava: "Essa estória que você está contando aconteceu de verdade?". E eu não podia dar a resposta certa. Seria difícil para a sua compreensão. A resposta certa seria: "Essa estória não aconteceu nunca para que aconteça sempre...". Esse é o poder das coisas que vivem no mundo da fantasia. Elas nunca aconteceram. Mas todas as vezes que as ouvimos recontadas, ou como poema, ou como estória, ou como música, elas acontecem de novo: encarnam-se no corpo.

Coisas que as crianças dizem
As crianças dizem coisas deliciosas. O menininho viajava de avião pela primeira vez. O voo partira à noite e ele nada viu. Logo dormiu. Quando acordou pela manhã, olhou para fora, o céu absolutamente azul para cima e, lá embaixo, nuvens brancas navegantes... Assustado, disse ao pai: "Papai, o céu caiu lá embaixo...". A avó, que morava num sítio, estava recebendo a primeira visita da netinha que morava num apartamento. Levou-a à horta, coisa que a menina nunca vira. Agachou-se diante de um canteiro, retirou a terra fofa e arrancou algumas cenouras. Comentário da menininha: "Você guarda suas cenouras num lugar esquisito. Em

casa nós as guardamos na geladeira...". A menina, baseada em sólidos argumentos linguísticos, discordava: "Não, o nome não pode ser canteiro. Canteiro é um lugar de canto. Um lugar onde crescem as plantas deve se chamar planteiro...". Hora do jantar, o menininho de 5 anos tomava sopa. Fez então, ao pai, uma pergunta teológica: "Papai, onde está Deus?". O pai respondeu segundo o catecismo: "Está em todos os lugares, meu filho". Rápido, o menino concluiu: "Está então nesta colher de sopa que estou tomando?". O menino visitava a fazenda pela primeira vez. De manhã, todos ao lugar onde se fazia a ordenha das vacas, o leite jorrando espumante das exuberantes tetas do manso animal. Todos bebiam do leite quente. Chegada a vez do menino, ele recusou o copo com leite e se pôs a chorar: "Não quero tomar leite de bicho. Quero tomar leite de saquinho...". Pergunta metafísica de uma menininha: "Para onde vão os dias que passam?". Sim, eu me pergunto: para onde foram os dias que vivi?

Outras perguntas
Por que o céu é azul? O que faz a Terra girar? Por que a chuva cai em gotas e não toda de uma vez? Quem inventou as palavras? Cavalo poderia se chamar "sabiá" e sabiá se chamar "cavalo"? Por que os bons morrem cedo? Existe o Inferno? Quem o criou?

Voltar a ser criança
O místico Jacob Boehme disse que a única coisa que Deus faz é brincar. Os homens perderam o Paraíso quando deixaram de ser crianças brincantes e se tornaram adultos trabalhantes... As escolas existem para transformar as crianças que brincam em adultos que trabalham.

Eternas
As crianças que moram em nós são eternas. Não envelhecem. Tal como acontece nos gibis. Os sobrinhos do Pato Donald até hoje são pirralhos.

E também o Calvin... Alberto Caeiro era da mesma opinião. Ele fala da eterna criança que o acompanhava sempre e que lhe fazia cócegas, brincando com as suas orelhas. Assim, a gente vai ficando velho por fora, as linhas do rosto marcando a verticalidade. Mas é só a criança acordar para que o rosto velho se ponha a brincar...

Mexericas

Por razões que só Freud explica, quando eu era menino adorava descascar mexericas e enfiar meu indicador no buraco que há no meio dos gomos. Ficava com a mexerica espetada, mostrando para todo mundo. De vez em quando, nas minhas falas, conto esta experiência infantil e o auditório morre de dar risada. Porque todos fizeram a mesma coisa. Não é estranho isso, que todas as crianças tenham a mesma ideia e o mesmo prazer?

Crianças diferentes

Tenho dó das crianças diferentes. Eu fui uma criança diferente. Caipira de Minas em meio aos meninos da riqueza carioca. Roupas diferentes, sotaque ridículo. Fui motivo de chacota. Nunca tive um único amigo na escola. Foi assim que aprendi a solidão. Há as crianças que aprendem mais devagar, que correm também mais devagar por serem gordas, que não são bonitas, que não são atléticas, que têm alguma limitação, síndrome de Down, gagueira, estrabismo, deficiência visual. As crianças ainda são discriminadas pela cor. Muitas estórias infantis se escreveram sobre a dor da diferença: o Patinho Feio, a Gata Borralheira. Eu mesmo escrevi *Como nasceu a alegria*, *A porquinha do rabo esticadinho*. É difícil para essas crianças pertencer à "turma". Não são convidadas. São abandonadas pelos colegas. Parece que as crianças ditas normais não são educadas para ser amigas delas. E nem as professoras sabem o que fazer.

Pai e filho

A escola organizou uma excursão de alunos e pais por uma mata. O objetivo da excursão era contemplar as árvores e os pássaros. Mas, para um menininho, mais maravilhoso que todas as árvores foi ver o seu pai subir em uma delas. Ele nunca havia imaginado que seu pai fosse capaz de fazer tal coisa! Desde esse dia seu pai se tornou um super-herói!

O espaço secreto

A menininha vivia numa solidão imensa. Seus pais não permitiam que ela tivesse amigos. "Bastam os parentes", diziam. As janelas da casa eram protegidas do exterior por persianas abaixadas que criavam um espaço interior de sombras. Pelas frestas das persianas, ela olhava o mundo luminoso que vivia lá fora. Sua casa não era sua casa. Não havia nela espaço para sua solidão. A solidão da criança é aquele mundo em que ela está protegida da vigilância adulta. Da minha infância tenho memórias felizes dos meus espaços solitários, espaços da minha liberdade. Há os grandes espaços solitários, a criança correndo livre, longe dos olhos adultos. Vejo-me soltando pipa... E há os pequenos espaços solitários, os espaços aconchegantes. As crianças gostam de fazer cabaninhas, sonham com uma casa no alto de uma árvore, onde os adultos não chegam. Pois essa menininha descobriu o seu espaço, espaço que era só dela, ninguém mais sabia, ninguém entrava nele: era um taco de assoalho solto no fim de um corredor. Quando ela levantava o taco, ele se transformava na caverna de Ali Babá, cheia de tesouros. Ali a menininha guardava pedrinhas coloridas. Não importava o valor das pedrinhas. Importava que elas eram o seu tesouro, as suas joias... Naquele espaço ninguém mais entrava. Só ela... Uma terapeuta contou-me de um paciente seu, um menino esquizofrênico. Ele tinha uma caixa onde guardava os seus tesouros. Numa sessão de terapia, ele e ela fizeram um jogo num papel. Ele achou o jogo maravilhoso. Guardou-o no seu cofre. Na sessão seguinte, ela lhe perguntou sobre o jogo. Ele respondeu: "Jogou fora" e não soube dar maiores explicações. Como ele só falava na terceira pessoa, ela entendeu o "Jogou fora" como "Joguei fora". Conversando com a mãe do menino, ela perguntou: "O que o Joãozinho fez com o jogo que fizemos?". Ela queria compreender as razões do comportamento do menino. A mãe não entendeu. A terapeuta explicou: "Ele havia guardado o jogo naquela caixa...". "Ah!", sorriu a mãe, "aquela caixa de tranqueiras bobas e sujas? Limpei a caixa. Joguei tudo fora..." Pobre mãe! Ela não sabia que havia jogado fora pedaços preciosos da alma do seu filho.

Crianças na noite

Dez e meia da noite. Cruzamento da rua Benjamin Constant com a avenida Júlio de Mesquita. Duas crianças, um menino e uma menina. Entre 7 e 8 anos de idade. Vendiam balas de goma com olhos tristes. Minha vontade era levá-los para minha casa, servir-lhes uma sopa, tomar conta deles. Não fiz nada disso. O sinal ficou verde e acelerei o carro. Mas as duas crianças dormiram comigo, acordaram comigo e ainda estão comigo.

Para educar um filho

Era uma sessão de terapia. "Não tenho tempo para educar a minha filha", ela disse. Um psicanalista ortodoxo tomaria essa deixa como um caminho para a exploração do inconsciente da cliente. Ali estava um fio solto no tecido da ansiedade materna. Era só puxar o fio... Culpa. Ansiedade e culpa nos levariam para os sinistros subterrâneos da alma. Mas eu nunca fui ortodoxo. Sempre caminhei ao contrário na religião, na psicanálise, na universidade, na política, o que me tem valido não poucas complicações. O fato é que eu tenho um lado bruto, igual àquele do Analista de Bagé. Não puxei o fio solto dela. Ofereci-lhe meu próprio fio. "Eu nunca eduquei os meus filhos...", eu disse. Ela fez uma pausa perplexa. Deve ter pensado: "Mas que psicanalista é esse que não educa os seus filhos?". "Nunca educou os seus filhos?", perguntou. Respondi: "Não, nunca. Eu só vivi com eles". Essa memória antiga saiu da sua sombra quando uma jornalista, que preparava um artigo dirigido aos pais, me perguntou: "Que conselho o senhor daria aos pais?". Respondi: "Nenhum. Não dou conselhos. Apenas diria: a infância é muito curta. Muito mais cedo do que se imagina os filhos crescerão e baterão as asas. Já não nos darão ouvidos. Já não serão nossos. No curto tempo da infância há apenas uma coisa a ser feita: viver com eles, viver gostoso com eles. Sem currículo. A vida é o currículo. Vivendo juntos, pais e filhos aprendem. A coisa mais importante a ser aprendida nada tem a ver com informações. Conheço pessoas bem informadas que são idiotas perfeitos. O que se ensina é o espaço manso e curioso que é criado pela relação lúdica entre pais e filhos". Ensina-se um mundo! Vi, numa manhã de sábado, num parquinho, uma cena triste: um pai levara o filho para brincar. Com a mão esquerda empurrava o balanço. Com a mão direita segurava o jornal que estava lendo... Em poucos anos, sua mão esquerda estará vazia. Em compensação, ele terá duas mãos para segurar o jornal.

Coisas simples que comovem

Coisas extremamente simples acham um lugar imortal no coração. Há dias, conversando com os meus filhos, encontrei-me com elas, as coisas simples. O Sérgio me contou sobre quando ele era menino, tempo em que eu ainda fumava cachimbo. "Você viajava, eu ficava com saudade. Ia para o seu escritório que estava impregnado com o cheiro bom de fumo de cachimbo, perfumado. Era o meu jeito de matar a minha saudade..." O Marcos, por sua vez, me lembrou um incidente muito engraçado. Eu e ele estávamos no banco. Eu preenchia as guias de depósito, distraído. Enquanto isso, ele examinava os cheques, sem que eu percebesse. Aí ele notou que as assinaturas estavam muito feias (eram cheques de uma outra pessoa) e se prontificou a me ajudar, melhorando-as. Pegou uma caneta e mãos à obra. Quando percebi, já era tarde demais. Não sabia se ria, se chorava, se ficava bravo... Felizmente o gerente foi compreensivo e tudo terminou bem. Isso é uma das delícias de conversar com os filhos. A conversa é um ritual mágico que ressuscita memórias há muito enterradas.

"A única coisa que se pode fazer para se ter boas ideias é não tentar ter boas ideias. As boas ideias fogem de alçapões teóricos e metodológicos."

Educação

Desensinando o amor aos livros
Quer ensinar um jovem a odiar literatura? Dê-lhe, como dever, fazer fichamentos de obras clássicas. A tarefa de fichar o livro desvia o aluno do único objetivo da leitura que é o prazer. Eu estava em processo de mudança. Numa sala, uma montanha de livros. Um dos carregadores olhou assombrado para os livros. Era certo que nunca havia visto tantos. E comentou: "Como deve ser difícil decorar todos esses livros...". Aquele carregador dizia em linguagem direta o que está dito na tarefa de fichar: ler é uma tarefa penosa. Em vez do fichamento, peça que o aluno fale sobre as ideias dele, aluno, que aquele livro o fez pensar. Para que fazer um resumo do livro se o livro inteiro já está escrito? Pavlov, cientista russo, mostrou que é possível fazer um cão salivar pelo simples toque de uma campainha. Sua lição se aplica à pedagogia. Os fichamentos, repetidos várias vezes, criam no aluno o reflexo condicionado de repulsão pelo livro.

Desejos
Quero viver muitos anos mais. Mas com alegria. Quero ter forças para travar as batalhas que julgo importantes! A preservação da Amazônia! Viver com mais sabedoria! Entre a multidão dos meus desejos para a educação, elejo como minha prioridade acabar com os vestibulares. Os vestibulares são, a meu ver, a coisa mais estúpida que estraga a educação.

Não me importam os vestibulares como processo seletivo para a entrada nas universidades. Importa-me o que eles fazem com todo o processo escolar que os antecede. Em primeiro lugar, eles são inúteis. Os supostos saberes exigidos para os malditos exames estão condenados ao esquecimento. Eu não passaria nos vestibulares, nossos reitores não passariam nos vestibulares, os professores de cursinhos não passariam nos vestibulares. Os especialistas em português tombariam diante dos problemas de física e química. Os professores de física e química tombariam diante das questões de análise sintática. Memória ruim? Não. Memória inteligente. A memória inteligente sabe esquecer o que não faz sentido. E a desgraça é que as escolas, desde o seu início, vivem sob a sombra do grande bicho-papão. Quem determina os saberes a serem sabidos são os professores que preparam as questões para os exames. E, então, as questões fundamentais da educação, da formação humana dos alunos, são enviadas para o porão. O prazer da leitura? Quem pensará que leitura dá prazer quando ela é obrigatória? Não existe forma mais rápida de fazer um aluno detestar a leitura que fazer dela um dever de que se terá de prestar contas. A apreciação da música, a educação dos sentidos, a curiosidade vagabunda... Tudo é deixado de fora. Tanto sofrimento para nada – porque tudo é esquecido. Além de inúteis são perniciosos, porque criam hábitos mentais tortos. Para cada pergunta há uma resposta correta! Mas na vida não é assim. Nem na ciência. A ciência se faz com uma infinidade de erros. Sem os vestibulares, as escolas estariam livres para realmente educar. Quero o fim dos vestibulares. Mas que processo os substituiria? Minha sugestão: um sorteio... Loucura? Parece, mas não é.

Dois tipos de ideias

Há dois tipos de ideias: ideias inertes e ideias com poder gravitacional. As ideias inertes, como o nome está dizendo, são destituídas de poder. Estão onde estão e isso é tudo. Como pedras. A maior parte das ideias que se ensinam nas escolas pertence a essa categoria. Um bom exemplo se encontra naquele parágrafo do livro de biologia que minha neta tinha de aprender. Via de regra, essas ideias são logo esquecidas. A memória as deleta e joga na lixeira. Algumas permanecem na memória consciente como lixo. Por exemplo, aprendi no curso de admissão que a ilha de Tupinambarana é a segunda maior ilha fluvial do mundo. Essa informação não faz nada com a minha cabeça. Note-se que as ideias inertes, frequentemente, possuem os critérios cartesianos de clareza e distinção. As ideias com poder gravitacional são aquelas que têm o poder de chamar outras. Elas nunca estão sozinhas. São sóis do sistema solar que é a nossa mente. Elas produzem *big bangs* na cabeça dos quais nascem universos. É assim que acontecem a poesia, a literatura, a música: uma única ideia explode e eis a obra!

Lixos e cocôs

Fez-se o cálculo de que cada pessoa da Terra produz em média um quilo de lixo por dia. Em média: os pobres não produzem nada, os ricos produzem muitos quilos. Temos 6 bilhões de habitantes. O que quer dizer 6 bilhões de quilos por dia. Seis bilhões de quilos são 6 milhões de toneladas. Multipliquem por 365, número de dias do ano. O resultado será a quantidade de lixo que lançamos na Terra por ano. Uma montanha do tamanho do Himalaia. Há dois tipos de lixo: os biodegradáveis e os que não são biodegradáveis. Lixo biodegradável é o lixo que pode ser transformado em alimento para a Terra: cascas de frutas, de ovos, verduras, madeira, papel, restos de comida. A Terra funciona como um estômago: ela digere esse tipo de lixo e o lixo se transforma em adubo. Nós mesmos somos biodegradáveis. Morremos e a Terra nos digere. Somos transformados em esterco. O que é vida para a Terra. Lixos não biodegradáveis são aqueles lixos que a Terra não digere. Vidros, todos os tipos de plástico, pneus, metais. De volta à Terra, esse lixo fica lá, indefinidamente. Vocês viram as montanhas de pneus que foram retirados do leito do rio Tietê? Esse lixo a Terra não consegue transformar. Imagine que você, além de comer pão, verduras, carnes, massas, coma também, diariamente, um prego, um alfinete, um botão... Os primeiros alimentos seriam digeridos e assimilados, isto é, ficariam semelhantes ao seu corpo.

E isso seria bom para a sua saúde. Mas os outros não seriam assimilados. Ficariam depositados no seu corpo até adoecê-lo e eventualmente matá-lo. Assim acontece com o lixo não biodegradável. Ele fica depositado na Terra, envenenando-a. Que fazer com ele? A solução é reciclar. Reciclar é transformar esse tipo de lixo para que ele seja usado de novo. Sendo usado de novo ele não entra no estômago da Terra... Calcula-se que cada habitante da Terra produza, em média, diariamente, 250 gramas de cocô. Se multiplicarmos por 6 bilhões teremos o peso, em gramas, do cocô que a população da Terra produz por dia. Multiplicando-se por 365 teremos o peso do cocô que, durante um ano, os seres humanos produzem. Há de se acrescentar a essa cifra os cocôs produzidos por todos os animais.

O hábito da leitura

Perguntam-me: o que fazer para criar o hábito da leitura? Respondo: "Nada. Não se deve criar o hábito da leitura. Hábito tem a ver com cortar as unhas, tomar banho... Os hábitos produzem ações automáticas. Um homem pode ter o hábito de dar um beijinho na mulher ao sair de casa estando com o pensamento muito longe dela. O que há de se fazer é ensinar as crianças a amar os livros...".

Da Vinci

... afirmava que só se pode amar aquilo que se conhece. Eu, presunçoso, digo o contrário: só se pode conhecer aquilo que se ama. É o amor que busca o conhecimento. As Sagradas Escrituras estão certas ao chamar o ato sexual de "conhecer". Amo uma mulher, logo, quero conhecê-la...

Exame de admissão ao doutoramento

Quando eu ainda era professor universitário, fui nomeado presidente de uma comissão que iria examinar os candidatos ao doutoramento. Uma longa lista de livros havia sido preparada com antecedência, livros que os candidatos deveriam estudar. Aí no dia do exame eu tive uma ideia que submeti aos meus colegas e eles concordaram. Em vez de inquirir os candidatos sobre as ideias de outros escritas nos livros, ideias que nós já conhecíamos, por que não pedir que eles nos falassem sobre suas próprias ideias? Falando sobre suas ideias teríamos condições de conhecê-los melhor. Assim, quando o candidato passava pela porta da sala, trêmulo, esperando as perguntas terríveis sobre a bibliografia, eu lhe pedia: "Por favor, fale-nos sobre aquilo que você gostaria de falar...". Pensei que isso seria uma felicidade: falar sobre aquilo que pensavam! Foi não. Foi um choque. De tanto ler o que os outros pensavam, eles se haviam esquecido daquilo que eles mesmos pensavam. Uma jovem entrou em surto, achando que se tratava de um truque. Poucos tiveram ideias sobre o que falar. O que nos levou a pensar que talvez seja isso que acontece: de tanto ler as ideias de outros, os alunos se esquecem de que eles também podem pensar e que o seu pensamento é importante. Excesso de leitura pode fazer mal à inteligência. Com o que concorda Schopenhauer: "É o caso de muitos eruditos: leram até ficar estúpidos. Porque a leitura contínua, retomada a todo instante, paralisa o espírito...". E, em oposição àqueles que ensinam leitura dinâmica, Schopenhauer afirma que a leitura só é boa quando é bovina, quando leva à ruminação.

Discurso de paraninfo

Lembrei-me de um artista goiano que não tirou diploma mas ficou artista e foi convidado por uma turma para ser paraninfo. Ficou apavorado, porque fazer arte ele sabia, mas não sabia fazer discursos, especialmente discurso segundo as etiquetas da academia. Procurou o auxílio de um amigo, reitor da universidade, e implorou que ele lhe escrevesse o tal discurso. Negado o seu pedido, o artista resolveu fazer uma pesquisa: entrevistou várias pessoas já formadas para saber o que, no discurso do seu paraninfo, mais o impressionara. O resultado da sua pesquisa foi surpreendente: nenhum dos entrevistados tinha a menor ideia do que o paraninfo havia falado. Assim, munido desse saber, no dia da formatura ele se levantou perante o público ilustrado de professores, pais e formandos, e, no seu jeito de quem não sabia falar a língua própria, contou dos resultados da sua pesquisa. E concluiu: "Como vocês não vão se lembrar mesmo do que vou falar, quero só dizer que não vou falar nada. Só quero que vocês sejam muito felizes". Falou três minutos e foi delirantemente aplaudido. Do seu discurso ninguém se esqueceu.

Currículos

Se eu pudesse mexer nos currículos de educação dedicaria metade do tempo à literatura. Tais como estão, eles se orientam no sentido de formar "cientistas" da educação. Mas as ciências, todas elas, moram na "caixa das ferramentas". E os educadores moram na "caixa dos brinquedos"... As ciências da educação nos dão conhecimento sobre as crianças. Mas não é o conhecimento que faz educadores. É preciso amar e respeitar as crianças. E isso a ciência não consegue ensinar. A literatura, sem dar conhecimento científico, nos ensina a amar as crianças. Não seria fantástico que os professores lessem a literatura infantil? Acho que podíamos mesmo fazer um congresso só para a leitura de estórias...

Dona Clotilde

Tive uma surpresa jamais sonhada, surpresa feliz. Faz uns tempos, escrevi um artigo cujo assunto era a forma como as relações de aprendizagem e ensino se dão através das pontes poéticas que o amor constrói. Uma dessas pontes tem o nome de "metáfora", que faz ligações entre coisas parecidas. No filme *O carteiro e o poeta,* o carteiro diz que se sentia como um "barco batido pelas ondas". Essa metáfora ligou a sua alma a um barco. Eles se pareciam. "Metonímia" é quando uma imagem nos conduz a relações de proximidade. Tenho um peso de papel sem valor que o meu pai me deu. É claro que ele não se parece com o meu pai. Não é metáfora. Mas foi objeto do meu pai. Ficava na sua mesa de trabalho. Por isso, porque o peso de papel e o meu pai estiveram juntos, o peso de papel me faz lembrar o meu pai. No dito artigo, que se chamou "Aprendo porque amo", o assunto era a metonímia. Contei então uma experiência infantil, quando eu estava no primeiro ano do Grupo Escolar Brasil, na cidade de Varginha. Minha professora era a dona Clotilde, uma jovem senhora de respeito. Pois ela fazia o seguinte: assentava-se numa cadeira bem no meio da sala, num lugar onde todos os alunos a veriam, e ia desabotoando a blusa até o estômago, ante nossos olhares assustados. Ela não se dava conta do nosso susto porque aquilo que ela estava fazendo era-lhe perfeitamente natural. Aí ela enfiava a mão dentro da blusa e puxava para fora um seio lindo, liso, branco... E nós, meninos, de boca aberta... Mas o encantamento não durava mais que cinco segundos porque ela logo pegava o seu nenezinho e o punha para mamar. Toda mãe fazia assim. Mas nós, meninos, ficávamos sentindo coisas estranhas que não entendíamos. Somente o corpo sabia. Terminada a aula, os meninos faziam fila junto à dona Clotilde, pedindo para carregar a pasta. Quem recebia a pasta era um felizardo, invejado. Aquela pasta não era pasta. Era uma metonímia do objeto desejado, proibido, o seio da dona Clotilde... Aí inventei um ditado que ninguém entende: "Quem não tem seio carrega pasta...". Essa estória, aplicada à pedagogia, serve para mostrar que, frequentemente, os alunos aprendem as coisas mais difíceis (carregam a pasta) em virtude de sua relação amorosa com o professor, relação de respeito e admiração. Pois a surpresa foi esta, acontecida na cidade de Cambuquira, bem pequena, cheia de matas, de águas minerais... Fui lá fazer uma fala. Contei o caso da metonímia da dona Clotilde. Todo mundo riu. Ao final veio a surpresa. Disseram-me que a dona Clotilde está viva. Noventa e dois anos de idade. Mas o assombroso é que ela, aos 90 anos, defendeu tese de mestrado. E sua cabeça está mais lúcida do que nunca, cheia de indagações metafísicas... Que alegria!

Incipit vita nuova!
Há muitos anos escrevi sobre um japonês que fez vestibular para medicina aos 70 anos. Ele se explicou. Jovem, tinha de cuidar dos pais. Adulto, tinha de cuidar dos filhos. Mortos os pais, criados os filhos, ele estava agora livre para realizar o seu sonho de criança. Há pessoas que quanto mais velhas mais parecidas ficam com os pássaros.

Mafalda
Diálogo entre a Mafalda e um seu coleguinha. Mafalda: "O boi baba". Colega: "Vovó viu a uva". Mafalda: "O rato roeu a roupa do rei de Roma". Colega: "Dito deu o dado à dona Diná...". Comentário da Mafalda: "Nossos diálogos ficaram tão literários depois que aprendemos a ler...".

Ideias boas
Não há métodos para se ter boas ideias. Se houvesse, bastaria aplicar o método para termos ideias geniais. As ideias boas vêm quando elas querem, nas horas e lugares mais absurdos. As boas ideias ignoram os catecismos das pós-graduações, segundo os quais, tudo acontece pela combinação de teoria e método... A única coisa que se pode fazer para se ter boas ideias é não tentar ter boas ideias. As boas ideias fogem de alçapões teóricos e metodológicos.

Antropofagia
"Para comer meus próprios semelhantes, eis-me sentado à mesa", escreveu Augusto dos Anjos ("Eu", 1912, *Revista de Antropofagia* 1). Eu escrevo antropofagicamente: quero que me devorem. Eu leio antropofagicamente: quero devorar aquele que escreveu. Nietzsche sentia o mesmo e disse que só amava os livros escritos com sangue. Como na eucaristia. A eucaristia é um ritual antropofágico. "Esse pão é o meu corpo; esse vinho é o meu sangue. Comei. Bebei." Literatura é antropofagia, o que está de acordo com a teologia do evangelho de João, que afirma que a Palavra é igual à Carne.

Miguel de Unamuno
Os livros que amo são aqueles que se tornam meus companheiros vida afora. É o caso do livro *Do sentimento trágico da vida*, de Miguel de Unamuno. Lembrei-me dele, tirei-o da estante, passei os olhos. É uma brochura vagabunda, papel-jornal, está todo desmilinguido, cheio de

anotações. Fiquei feliz ao devorar de novo pedaços daquele homem que nunca vi, que já morreu. Quero repartir com vocês algumas das coisas que ele disse. "Pelo que me diz respeito, jamais de bom grado me entregarei, nem outorgarei a minha confiança a um condutor de povos que não esteja penetrado da ideia de que, ao conduzir um povo, conduz homens, homens de carne e osso, homens que nascem, sofrem e, ainda que não queiram morrer, morrem; homens que são fins em si mesmos e não meios..." "Não existe um só que, chegando a distinguir o verdadeiro do falso, não prefira a mentira que ele encontrou à verdade que um outro descobriu." "A ciência é um cemitério de ideias mortas, ainda que delas saia a vida. Também os vermes se alimentam de cadáveres. Os meus próprios pensamentos, uma vez arrancados das suas raízes no coração, transportados para esse papel, são já cadáveres de pensamentos." "Podemos ter um grande talento e sermos estúpidos de sentimentos e moralmente imbecis."

Literatura e filósofos
Guimarães Rosa, perguntado sobre a relação entre os filósofos e a literatura, disse que os filósofos são assassinos da literatura com duas exceções: Unamuno e Kierkegaard.

Visita médica
Num evento em São Paulo, onde fui fazer uma fala, fiz um novo amigo: o dr. Milton de Arruda Martins, professor da USP. Ele é um desses professores raros, que vive para ensinar aos seus alunos, além da competência técnica, a ética e os sentimentos humanos que devem fazer parte do caráter de um médico. Tem tentado reformular a educação médica, inclusive a visita hospitalar, aquela em que o professor e seus alunos passam pelos doentes para estudar os seus casos. Fizeram uma classificação das visitas em três tipos. No primeiro tipo de visita, o professor e os alunos passam pelo enfermo, observam-no e o apalpam, sem nada dizer. Vão discutir o caso num outro lugar. O paciente fica mergulhado no

mistério. No segundo tipo, professor e alunos discutem o caso na presença do doente, como se ele não estivesse presente, usando todas as palavras científicas que só os iniciados entendem. Como o doente não sabe o que elas significam, ele fica pensando que vai morrer. No terceiro tipo, o professor e os alunos conversam com o paciente e o chamam pelo nome. "O que é que o senhor acha que tem?" Todo doente tem ideias sobre a sua doença e formas de explicá-la. "O que é que o senhor espera de nós?" As respostas dos doentes são surpreendentes. Lembro-me de um filme em que a visita do segundo tipo estava acontecendo. Os alunos faziam todo tipo de perguntas ao professor. Mas ninguém se dirigia ao doente. Foi então que um dos estudantes, o Robin Williams, levantou a mão e perguntou: "Qual é o nome do paciente?". Ninguém sabia.

Lâmpadas e inteligência

Num dos meus momentos de vagabundagem, um pensamento me apareceu que fez uma ligação metafórica entre lâmpadas e inteligências que nunca me havia passado pela cabeça. Tratei, então, de seguir a trilha. As lâmpadas servem para iluminar. Para isso são dotadas de potências de iluminação diferentes. Há lâmpadas de 60 watts, de 100 watts, de 150 watts etc. Qual é a melhor lâmpada? Parece que as de 150 watts são as melhores porque iluminam mais. Também as inteligências servem para iluminar. Tanto assim que se diz "tive uma ideia luminosa!". E nos gibis, para dizer que um personagem teve uma boa ideia, o desenhista desenha uma lâmpada acesa sobre a sua cabeça. E também as inteligências, à semelhança das lâmpadas, têm potências diferentes. Os psicólogos inventaram testes para atribuir números às inteligências. A esses números deram o nome de QI, coeficiente de inteligência. Segundo as mensurações dos psicólogos, há QIs de 100, de 150, de 200... Ah! Uma pessoa com QI 200 deve ser maravilhosa! Porque, como todo mundo sabe, inteligência é coisa muito boa. Todo pai quer ter filho inteligente. Mas as lâmpadas não são objetos de contemplação. Não se fica olhando para elas. Olhamos para aquilo que elas iluminam. Uma lâmpada de 150 watts pode iluminar o rosto contorcido de um homem numa câmara de torturas.

E uma lâmpada de 60 watts pode iluminar uma mãe dando de mamar ao filhinho. As lâmpadas valem pelas cenas que iluminam. *As inteligências valem pelas cenas que iluminam.* Há inteligências de QI 200 que só iluminam esgotos e cemitérios. E como ficam bem iluminados os esgotos e os cemitérios! E há inteligências modestas, como se fossem nada mais que a chama de uma vela, que iluminam o rosto de crianças e jardins! A inteligência pode estar a serviço da morte ou da vida. E a inteligência, pobrezinha, não tem o poder para decidir o que iluminar. Ela é mandada. Só lhe compete obedecer. As ordens vêm de outro lugar. Do coração. Se o coração tem gostos suínos, a inteligência iluminará chiqueiros, porcos e lavagem. Se o coração gosta de crianças e jardins, a inteligência iluminará crianças e jardins. Por isso é mais importante educar o coração que fazer musculação na inteligência. Eu prefiro as inteligências que iluminam a vida, por modestas que sejam.

Professores inesquecíveis

Tive professores inesquecíveis. Alguns são inesquecíveis pela beleza da sua pessoa, por sua inteligência, pelo respeito aos alunos. Esses me fazem sorrir. Outros se tornaram inesquecíveis por sua pequenez e tolice. Esses me fazem rir. É o caso de um professor de geografia que tive no curso científico. Ele tinha um caderninho onde estavam escritas as aulas que tinha ditado por anos. Ele ditava, nós copiávamos – nisso se resumia sua filosofia da educação. De tudo o que ele ditou, uma única coisa ficou gravada na minha memória, de tão ridícula. Falando sobre a importância política dos rios, terminou a aula com esta afirmação que, segundo ele, provava o seu ponto: "E o grito de independência de dom Pedro aconteceu às margens do rio Ipiranga". É. Se o riachinho Ipiranga não existisse, dom Pedro não teria gritado "Independência ou morte!" e nós ainda seríamos colônia de Portugal. (Mas será que foi isso mesmo que ele gritou? Por vezes, os gritos reais dos heróis são impublicáveis...) Por razões que não conheço, o dito professor resolveu candidatar-se a vereador, no Rio de Janeiro, certamente convencido de que tinha uma grande contribuição política a oferecer à cidade. Ou pode ser que ele mesmo tenha sentido o tédio dos seus ditados. Melhor ser vereador. Ganhar dinheiro sem fazer força, sem ditados, sem corrigir provas. Muitas decisões políticas se fazem por razões não políticas. Ele parava de ditar e falava sobre sua vitória certa. "Tenho sido professor por vinte anos. Por minhas mãos passaram 2.500 alunos." (Inventei esse número. O número real eu esqueci.) Esses alunos se casaram. Dois mil e quinhentos se transformam em 5 mil: maridos e esposas. Esses 5 mil têm parentes e amigos... Ao final de suas contas ele seria eleito com mais de 50 mil votos...

Ler

... é uma das maiores fontes de alegria. Claro, há uns livros chatos. Não os leiam. Borges dizia que, se há tantos livros deliciosos de serem lidos, por que gastar tempo lendo um livro que não dá prazer? Na leitura fazemos turismo sem sair de casa gastando menos dinheiro e sem correr os riscos das viagens. O *Shogun* me levou para uma viagem ao Japão do século XVI, em meio aos ferozes samurais e às sutilezas do amor nipônico e das cerimônias de chá. *Cem anos de solidão*, que reli faz alguns meses, me produziu espantos e ataques de riso. Achei que o Gabriel García Márquez deveria estar sob o efeito de algum alucinógeno quando o escreveu. A poesia do Alberto Caeiro me ensina a ver, me faz criança e fico parecido com árvores e regatos. Também o Mário Quintana. E o Manoel de Barros. E o *Solte os cachorros*, da Adélia. No momento estou em meio à leitura do livro *Na berma de nenhuma estrada*, de Mia Couto (Editorial Ndjira), escritor moçambicano. Berma: nunca havia lido ou ouvido essa palavra. O dicionário me disse que "berma" é um "caminho estreito à beira de fossos". Contos curtíssimos de três páginas. Mia Couto se parece com o Manoel de Barros, vai descobrindo jeitos diferentes de dizer. E o leitor vai vivendo experiências que não viveu e se espantando o tempo todo.

Desejo e inteligência

As crianças gostam de aprender. O que não quer dizer que elas gostem das escolas. As escolas são, frequentemente, lugares onde elas são obrigadas a aprender, sob pena de punições, aquilo que elas não querem aprender. E aquilo que as escolas tentam ensinar contra a nossa vontade é rapidamente esquecido. Sabedoria de um velho ditado caipira: "É fácil levar a égua até o meio do ribeirão. O difícil é obrigar a égua a beber a água...". Aprendemos o que desejamos aprender. É o desejo que desperta em nós a inteligência. O filósofo Aristóteles disse: "Todos os homens têm, naturalmente, o desejo de aprender". Ele estava errado. Vou corrigi-lo: "Todos os homens, enquanto crianças, têm naturalmente o desejo de aprender...". O que dá às crianças desejo de aprender? Primeiro, é a curiosidade. As crianças acham as coisas do mundo muito interessantes e querem saber por que elas são do jeito como são. Pra que serve isso? Pra nada. Apenas pelo prazer: matar a curiosidade. Depois elas querem aprender para adquirir competências. Ser capaz de fazer... A criança quer aprender a andar de bicicleta, a descascar laranja, a abrir a porta com a chave – para ter o delicioso sentimento: "Eu posso!". É um sentimento de poder. E, por fim, elas querem aprender para brincar. Controlar a bola, armar quebra-cabeças, jogar damas... Adultos, continuam vivos em nós os mesmos impulsos que levam as crianças a aprender. A menos que os matemos.

Os surdos-mudos cantam
Aconteceu em Uberaba. Disseram-me que antes da minha fala haveria um coro de crianças surdas que cantaria o hino nacional. Desacreditei. Crianças surdas não cantam. Aí entraram as crianças no palco. Um menininho de não mais de 4 anos de idade olhava espantado para aquele mundaréu de pessoas, todo mundo olhando para ele! Entrou a regente e fez-se silêncio. Silêncio para nós, porque para os surdos é sempre silêncio. Iniciou-se o hino nacional. Os acordes introdutórios. A regente levantou os braços... e eles cantaram o hino nacional com gestos! Cantaram com as mãos, os braços, os olhos, o rosto, o corpo inteiro! A voz calada, o corpo cantando! Ouvimos a música que mora no silêncio. Terminado o hino, todas as crianças se abriram num enorme sorriso e correram a abraçar a regente. E, aí, cantaram para mim a "Serra da Boa Esperança". Por vezes não é possível não chorar...

Atividades desafinadoras

Houve uma professora que, fazendo um relatório, referiu-se às "atividades desafinadoras para seus alunos...". Ela não é culpada. Já se tornou praxe usar palavras que não se entende por serem palavras da moda. Quando uma palavra da moda é usada, ninguém se atreve a perguntar: "Mas o que essa palavra significa?". Fazer tal pergunta é confessar ignorância. Nos tempos em que tentei ensinar na universidade, tempos de fervor religioso marxista, tudo se resolvia com a palavra "dialético". Ai daquele que perguntasse: "Mas o que é dialético?". Talvez o "desafinadoras" tenha um sentido. Os mestres zen se esforçavam sempre por introduzir desafinações nas afinações dos seus discípulos. Ouvidos que ouvem tudo afinado devem estar estragados. É preciso ouvir as desafinações do mundo!

Como ensinar

Se eu fosse ensinar a uma criança a arte da jardinagem, não começaria com as lições das pás, enxadas e tesouras de podar. Eu a levaria a passear por parques e jardins, mostraria flores e árvores, falaria sobre suas maravilhosas simetrias e perfumes; a levaria a uma livraria para que ela visse, nos livros de arte, jardins de outras partes do mundo. Aí, seduzida pela beleza dos jardins, ela me pediria para ensinar-lhe as lições das pás, enxadas e tesouras de podar. Se fosse ensinar a uma criança a beleza da música, não começaria com partituras, notas e pautas. Ouviríamos juntos as melodias mais gostosas e lhe falaria sobre os instrumentos que fazem a música. Aí, encantada com a beleza da música, ela mesma me pediria que lhe ensinasse o mistério daquelas bolinhas pretas escritas sobre cinco linhas. Porque as bolinhas pretas e as cinco linhas são apenas ferramentas para a produção da beleza musical. A experiência da beleza tem de vir antes. Se fosse ensinar a uma criança a arte da leitura, não começaria com as letras e as sílabas. Simplesmente leria as estórias mais fascinantes que a fariam entrar no mundo encantado da fantasia. Aí então, com inveja dos meus poderes mágicos, ela desejaria que eu lhe ensinasse o segredo que transforma letras e sílabas em estórias. É muito simples. O mundo de cada pessoa é muito pequeno. Os livros são a porta para um mundo grande. Pela leitura vivemos experiências que não foram nossas e então elas passam a ser nossas. Lemos a estória de um grande amor e experimentamos as alegrias e dores de um grande amor. Lemos estórias de batalhas e nos tornamos guerreiros de espada na mão, sem os perigos das batalhas de verdade. Viajamos para o passado e nos tornamos contemporâneos dos dinossauros. Viajamos para o futuro e nos transportamos para mundos que não existem ainda. Lemos as biografias de pessoas extraordinárias que lutaram por causas bonitas e nos tornamos seus companheiros de lutas. Lendo, fazemos turismo sem sair do lugar. E isso é muito bom.

Queijos

Será inútil escrever um tratado sobre queijos e torná-lo leitura obrigatória nas escolas de um país onde nunca se viu um queijo. A palavra "queijo" só tem sentido para quem já comeu queijo. A compreensão exige um antecedente de experiência. É preciso primeiro ter a experiência do queijo para depois entender um texto que fale de queijos. Só de brincadeira, vamos imaginar o que passaria pela sua cabeça ao ler um texto em que o autor diz: "O rato roeu o queijo do rei de Roma", sem que você jamais tivesse visto um queijo! Sua cabeça iria se esforçar por compreender. Mas, como não tem experiência alguma de queijos, ela iria procurar no estoque de experiências que a memória guarda das coisas que um rei deve ter e que poderiam ser roídas por um rato: sapatos, chapéus, livros, bolos, cuecas, camisas, cintos, meias... A única coisa que não sairia do estoque de experiências que a memória guarda seria um queijo. Daí a afirmação de Nietzsche de que, ao ler, os leitores tiram do seu estoque de experiências... as suas próprias experiências. Então estamos condenados a nunca sair das bolhas em que vivemos? Podemos sair desde que usemos uma chave chamada "a arte da desconfiança"... Ao ler sobre os queijos que nunca comeu, você poderia, roído pela curiosidade, fazer uma pesquisa à procura do país dos queijos. Você iria até lá, comeria um queijo e diria: "Agora sei o que é um queijo...". É preciso, antes de mais nada, desconfiar do nosso estoque de experiências, colocar as nossas certezas de lado. Aqueles que imaginam que o mundo é do tamanho de suas experiências ficam autoritários. Frequentemente inquisidores. É preciso rezar diariamente a reza que Karl Popper nos ensinou: "Nós não temos a verdade. Nós só podemos dar palpites...".

Professores medíocres

De repente senti uma gratidão inesperada pelos meus professores medíocres. Os bons professores, eu os acompanhava encantado. Surfava nas suas ideias. Mas os professores medíocres me irritavam tanto que eu me vi forçado a pensar minhas próprias ideias. Comecei a pensar minhas próprias ideias como reação à mediocridade. Os teólogos medievais falavam sobre a *opus proprium dei* e *opus allienum dei*. A obra própria de Deus é quando ele faz a obra boa, diretamente, sem desvios. A obra estranha de Deus é quando ele faz uma coisa ruim para chegar à boa. Os bons professores são *opus proprium dei*. Os professores medíocres são *opus allienum dei*.

Memória prodigiosa

Conheci um homem de memória prodigiosa. Nela estavam estocadas as mais incríveis informações, minúcias que só se encontram em dicionários. Ele passaria em qualquer vestibular. Só que as milhares de informações que arquivara na sua memória estavam paralisadas, imóveis, como se estivessem arrumadas em prateleiras. O que ele sabia fazer era repeti--las. Mas não sabia pensar. O pensamento acontece quando as ideias adquirem vida, saem das prateleiras, se põem a dançar e fazem amor umas com as outras, produzindo ideias não pensadas anteriormente. É preciso notar: memória não é inteligência. Leia o fascinante conto de Jorge Luis Borges, "Funes, o memorioso", no livro *Ficções*. E você compreenderá então que quem tem memória perfeita é incapaz de pensar.

Só palavras...

Na escola eu aprendi complicadas classificações botânicas, taxonomias, nomes latinos – que esqueci. Mas nenhum professor jamais chamou a minha atenção para a beleza de uma árvore ou para o curioso das simetrias das folhas. Parece que, naquele tempo, as escolas estavam mais preocupadas em fazer com que os alunos decorassem palavras que com a realidade para a qual elas apontam. As palavras só têm sentido se nos ajudam a ver melhor o mundo. Aprendemos palavras para melhorar os olhos.

Lunetas e estrelas

Havia um homem apaixonado pelas estrelas. Para ver melhor as estrelas, ele inventou a luneta. Aí formou-se uma escola para estudar a sua luneta. Desmontaram a luneta. Analisaram a luneta por dentro e por fora. Observaram os seus encaixes. Mediram as suas lentes. Estudaram a sua física óptica. Sobre a luneta de ver as estrelas escreveram muitas teses de doutoramento. E muitos congressos aconteceram para analisar a luneta. Tão fascinados ficaram pela luneta que nunca olharam para as estrelas.

Filosofia

Alguém disse que a era dos filósofos acabou. Foi substituída pela era dos professores de filosofia, que ensinam o que os outros pensaram. "O dedo aponta para a Lua, mas ai daquele que confunde o dedo com a Lua." "É glória bastante feia a daquele que estudou, formou-se em filosofia mas nunca filosofou!" Assim disse o filósofo Patativa do Assaré.

Distúrbios de aprendizagem

Andando pelas ruas de uma cidade do interior paulista, encontrei uma clínica de psicopedagogia que anunciava sua especialidade em "distúrbios da aprendizagem". Dei-me conta de já ter visto muitas clínicas com a mesma especialização, mas nenhuma que anunciasse "distúrbios de ensinagem". Por acaso serão só os alunos que sofrem de distúrbios? Somente eles têm dificuldades em aprender? E os professores? Nenhum sofre de "distúrbios de ensinagem"? Que preconceito nos leva a atribuir o problema sempre ao aluno? Que providências terapêuticas tomar quando o perturbado é o professor? Mas que psicólogo terá coragem para passar-lhe esse diagnóstico? É mais fácil culpar o aluno.

Alegrias

As alegrias chegam de forma inesperada. Eu tive duas. Uma delas foi uma coisa que uma professora me contou. Um inspetor visitava a sua escola. Entrou numa sala de aulas e viu trabalhos das crianças relativos a alguns dos livros infantis que escrevi. Para testá-las, ele perguntou: "Quem é Rubem Alves?". Um menininho respondeu: "É um homem que gosta de ipês-amarelos". Fiquei comovido. Foi a mais bela e concisa descrição de mim mesmo que já tive. A outra veio-me por outra professora. Entregou nas minhas mãos alguns volumes. "São livros seus", ela explicou. Livros meus? Mas não havia nada escrito no papel imaculadamente branco. É que aqueles livros não eram para serem lidos com os olhos. São para serem lidos com a ponta dos dedos. Braille. Que alegria saber que os cegos me lerão! Nunca imaginei...

Exame de aptidão

Para o estudo de certas profissões exige-se que o candidato passe por um exame de aptidão. É o caso da música. Não basta desejar ser músico. É preciso ter as qualificações necessárias para a profissão de músico. Eu acho que o mesmo deveria ser obrigatório para aqueles que querem ser professores. Um teste de aptidão para os candidatos ao magistério seria assim: o candidato seria solto num pátio onde se encontram muitas crianças. Se ele se enturmasse com elas, desse risadas e participasse das suas brincadeiras, seria aceito. Caso contrário, deveria procurar outra profissão, ainda que tivesse tirado dez em todas as provas teóricas.

Vagareza

A educação é incompatível com a pressa. O tempo da alma é vagaroso. Não gosto de visitar museus em que uma multidão me obriga a andar.

O prazer que sinto num museu diante de um quadro amado não é estético. É existencial. Sinto a emoção de saber que estou bem próximo da superfície que foi tocada pelo pincel do pintor. Sinto-me, assim, perto dele. É uma experiência de comunhão: estamos próximos, partilhamos um mesmo pequeno espaço. A experiência estética, o encantamento diante da pintura, eu a tenho em casa, assentado, admirando a reprodução da tela que se encontra num livro. A admiração exige tempo. Não se admira correndo. Ninguém que me apresse. Demora um pouco para que a tela acorde, tome consciência de que estou diante dela e comece a me tocar. Desde que a pressa se instala, a alma se recolhe e somos projetados na voragem do tempo exterior.

Mapas

Tenho estado a pensar num aprendizado extremamente complicado que acontece sem que disso nos apercebamos: somos desenhadores de mapas. A cabeça é um arquivo de mapas. Para ir do quarto para a cozinha, a criança consulta o mapa de sua casa que ela desenhou na sua cabeça. Ela caminha sem cometer erros. Também os adultos: gavetas, armários, caixas, álbuns. Por causa do mapa da casa que temos na cabeça, ao necessitar de uma agulha, de um lápis, de um martelo, de um remédio, não saímos a procurar a esmo. Vamos diretamente ao lugar indicado no mapa. Vêm depois os mapas da redondeza, da cidade, ruas, praças, bares, restaurantes, farmácias, hospitais – tudo organizado. É dizer o nome de um lugar para que o computador espacial cerebral trace imediatamente o caminho para se chegar até lá. Cidades, estradas, país, universo. Nos céus, as constelações. Direções. Os navegadores de antigamente viam as rotas na Terra refletidas nas estrelas dos céus. Sem os mapas mentais somos crianças perdidas numa cidade grande desconhecida.

Vestibulares

Teste os seus conhecimentos! Avalie suas chances! Responda estas questões: 1. Calcule o logaritmo neperiano da enésima potência da própria base. 2. O fenômeno da trissomia é provocado pela: (a) simples deleção dos cromossomos; (b) não disjunção das cromátides; (c) não reversão que ocorre na diacinese; (d) translocação do cromossoma na mitose. 3. Nos peixes cartilaginosos encontramos a tiflósolis, dobra intestinal também encontrada em: (a) poríferos; (b) platelmintes; (c) asquelmintes; (d) anelídeos; (e) moluscos. 4. Vertebrados anamniotas, tetrápodes, poiquilotermos, de respiração branquial durante a vida larvária e pulmonar, na fase adulta são: (a) répteis; (b) mamíferos; (c) anfíbios; (d) aves; (e) peixes. Se você conseguiu dar respostas corretas a essas questões isso quer dizer que você está se aproximando do Funes, o memorioso. Cuide-se. Falta sabedoria à sua memória. Ela não sabe distinguir entre o digno de ser aprendido e o indigno de ser aprendido. Acho melhor procurar um psiquiatra.

Ver
Walt Whitman assim descreveu suas primeiras experiências na escola: "Ao começar meus estudos me agradou tanto o passo inicial, a simples conscientização dos fatos, as formas, o poder de movimento, o mais pequeno inseto ou animal, os sentidos, o dom de ver, o amor – o passo inicial, torno a dizer, me assustou tanto, e me agradou tanto, que não foi fácil para mim passar e não foi fácil seguir adiante, pois eu teria querido ficar ali flanando o tempo todo, cantando aquilo em cânticos extasiados...".

Quebra-cabeças
Gosto de armar quebra-cabeças. Nome errado. Eles não quebram a minha cabeça. Ao contrário, põem a minha cabeça no lugar. Nome mais apropriado deveria ser "junta-cabeças". Todas as atividades que implicam arrumar, armar, juntar, montar, tecer têm uma função terapêutica. Elas ativam processos organizatórios das emoções e das ideias. Juntando as peças do meu junta-cabeça sobre a mesa vou juntando as peças do meu junta-cabeça interno. Pois eu comprei um de mil peças. Lindo cenário: céu azul, montanhas cobertas de neve, florestas... Comecei a

armar. Mas o tempo era curto. A construção progredia lentamente. Especialmente naquelas partes de uma cor só. Fui ficando desanimado. Deixei as peças espalhadas sobre a mesa da sala por mais de um mês. Aí eu percebi que Deus estava me ajudando. O junta-cabeça estava se formando sem a minha intervenção. Pensei logo: "*Miracolo!*". Algum anjo, talvez... Que nada. Era a Jai que me ajuda, dois dias por semana, arrumando as minhas bagunças. Aí começamos a fazer apostas: quem colocaria mais peças. Chegando ao final, não tive coragem de pôr a última peça. Deixei que ela gozasse o prazer do triunfo! O que me impressionou foi a inteligência da Jai. Porque as atividades necessárias para se armar um junta-cabeça colocam em ação uma série de potências intelectuais, que incluem a imaginação, a identificação gestáltica de padrões até a abstratíssima função lógica de identificar ângulos, linhas e tamanhos. Pensei que a Jai pode ser muito mais que uma faxineira. Ela só tem o segundo ano primário. Animei-a a continuar os estudos. Ela está se preparando para fazer o supletivo. Quanto ao junta-cabeça de mil peças está de novo na caixa, até que me disponha a medir forças com ele de novo.

Pedagogia do caracol

Há muitas pessoas de imaginação sensível que amam as crianças. Encontrei na revista pedagógica *Cem Modialitá*, que se publica na Itália (Via Piamarta 9 – 25121 – Brescia – Itália), um artigo com um título curioso: "A pedagogia do caracol". O autor, Gianfranco Zavalloni (www.scuolacreativa.it), conta da mãe de uma menina que o procurou e lhe relatou o seguinte: "Outro dia minha filha me disse: mamãe, os professores dizem sempre: 'Força, crianças! Não podemos perder tempo porque devemos andar para a frente!'. Mas, mamãe, para onde devemos ir? Para a frente, onde?". Essas perguntas da menina o levaram questionar o ritmo de pressa que as escolas impõem às crianças. No seu lugar, ele propõe a pedagogia do caracol. Os caracóis não sabem o que é pressa. E ele fala de um curso de formação de professores do Gruppo Educhiamoci alla Pace di Bari sobre o tema "Na companhia do ócio, da lentidão e da poesia". Sugere que no cotidiano dos professores com as crianças deveria haver tempo para simplesmente jogar conversa fora, conversa que não quer ensinar coisa alguma. Simplesmente ouvir as crianças é coisa muito preciosa. Elas aprendem que são importantes e que é importante ouvir as outras. Caminhar, passear, andar a pé, observando as coisas ao redor. Contemplar as nuvens. Escrever cartas e cartões a lápis ou caneta; não usar os *e-mails*. Plantar uma horta. Plantando uma horta, as crianças aprendem sobre os ritmos da natureza. Quem observa os ritmos da natureza acaba por ganhar equilíbrio pessoal. Plantar uma horta talvez seja uma terapia mais poderosa que a dos consultórios. A velocidade é o ritmo das máquinas. Mas nós não somos máquinas. Somos seres da natureza como os animais e as plantas. E a natureza é sempre vagarosa. É perigoso introduzir a pressa num corpo que tem suas raízes na lentidão da natureza.

Escola
Andréa é o nome da menininha de 4 anos. Entrou para a creche. Ao fim do primeiro dia, a mãe lhe perguntou: "Como é a professora?". Andréa respondeu: "Ela grita!".

Aula de química
O professor estava furioso com o que acontecera. Procurou a diretora e lhe relatou o seguinte. Preparava-se para iniciar sua aula de química quando notou que algo estranho estava acontecendo: todos os alunos tampavam os seus narizes com os polegares e indicadores e riam. Ele não entendeu até que respirou fundo. Então entendeu. Um aluno, ele não sabia quem, havia enchido o ambiente com uma ventilação intestinal malcheirosa. Considerava esse ato uma ofensa pessoal à sua dignidade. Pedia providências disciplinares. A diretora, movida por inexplicável inspiração, lhe perguntou: "E qual seria o assunto da sua aula?". Ele respondeu: "Os gases". A diretora o encarou com espanto e lhe disse: "Mas o senhor perdeu uma maravilhosa ocasião de falar sobre os gases...".

O garçom

Já passava das 23 horas, o restaurante do hotel estava vazio e assim eu podia fazer uma coisa que me dá prazer: conversar com o garçom. Sem ter mais ninguém para atender, ele estava por minha conta. Parecia ter uns 50 anos. Perguntei sobre sua vida, onde nascera, como vivera... O seu rosto se iluminou e ele começou a falar com o maior entusiasmo. Nascera num lugarzinho ínfimo. Esqueci-me do nome. Só sei que tinha alguma coisa a ver com "antas". Lá no norte de Minas. Matas, onças, antas, pacas, macacos, pássaros de todos os tipos. Solidão. Farmácia plantada na horta. Fazer fogo batendo uma pedra na outra. Tinham de sobreviver com o que havia ao redor, na natureza, e com o que plantavam. Pai pobre, só pôde fazer o grupo, curso primário. Depois se mudara para Belo Horizonte. Já trabalhava naquele hotel havia mais de 25 anos. Aí ele deu uma paradinha, sorriu e disse sem a menor vergonha: "Sou homem inteligente. Não me conformei com o curso primário. Resolvi estudar. Fui numa livraria que vende livros para pobres. Comprei vários. Estou terminando o supletivo...". Aí começou a me falar sobre o que aprendera. Eu escutava fascinado. "Faz uns dias fui atender uma senhora. Eu disse: 'Por aqui, minha senhora...'. Ela respondeu: 'I don't speak Portuguese'. Eu disse: 'But I speak English'." E desandou a falar inglês num sotaque bonito. Os mineiros da roça, bem como os piracicabanos e os tatuienses, têm, por causa do sotaque natural, facilidade para falar os erres tortos dos americanos. E acrescentou: "E falo também alemão!". Com o meu alemão de pé quebrado tratei de colocá-lo à prova, para ver se ele não sabia só meia dúzia de palavras. Que nada! Ele falava mesmo! Seu nome: João Batista Souto, 54 anos, *maître* do restaurante do Belo Horizonte Othon Palace. No dia seguinte, ao sair, deixei na portaria uns livros para ele.

Missa do cadáver

Nos meus anos de professor na Unicamp, conheci uma professora de quem me tornei um grande amigo: Vilma Clóris de Carvalho. Sua especialidade e prazer era a neuroanatomia. E até frequentei um dos seus cursos como aluno igual aos outros, pra valer. O que eu mais admirava na Vilma é uma virtude que está ficando cada vez mais rara: ela era apaixonada por ensinar. Gostava dos seus alunos. Digo que a paixão por ensinar está ficando cada vez mais rara porque, nos relatórios de avaliação que os professores têm de preencher para os órgãos oficiais de controle burocrático, as atividades de ensino nem mesmo são mencionadas. O que vale são as pesquisas publicadas em revistas internacionais. Os professores, assim, deixam de ser professores. Transformam-se em pesquisadores. Os alunos não importam. Na realidade, atrapalham... Eu, pessoalmente, acho que ensinar é muito mais importante que pesquisar. Porque é no ensino que se aprende a pensar. E é da capacidade de pensar que surgem os pesquisadores. Se a pesquisa é um fruto, o ensino são as sementes que foram plantadas. Sem sementes não há árvores, sem árvores não há frutos. Pois a Vilma vivia para plantar, vivia a ensinar a pensar. Era uma verdadeira educadora. Uma das práticas mais comoventes de suas atividades como professora de anatomia era a "Missa do cadáver". Lidando com peças anatômicas diariamente, o aluno pode se tornar insensível e embrutecido, esquecido de que aquelas peças um dia foram um corpo que sonhou, sofreu, amou – alguém como nós. A "Missa do cadáver" era para que os alunos se lembrassem das pessoas... Lembro-me de que, numa das missas, sobre a mesa eucarística, dentro de um recipiente de vidro, havia um coração vermelho. Houve tempo em que aquele coração batia... O caráter da Vilma marcou os seus alunos. Aposentou-se. Mudou-se para Recife. Escreveu um lindo livro em que aparecem combinadas as suas memórias de vida – fascinantes! – e o seu trabalho como professora e pesquisadora: *Vivendo sem calendário*.

Janusz Korczak

"Vocês dizem: 'Cansa-nos ter de privar com crianças'. Têm razão. Vocês dizem ainda: 'Cansa-nos porque precisamos descer ao seu nível de compreensão'. Descer, rebaixar, inclinar-se, ficar curvado. Estão equivocados. Não é isto o que nos cansa, e sim o fato de termos de elevar-nos até alcançar o nível de sentimentos das crianças. Elevar-nos, subir, ficar na ponta dos pés, estender a mão. Para não machucá-las." (Do livro *Janusz Korczak*, Edusp,1998)

As Olimpíadas

... são um evento assombroso. Começa com aquela festa linda, comovente, festa de fraternidade e paz. Norte-americanos e iraquianos desfilaram no mesmo desfile sem que o Bush tentasse matar os atletas do Iraque como terroristas disfarçados. Ele estava jogando golfe. O grande símbolo: uma oliveira cheia de folhas! Dizem os poemas sagrados que a pomba que Noé soltou ao final do dilúvio voltou com um ramo de oliveira no bico. Que bom seria se aquela oliveira anunciasse o fim do dilúvio de loucuras bélicas que está destruindo o mundo! Algumas dessas festas ficam inesquecíveis. Lembro-me do ursinho que marcou as Olimpíadas de Moscou. No encerramento, o ursinho chorou: lágrimas escorriam pelo seu rosto. Sei muito bem que urso não tem rosto, urso tem é focinho, mas seria feio dizer "lágrimas escorriam pelo seu focinho". Do jeito como as coisas vão, em breve se dirá que os bichos têm rosto e os homens têm focinho. Aí chega o primeiro dia. Vai-se a fraternidade. Agora é briga. Briga pelo pódio. O pódio é motivo de briga. Todo pódio é motivo de briga. Nas Olimpíadas não há lugar para fraternidade porque fraternidade significa todo mundo junto brincando de roda e nas Olimpíadas não há cantigas de roda. No pódio só cabem três. Cada atleta quer mesmo é que o outro se dane. Ah! A suprema felicidade do velocista dos 100 metros quando sabe que o recordista baixou no hospital acometido de uma súbita cólica renal, na véspera das finais. E as ginastas rezam, enquanto as adversárias executam os seus números: "Tomara que ela escorregue...".

Atletismo

Havia na Unicamp um professor visitante na Faculdade de Educação Física, Manoel Sérgio, que era muito contra o atletismo. Ele perguntava: "Você conhece algum atleta longevo?". E concluía: "Quem vive muito são essas velhinhas que se encontram ao fim da tarde para tomar chá com bolo...". Já viu cavalo treinando os 1.500 metros? Só quando dominado por homens. As Olimpíadas não são uma manifestação de saúde. São uma exaltação do desejo de ser o maior. Prova disso são os *dopings*. Os atletas sabem que a coisa faz mal à saúde. Pode matar. Mas uma morte prematura bem vale um lugar no pódio! Aquela máquina de correr, uma negra norte-americana, me esqueci do nome dela, só músculos, morreu subitamente de um ataque cardíaco. Assim, não pensem que os atletas têm boa saúde, que praticam hábitos saudáveis de vida. Lembram-se da corredora suíça, ao final da maratona? Era a imagem de um corpo torturado pela dor. Penso nas nadadoras. Elas me assustam. Não se parecem com mulheres. Aqueles ombros enormes! Acho que meus braços não conseguiriam abraçar uma delas. E nem eu quereria. E acho que nem ela quereria. Abraço é perda de tempo. É preciso aproveitar o tempo lutando contra a água. Inimigas da água. Isso mesmo. Porque uma pessoa que passa dez anos de sua vida treinando seis horas por dia não por prazer mas para sair da piscina um centésimo de segundo na frente da marca olímpica só pode ter ódio da água. A água é o inimigo a ser vencido. Compare com as crianças. Elas amam a água. Elas não querem sair da água. A água é sua companheira de brincadeiras. As nadadoras, ao contrário, não brincam com a água. Lutam contra ela. Tocada a borda da piscina, para onde olham as nadadoras? Elas olham para o placar onde aparece o tempo. É isso. É o tempo que elas amam. Quanto mais depressa melhor! O perigoso é que elas apliquem essa doideira em outras coisas da vida nas quais o que vale é "quanto mais devagar melhor".

Pai indignado

Numa escola de São Paulo, um pai ficou indignado quando soube que seu filho e seus colegas catavam lixo numa praça, como parte das atividades da escola. "Não estou pagando uma escola para que meu filho faça serviço de gari." Por vezes penso que os pais podem ser grandes inimigos da educação. Não se preocupam com a educação. O que eles querem é que seus filhos passem no vestibular.

Aluninha

A Maria Alice (mulher a quem os deuses deram o dom natural de ensinar e ajudar especialmente as crianças que estão tendo problemas na escola) contou-me de uma aluninha que lhe dizia: "Eu quero saber tanta coisa. O mundo está cheio de coisas tão interessantes. Mas não dá tempo. Tenho tanta lição para fazer...".

Aos líderes de comunidades

O professor José Pacheco me disse, sobre a Escola da Ponte: "O segredo de uma escola é simples: É preciso que todos estejam apaixonados pelo projeto. É preciso que todos sonhem o mesmo sonho. Havendo isso, fica fácil resolver o resto...". Professor que é contratado para dar aulas da sua disciplina e que só dá aulas da sua disciplina, professor que não sonha o grande sonho, que é só funcionário, esse é uma pedra no sapato. Toda diretora ou diretor de escola deveria entender isto: sua tarefa fundamental não é cuidar do patrimônio e fazer relatórios. Isso, qualquer funcionário faz. É tarefa mecânica. Sua tarefa é abrir um espaço para os sonhos, pastorear os sonhos, como se fossem ovelhas... Conversando com o Gilberto Dimenstein sobre a comunidade que faz o projeto "Bairro Escola Aprendiz" funcionar, um grupo de amigos apaixonados pela ideia, ele me disse: "Fiz um acordo com eles: os erros são meus; os acertos são nossos...".

Corrida engraçada

Lembrei-me de uma passagem engraçada no livro *Alice no País das Maravilhas*, de Lewis Carroll. Tratava-se de uma corrida. Alice queria saber as regras. O Pássaro Dodô explicou: "Primeiro marca-se o caminho da corrida, num tipo de círculo (a forma exata não tem importância), e então os participantes são todos colocados em lugares diferentes, ao longo do caminho, aqui e ali. Não tem nada de 'um, dois, três, já'. Eles começam a correr quando lhes apetece, ou abandonam quando querem, o que torna difícil dizer quando a corrida termina". Assim a corrida começou.

Depois que haviam corrido por mais ou menos meia hora, o Pássaro Dodô gritou: "A corrida terminou!". Todos se reuniram ao redor de Dodô e perguntaram: "Quem ganhou?". "Todos ganharam", disse Dodô. "E todos devem ganhar prêmios."

Lançamento de celulares

Acabo de ser informado sobre uma nova modalidade de lançamento de peso ou de disco que despertou meu entusiasmo, e espero que ela venha a ser incorporada aos esportes olímpicos. Trata-se de "lançamento de telefones celulares". O fato é que o mercado de celulares está produzindo uma quantidade cada vez maior de aparelhos que logo se transformam em velharias. Vocês se lembram dos primeiros celulares, enormes, que quase exigiam uma mochila para ser carregados? Onde estão? Nalgum lugar da sua casa. Espero que vocês não os tenham colocado no lixo, por razões ecológicas. Pois agora há um uso saudável para tais objetos inúteis: eles são transformados em material esportivo. Como psicanalista, eu creio que o lançamento de celulares terá uma função terapêutica. O fato é que frequentemente tenho vontade de lançar meu celular para bem longe. Mas não me atrevo a fazê-lo porque esses ímpetos por vezes acontecem em espaços públicos e seria inevitável que as pessoas, ao me ver fazendo tal tresloucado gesto, se apressassem a chamar o pronto--socorro psiquiátrico. Já na pista de atletismo poderei lançar quantos celulares quiser, livrar-me-ei de minhas raivas e ainda serei aplaudido por minha técnica.

Sobre o ler

Ler rapidamente aquilo que o autor levou anos para pensar é um desrespeito. É certo que os pensamentos, por vezes, surgem rapidamente, como num relâmpago. Mas a gravidez é sempre longa. Há frases que resumem uma vida. Por isso é preciso ler vagarosamente, prestando atenção nas ideias que se escondem nos silêncios que há entre as palavras. Eu gostaria que me lessem assim. Quer eu escreva como um poeta, no esforço para mostrar a beleza, ou como palhaço, no esforço para mostrar o ridículo, é sempre a minha carne que se encontra nas minhas palavras.

Cursinhos

Tomei o café da manhã com um amigo, dono de um famoso cursinho. Ele me disse algo mais ou menos assim: "Tudo o que ensinamos é perda de tempo. Não faz sentido. Não está ligado à experiência viva dos estudantes. Por isso aquilo que nós supostamente ensinamos e eles supostamente aprendem é logo esquecido...". E eu acrescento: a culpa não é deles, dos cursinhos. É dos vestibulares – esse estúpido sistema que muito contribui para a ruína da educação. Por isso não dou a menor importância às fotografias dos que passaram em primeiro lugar...

"Quer ficar tranquilo? Contemple calmamente os ipês que fazem o seu trabalho de cores! Eles estão floridos por toda a cidade. O que eles nos dizem é que a natureza está cheia de beleza e tranquilidade."

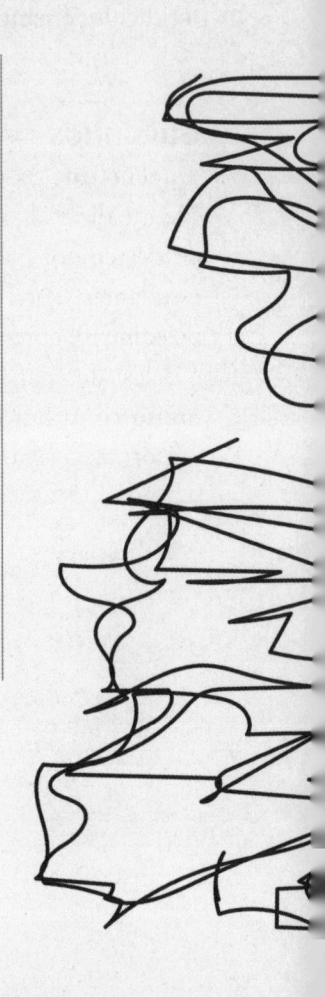

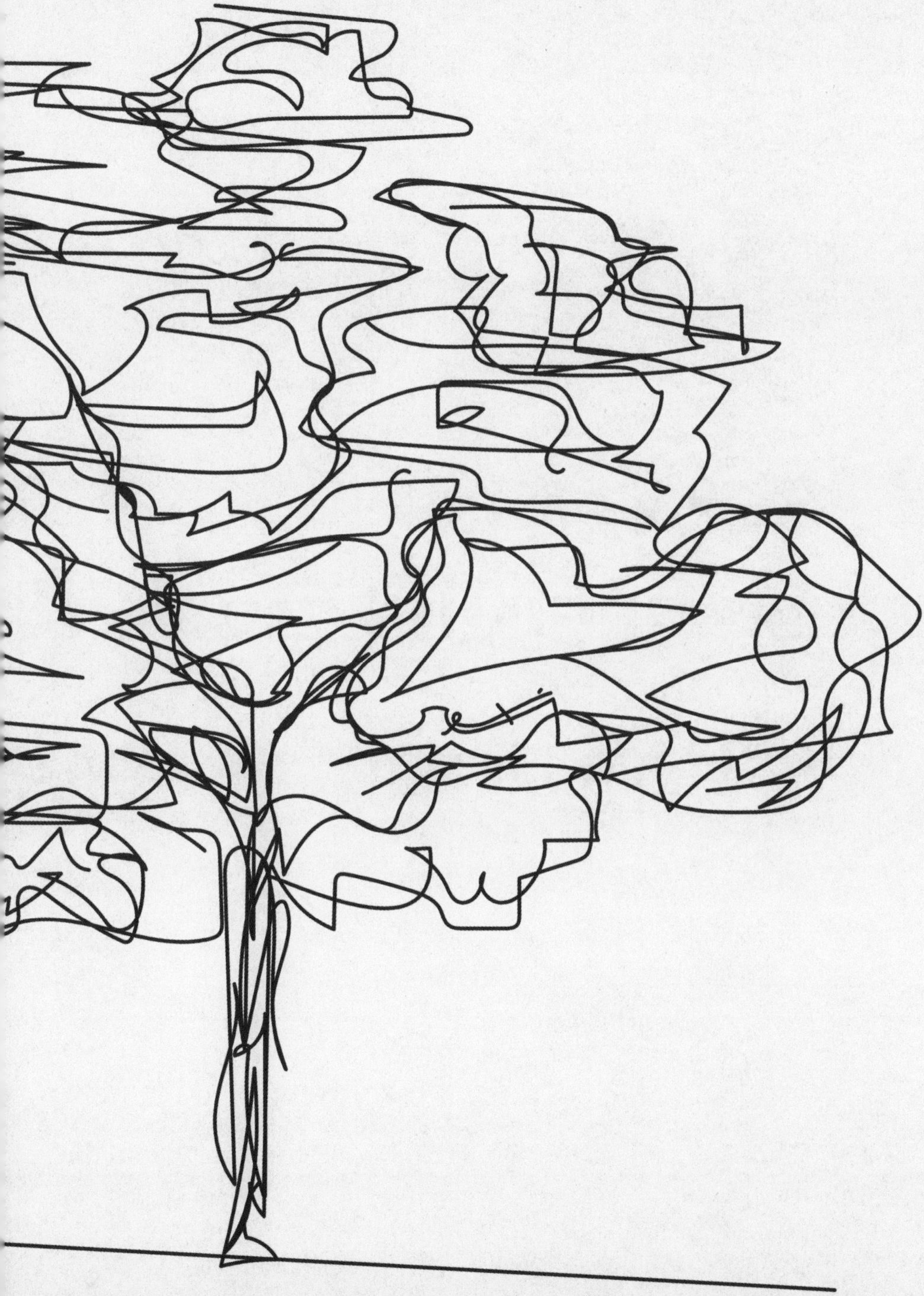

Natureza

Plantar árvores

Amo aqueles que plantam árvores sabendo que não se assentarão à sua sombra. Plantam árvores para dar sombra e frutos àqueles que ainda não nasceram.

Plantas

"Tirem todos os homens da Terra, e as plantas continuarão felizes, sem notar sua falta. Tirem as plantas da Terra, e os homens não sobreviverão." (Paul Travers, *National Geographic Magazine*, julho de 2002, p. 120)

A natureza sonha

Penso que a natureza sonha. Montanhas, florestas, mares, ares, rios, lagos, nuvens, cachoeiras, animais, flores – todos sonham um mesmo sonho. Sonham que chegará o dia em que os seres humanos desaparecerão da face da Terra. Pois os dinossauros não desapareceram? Quando isso acontecer será a felicidade! A natureza estará, finalmente, livre dos demônios que a destroem. A natureza, então, tranquilamente, sem pressa, se curará das feridas que lhe causamos.

Canários-da-terra

Moravam nas árvores da minha infância. Amarelos, cabeças vermelhas, eram também conhecidos como "cabecinhas de fogo". Aos poucos foram sumindo. Pensei que nos haviam abandonado, definitivamente. De medo. Para sobreviver. Teriam ido para longe dos homens... "Os homens são aqueles que perderam a confiança dos pássaros." E com razão. Tantas coisas horríveis lhes fizemos. Nos meus dias de infância, o esporte favorito dos meninos era matar passarinhos com estilingue, pelo puro prazer de matar. Ou engaiolá-los. Há uma canção do Chico sobre a passarada em que a alegria é sempre interrompida pelo refrão "... o homem vem aí, o homem vem aí". Mas eles estão voltando. Nas montanhas de Minas vi um espetáculo maravilhoso que nunca imaginei que existisse: bandos de mais de cinquenta canários-da-terra, voando. Isso me deu alegria. E esperança. Pena que os nossos meninos não saibam o que são canários-da-terra nem saibam identificar o seu canto. Deveriam aprender isso nas escolas. Porque dá mais alegria um pássaro voando que um dígrafo e duas mesóclises na prova.

As onças...

Tem uma emoção nova no ar de Pocinhos do Rio Verde, lugar onde planto árvores para meus amigos que partiram para o outro mundo. Agora até mudei de ideia: estou plantando árvores para amigos que ainda não partiram. A minha própria árvore já está com mais de três metros. Pois a nova emoção é um cheiro diferente. É só ir lá para sentir. Antes era só tranquilidade, os cheiros conhecidos do capim-gordura, dos assa-peixes, dos lírios-do-brejo. Pois agora tem um cheiro novo, cheiro de onça... "Eu senti o cheiro dela, quando andava na minha roça de mandioca", contou-me um sitiante. É, as onças estão voltando. Confesso que fiquei feliz. Minha felicidade é porque estou me sentindo transportado para o passado, os lugares da minha meninice. Naqueles tempos, sim, as onças estavam por toda parte. Jeca Tatuzinho que o diga! Porque, depois de curado de suas lombrigas e de ter tomado três vidros do Biotônico, ele topou com um par de onças no mato. Ouviu o miado. "E eu aqui, sem nem mesmo uma faca...", ele pensou. Mas medo não teve. Fincou firme as botinas no chão e esperou. A onça chegou, arreganhou a dentuça e pulou com um miado de fazer pedra tremer. Jeca Tatuzinho pregou-lhe um murro nas fuças que fez com que ela rolasse pelo chão. "Conheceu, papuda?!" – foi isso que ele foi dizendo enquanto a estrangulava com suas próprias mãos. A outra onça, vendo o que acontecia, tratou de pôr-se a salvo, e, se os boatos são verdadeiros, está correndo até hoje. Até o Pedrinho, neto da dona Benta, do Sítio do Pica-pau Amarelo, teve uma aventura com uma delas, das pintadas, numa de suas caçadas. Antigamente, quem morava na roça pensava em onça. Me lembro, lá na fazenda velha onde vivi. Todo mundo já tinha topado com onças, todo mundo contava estórias de onças. "Pois eu vinha pela trilha quando, de repente, a cara de uma onça apareceu atráis duma pedra. Peguei a espingarda, mirei no meio dos zoio e pum! – era uma veiz uma onça. Mas aí não aquerditei no que vi. A onça apareceu de novo. Imaginei que estava ruim dos zoio, que estava perdendo a pontaria. Mirei de novo. Pum! – era uma veiz uma onça! Pois não é quela apareceu de novo? E assim foi, a onça aparecendo, eu atirando, ela aparecendo de novo – seis veiz, seis veiz. Aí, ela num apareceu mais. Fui chegando, matreiro, descunfiado, pra vê atráis da pedra. E ocê num vai aquerditá nu qui eu vi: seis onça morta com um tiro no meio da testa..." Pois uma onça, daquelas cinzentas, suçuarana, tamanho de um cão pastor, matou a mula de um homem lá em Pocinhos. Ele chamou os amigos, reuniu a cachorrada, e lá foram em perseguição da onça. Encontraram. Mataram. Mas não adiantou. Apareceu uma outra, igual. Amigos e cachorrada encurralaram a dita. Ela subiu numa árvore. A cachorrada ficou embaixo, latindo. Aí um dos caçadores ponderou que era melhor chamar a Polícia Florestal. Veio o polícia, olhou para a onça encarapitada no galho alto da árvore, e deu o veredito: "Este lugar é terra da onça. Vocês são invasores. A onça fica. Ninguém mata. Vocês se mudem para outro lugar". Não sei se foi isso mesmo que ele disse, mas foi o que me relataram. Mas, como quem conta um conto aumenta um ponto, como mineiro acredito desacreditando. Me contaram do jeito seguro para saber se a onça está na tocaia. Primeiro é o cheiro. Quem quiser saber qual é o cheiro da onça é só visitar um zoológico. Depois é o barulhinho. Quando a onça está tocaiando, os entendidos me informaram, ela vai mexendo as orelhas para ouvir melhor. E quando ela mexe as orelhas, as orelhas fazem um barulho característico, um "clique" seco, como se fosse um galho quebrado. Assim, quem for andar por trilhas em Pocinhos, que preste atenção nos "cliques". E cuidado se algum mineiro o convidar para pescar. Pois dizem que aconteceu de verdade. Um mineiro e um paulista estavam pescando, assentados à beira do rio, pitando um cigarrinho de palha, bebendo uma pinguinha, vida que se pediu a Deus – até que se ouviu um miado no mato. "Que miado é esse?", perguntou assustado o paulista. "Acho que é miado de onça...", respondeu o mineiro sem se mexer. Outro miado mais forte. "Parece que a onça está vindo pra cá", disse o paulista. "É, está vindo pra cá", disse calmamente o mineiro. Um outro rugido terrível. O paulista se apavorou. O mineiro calmamente abriu o embornal, tirou lá de dentro um par de tênis que se pôs a calçar. "Você está louco?", disse o paulista. "Acha que vai correr mais depressa que a onça?" "Não, não vou correr mais depressa que a onça. O que eu quero é correr mais depressa que você..."

Capim-gordura

Quem experimentou o cheiro e a cor do capim-gordura não esquece mais. Menino, lá em Boa Esperança, meu tio João Gordo, que era extremamente magro, me pegava antes das seis da manhã para ir até a fazenda, para a ordenha das vacas. Os cavalos caminhavam sem pressa. Conheciam o caminho. Passadas as ruas da cidade, entrávamos na estrada de terra e tomávamos uma trilha à direita. A trilha quase não se via, coberta que estava pelo gordo capim-gordura que se derramava sobre ela. O silêncio, o cheiro dos cavalos, o barulho dos cascos no chão, o cricri dos grilos, a música da água de um riachinho que corria escondido sob o capim, a neblina e o perfume do capim... Isso faz parte da terra das Minas Gerais, terra-saudade. É pedaço de mim. Quem é mineiro sente dor só de lembrar. Depois, quando era maior, da janela do meu quarto eu via um campo de capim-gordura florido, ao longe. Cor-de-rosa. Quando o vento passava o rosa ondulava. As vacas gostavam. Acho que ficavam felizes e da sua felicidade saía o leite mais saboroso, o queijo mais perfumado, como aqueles queijos da serra da Canastra. Mas depois veio o tal do progresso e disseram que havia um capim mais forte, o tal de braquiária, africano. De fato, mais forte. Praga que uma vez plantada não há o que acabe com ela. As vacas comem por não ter outro. Mas se vingam. Seu leite não tem o mesmo cheiro. Os queijos não têm o mesmo perfume. Andando pelos campos, a gente ainda encontra os capins-gordura floridos. Quando o sol ilumina suas delicadíssimas flores, a gente, sem querer, rende graças.

Goiabas

As goiabas... Ah! As goiabas... Ficam vendendo goiabas em caixa nos semáforos. Sou doido por goiabas e por isso não compro as goiabas que eles vendem. Porque aquelas frutas que estão vendendo não são goiabas. Acho que foram inventadas pelos japoneses, que são extraordinários pelo seu poder de mudar as coisas. Por que as inventaram? Não porque amassem as goiabas. Mas porque queriam ganhar dinheiro com as goiabas. Goiaba que é goiaba não se presta pra ganhar dinheiro. Goiaba de verdade é mole, não resiste ao transporte. Deteriora-se rapidamente, não se presta a ser guardada. É habitada por bichos brancos, que dão testemunho do seu gosto delicioso. Comprem uma dessas goiabas de semáforo. Tentem sentir o seu perfume. Não têm. Mordam e sintam como são duras. E vejam se há algum bicho lá dentro. Não tem. Por quê? Porque as goiabas são melhores? Não. Porque não têm gosto. Até os bichos sabem que aquilo não é goiaba. Eu me lembro... A gente viajava de jardineira. Abarrotada. O dono recebia o dinheiro das passagens e fazia fiado pra quem não tinha dinheiro. Eu me lembro, uma vez... A jardineira entrou num trecho da estrada de terra que passava por um enorme goiabal de goiabeiras nativas, carregadas de goiabas amarelas. Ele deu uma ordem para o motorista. O motorista parou a jardineira. E então ouviu-se o seu grito dirigido aos passageiros: "Pessoal, todo mundo catando goiaba...". Todo mundo desceu e foi uma felicidade. Tão grande que não me esqueci. Lembro-me da manhã ensolarada, do campo verde, do perfume das goiabas e da alegria dos passageiros, transformados em crianças. Sentido da vida? É catar goiaba madura, bichada, doce, em manhã ensolarada...

O humor das frutas

Cada fruta tem um humor específico. Maçãs e peras são sérias, não contam piadas, e são próprias para aparecer em reuniões de pessoas graves. Cocos são chatos, sem assunto. A jaca é uma enorme gargalhada. Enquanto jabuticabas, pitangas, caquis são coisas brincalhonas. Até acho que a fruta proibida, no Paraíso, não foi a maçã, como muitos dizem, mas o caqui. Existirá coisa mais erótica? Já as uvas têm um ar de nobreza, combinam com música erudita.

Os ipês coloridos

Quer ficar tranquilo? Contemple calmamente os ipês que fazem o seu trabalho de cores! Eles estão floridos por toda a cidade. O que eles nos dizem é que a natureza está cheia de beleza e tranquilidade. Para que servem as suas cores? Para eles, devem servir para alguma coisa. Para nós, não servem para nada. Suas cores não têm uso algum que lhes possamos dar. Mas elas, sem linguagem e sem fala, nos falam. Falam da simplicidade da vida. Falam da nossa tolice. Não sabemos florir. "Ah, como os mais simples dos homens são doentes e confusos e estúpidos ao pé da clara simplicidade e saúde em existir das árvores e das plantas. Sejamos simples e calmos, como os regatos e as árvores, e Deus amar-nos-á fazendo de nós belos como as árvores e os regatos, e dar-nos-á verdor na sua primavera, e um rio aonde ir ter quando acabemos." (Alberto Caeiro)

"Ao envelhecer, dei-me conta de que também a política era muito grande para mim. Encolhi-me mais uma vez. Voltei ao meu corpo. É no corpo que vivo meu cotidiano. O corpo só conhece o presente."

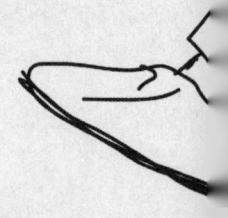

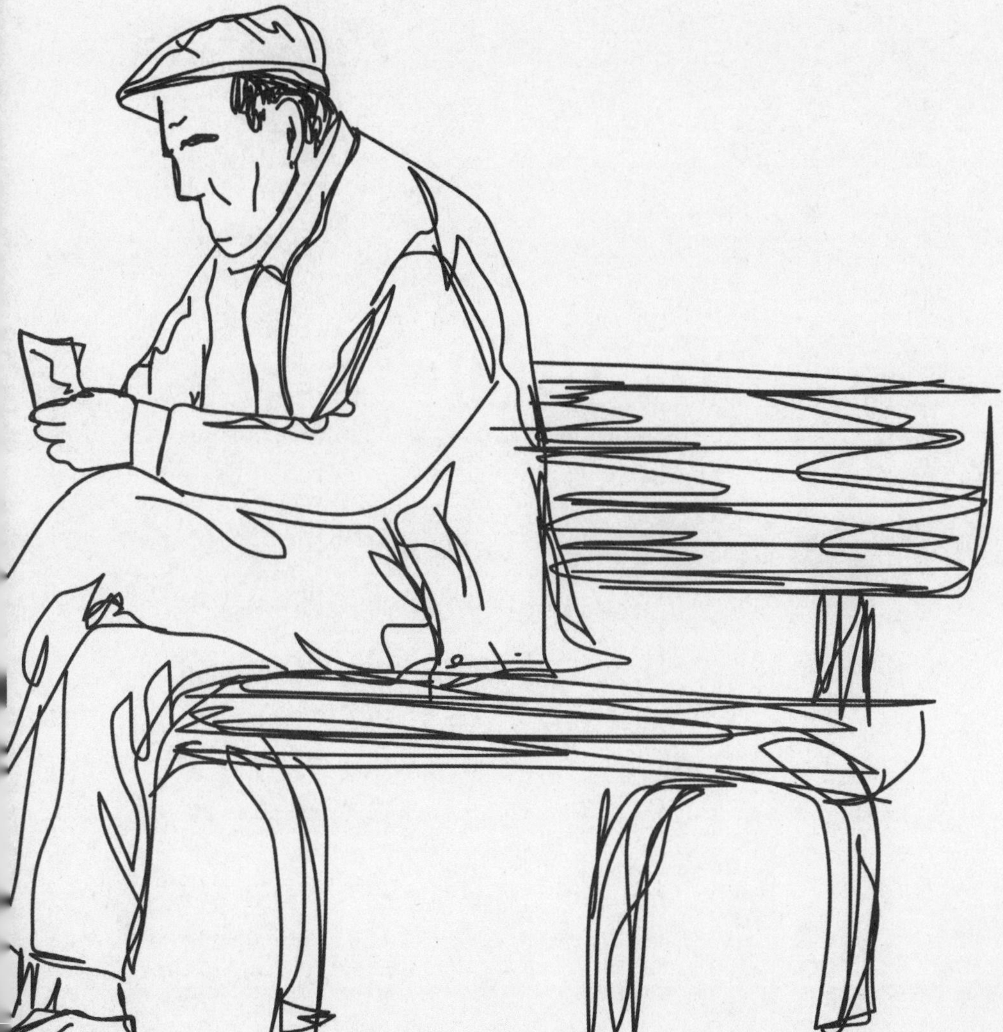

Política

Sobre os dois tipos de política

Santo Agostinho sugere que há dois tipos de política. A política do "poder do amor", a que ele deu o nome de Cidade de Deus, e a política do "amor ao poder", a que ele deu o nome de Cidade dos Homens. Tudo tem a ver com a forma como "poder" e "amor" se relacionam. Pensada utopicamente, a política do "poder do amor" pode ser definida como a arte da jardinagem aplicada às coisas públicas. Jardinagem é a arte e a técnica que busca estabelecer harmonia entre o homem e a natureza. Jardins são espaços que o amor modelou no sentido de que sejam belos e seguros. Neles não existe o medo e o corpo experimenta a exuberância dos sentidos. Nos jardins, o homem e a natureza estão reconciliados, são amigos. Nessa política, o poder é ferramenta e instrumento do amor: esse é o sentido da ética. Ética é, sempre, limitação do poder. Pensada realisticamente, a "política do amor ao poder" é o conjunto de artimanhas que tem por objetivo estabelecer o poder de um grupo sobre um determinado território. Nessa política, os sonhos de amor estão subordinados e a serviço do poder. O que significa que nela o poder é o valor supremo e não existe uma ética que o controle.

Albert Camus,
um dos escritores que mais amo, se horrorizava com a política. "Cada vez que ouço um discurso político ou que leio os que nos dirigem, há anos

que me sinto apavorado por não ouvir nada que emita um som humano. São sempre as mesmas palavras que dizem as mesmas mentiras. E, visto que os homens se conformam, que a cólera do povo ainda não destruiu os fantoches, vejo nisso a prova de que os homens não dão a menor importância ao próprio governo e que jogam, essa é que é a verdade, que jogam com toda uma parte de sua vida e dos seus interesses chamados vitais." "Não sou feito para a política porque sou incapaz de querer ou de aceitar a morte do adversário."

Ética e trapaça

O sociólogo Peter Berger escreveu um livrinho divertido e inteligente que eu gostava de ler com meus alunos quando era professor da Unicamp: *Introdução à sociologia*. Um dos seus capítulos tem um título esquisito: "Como trapacear e se manter ético ao mesmo tempo". Disse "esquisito" porque é conhecimento comum que "trapaça" e "ética" não fazem acordos. Mas o momento atual da política brasileira está demonstrando que esse não é o caso. Ao contrário, que é de suma importância juntar ética e trapaça quando as coisas relativas ao dinheiro e ao poder estão em jogo. Para esclarecer esse assunto enigmático, vou contar uma pequena estória: Havia numa cidade dos Estados Unidos uma igreja batista. Os batistas, como se sabe, são um ramo do cristianismo muito rigoroso nos seus princípios éticos. Havia na mesma cidade uma fábrica de cerveja que, para a igreja batista, era a vanguarda de Satanás. O pastor, representante de Deus, não poupava a fábrica de cerveja nas suas pregações. Aconteceu, entretanto, que, por razões pouco esclarecidas, a fábrica de cerveja fez uma doação de 500 mil dólares para a igreja batista. Os membros da igreja foram unânimes em denunciar aquela quantia como dinheiro do Diabo que não poderia ser aceito. Passada a exaltação dos primeiros dias, acalmados os ânimos, os mais ponderados começaram a analisar os benefícios que aquele dinheiro poderia trazer. Uma pintura nova para a igreja, um órgão de tubos, jardins mais bonitos, um salão social para festas. Reuniram-se então os membros da igreja em assembleia e depois de muita discussão registrou-se a seguinte decisão no livro de atas: "A Igreja Batista Betel resolve aceitar a oferta de 500 mil dólares feita pela cervejaria na firme convicção de que o Diabo ficará furioso quando souber que o seu dinheiro vai ser usado para a glória de Deus". Quando a ideologia é nobre qualquer meio é permissível. Se esse acordo entre "ética" e "trapaça" valeu para a igreja, por que não valerá para os partidos políticos?

A honestidade dos estúpidos

... é mil vezes mais perigosa que a mentira dos inteligentes. É da honestidade dos estúpidos que surgem os fanáticos. Os fanáticos são pessoas honestas que acreditam nos seus pensamentos e nada os dissuade do seu caminho. E porque acreditam na verdade dos seus pensamentos tudo fazem para destruir aqueles que têm ideias diferentes.

O voo 0666

"Senhores passageiros do voo 0666, Paris-São Paulo, da Tarig, linhas aéreas democráticas." A voz soou metálica na sala do aeroporto onde os passageiros aguardavam o início do embarque. Cessaram imediatamente as conversas, fez-se silêncio e os passageiros trataram de prestar atenção nas instruções que se seguiriam. A voz continuou: "A Tarig, linhas aéreas democráticas, no esforço para democratizar os seus serviços, avisa os senhores passageiros que dentro de alguns minutos terá início uma assembleia livre e soberana para a escolha democrática do piloto que comandará o voo Paris-São Paulo. Os candidatos poderão se inscrever no balcão da empresa devendo, para isso, preencher as seguintes condições: (1) ser maior de idade; (2) dar prova de ser capaz de assinar o nome". Fez-se um grande silêncio na sala de embarque. Os passageiros olharam uns para os outros, incrédulos, pegaram suas bolsas, pastas e mochilas e em silêncio deixaram vazia a sala da Tarig, linhas aéreas democráticas, e foram em busca de uma linha aérea que, sem ser democrática, fosse inteligente e que escolhesse seus pilotos por competência e não por voto da maioria.

O Estado

A medicina é uma arte rigorosa, regida por princípios de assepsia e de ética. Por exemplo: quando se vai aplicar uma injeção é preciso desinfetar o lugar onde a agulha vai entrar no corpo. Pura curiosidade: os médicos que aceitam a função de carrascos nas penitenciárias desinfetam o lugar onde a agulha com o líquido letal vai penetrar na veia do condenado? Acho que sim. É preciso evitar infecções. Será que os carrascos na cama, de noite, pedem perdão ou se entendem apenas como executores de um ato burocrático? Os criminosos de guerra alemães alegaram que eles apenas cumpriam ordens. O argumento não foi aceito. Foram enforcados. Não é horrendamente imoral que o Estado tenha o direito de matar? Matam na guerra, milhões. Não são caçados como terroristas. São saudados como heróis. Como são bonitas as fardas dos generais! A diferença entre os morticínios de Estado e os morticínios dos terroristas está em que os primeiros são feitos em nome do Estado e os segundos são feitos em nome de uma crença política ou religiosa. Os morticínios são feitos por loucos. Mas a loucura do Estado é legítima.

Os ratos viram gatos

Diante do perigo do gato, os ratos se unem e sonham sonhos de fraternidade em que todos repartirão socialisticamente o queijo inacessível, guardado pelo gato. Morto o gato, os ratos se esquecem da solidariedade socialista e começam a brigar entre si por um pedaço maior do queijo.

Futebol e política

Alguns amigos se juntaram e resolveram fazer algo pela pequena cidade do interior em que moravam. Pensaram que seria possível colocar um pouco de razão nessa coisa tão movida a paixões que é a política. Nada partidário. Não levantaram bandeiras. Não defenderam candidatos. Não gritaram *slogans*. Propuseram aos dois candidatos a prefeito que respondessem a uma série de perguntas sobre os seus planos, as mesmas perguntas para os dois. As perguntas foram feitas por escrito e eles tiveram dez dias para escrever suas respostas. As perguntas e as respostas, com a concordância de ambos, foram transformadas num tabloide e distribuídas pela população. Num dia previamente marcado, os dois candidatos deveriam ler as suas respostas e assiná-las, como um documento público. Assim aconteceu. Os dois candidatos compareceram ao local designado junto com seus partidários, que se assentaram em dois blocos de cadeiras separadas. Mas o que sucedeu nada teve de racional. Era mais como o confronto entre torcidas de dois times de futebol, cada torcida odiando a outra. Vaias, gritos, apupos, xingamentos. Ninguém estava interessado em ouvir e compreender o outro. O clima foi ficando tenso e havia a possibilidade de que, terminado o evento, houvesse um confronto físico entre os dois grupos, tal como frequentemente acontece com torcidas de futebol. Ao final, a palavra foi aberta aos presentes. Uma amiga, uma mansa mulher, se levantou trêmula e disse algo mais ou menos assim: "Eu e meu marido nos mudamos para cá por opção. Cansados da brutalidade de São Paulo, escolhemos esta cidade porque ela nos pareceu habitada por pessoas cordiais e pacíficas. Mas agora estou triste. Perdemos nossas ilusões...". Disseram alguns participantes que foi essa fala mansa que envergonhou as torcidas já preparadas para a briga. Que pena que aconteça assim! Usando a metáfora do futebol: as eleições não são um confronto entre dois times que se odeiam. Não há dois times. O time é um só. Todos jogamos nele. Nosso time é a cidade. O que acontecer na cidade acontecerá a todos nós. O que acontece nas eleições é a escolha do técnico do time no qual todos nós jogamos. Dizem as Sagradas Escrituras que uma cidade dividida contra si mesma não pode sobreviver. Será esse o nosso destino, viver batalhas de ódio que só produzem divisões? As pessoas, por terem ideias diferentes, têm de se tornar inimigas? Alguns acham que sim. Elas se tornam inimigas daqueles que têm ideias diferentes das suas. Eu mesmo ganhei muitos inimigos... Isso acontece porque há aqueles que se julgam possuidores da verdade. Mas ninguém é dono da verdade. Por isso existe a democracia: porque ninguém tem a verdade. Só temos opiniões precárias. Quem se julga dono da verdade tem de ser intolerante.

Sofrimento

Não acredito que o crucial seja o sofrimento. Um povo tem uma capacidade infinita para o sofrimento. É capaz de aceitar as maiores privações e de conviver com os maiores sacrifícios se acreditar na justiça da causa e na beleza do futuro. Prova disso são os povos que, por decênios, lutaram e lutam contra a opressão, em meio ao mais cruel sofrimento. Mas isso somente quando o sofrimento é parte de uma disciplina para se criar um futuro novo.

As roupas do rei

Hans Christian Andersen foi um dinamarquês que gostava de contar estórias. Vou recontar a sua estória do rei vaidoso que gostava de roupas bonitas com dois finais: o dele e o meu. "Havia um rei muito tolo que adorava roupas bonitas. Os tolos gostam de roupas bonitas. Ele enviava emissários por todo o país para comprar roupas diferentes. Chegou ao cúmulo de mandar tecer uma faixa real nova com fios de ouro. Dois espertalhões ouviram falar da vaidade do rei e resolveram aproveitar-se dela para enriquecer. Dirigiram-se ao palácio e anunciaram-se: 'Somos especialistas em tecidos mágicos'. O rei nunca ouvira falar de tecidos mágicos. Ficou curioso. Ordenou que os dois fossem trazidos à sua presença. 'Falem-me sobre o tecido mágico', ordenou o rei. Um dos espertalhões pôs-se a falar: 'Majestade, o tecido que tecemos é mágico porque somente as pessoas inteligentes podem vê-lo. Vestindo uma roupa feita com esse tecido Vossa Majestade saberá se aqueles que o cercam são inteligentes ou não'. O rei imediatamente contratou os dois espertalhões. Passados alguns dias, o rei mandou chamar o ministro da Educação e ordenou-lhe que fosse examinar o tecido. O ministro dirigiu-se ao aposento onde os tecelões trabalhavam. 'Veja, Excelência, a beleza do tecido', disseram eles com a mãos estendidas. O ministro da Educação não viu coisa alguma e entrou em pânico. 'Meu Deus, eu não vejo o tecido, logo sou burro...' Resolveu, então, fazer de conta que era inteligente. Voltou à presença do rei e relatou: 'Majestade, o tecido é maravilhoso'. O rei ficou muito feliz. Passados dois dias, o rei convocou o ministro da Guerra e ordenou-lhe examinar o tecido. Aconteceu a mesma coisa. 'Meu Deus', ele pensou, 'não sou inteligente. O ministro da Educação viu e eu não estou vendo...' Resolveu adotar a mesma tática do ministro da Educação. E o rei ficou muito feliz com o seu relatório. E assim aconteceu com todos os outros ministros. Até que o rei resolveu pessoalmente ver o tecido maravilhoso. Não vendo coisa alguma, ele pensou: 'Os ministros da Educação, da Guerra, das Finanças, da Cultura, das Comunicações viram. Mas eu não vejo nada! Sou burro. Não posso deixar que eles saibam da minha burrice...'. O rei se entregou então a elogios entusiasmados sobre o tecido que não havia. Marcou-se uma grande festa para que todos os cidadãos vissem o rei em suas novas roupas. No Dia da Pátria, a praça do palácio cheia de homens e mulheres, tocaram-se os clarins e ouviu-se uma voz pelos alto-falantes: 'Cidadãos do nosso país! Dentro de poucos instantes a sua inteligência será colocada à prova. O rei vai desfilar usando a roupa que só os inteligentes podem ver'. Canhões dispararam uma salva de seis tiros. Rufaram os tambores. Abriram-se os portões do palácio e o rei marchou vestido com a sua roupa nova. Foi aquele oh! de espanto. Todos ficaram maravilhados. Como era linda a roupa do rei! Todos eram inteligentes. No alto de uma árvore estava um menino que via com seus olhos ignorantes. Não viu roupa nenhuma. O que viu foi o rei pelado exibindo sua enorme barriga, suas nádegas murchas e as vergonhas dependuradas. Com uma gargalhada, deu um grito que a multidão inteira ouviu: 'O rei está pelado!'. Fez-se um silêncio profundo, seguido por uma gargalhada mais ruidosa que a salva de artilharia. E todos se puseram a gritar: 'O rei está nu, o rei está nu...'. O rei tratou de tapar as vergonhas com as mãos e voltou correndo para dentro do palácio." Agora vou contar a mesma estória com um fim diferente. Ela é em tudo igual à versão de Andersen, até o momento do grito do menino. "O rei está pelado!" Fez-se um silêncio profundo, seguido pelo grito da multidão enfurecida. "Menino louco! Não vê a roupa nova do rei! Menino burro!" Com estas palavras agarraram o menino e o internaram num manicômio. Moral da estória: Em terra de cego, quem tem um olho não é rei. É doido.

O corpo

Quando eu era jovem, a menor unidade do meu pensamento era o universo e a eternidade. Eu vivia no mundo dos deuses. Não havia percebido que meus deuses tinham pés de barro. Seus pés se esfarelaram, eles caíram e eu fiquei mais modesto. Troquei-os pelos heróis da política. Deixei os céus para os pardais e tornei-me um habitante do mundo. O marxismo era a grande religião. Ao envelhecer, dei-me conta de que também a política era muito grande para mim. Encolhi-me mais uma vez. Voltei ao meu corpo. É no corpo que vivo meu cotidiano. O corpo só conhece o presente.

China

Quando um assunto se torna tema para o humor dos cartunistas é porque já se tornou objeto de uma aflição coletiva. É o caso da economia chinesa, que está crescendo de uma forma assustadora, as grandes economias industriais ricas se revelando incapazes de lidar com o perigo que as ameaça. O preço das manufaturas chinesas é imbatível. Um pequeno estojo de delicadas chaves de fenda é vendido pelo preço de três reais! É ver e querer comprar, não pela utilidade, mas pelo preço. No campo dos têxteis, de forma especial, a indústria chinesa está arrasando as competidoras. Criou-se, então, o *slogan*: "Say 'No' to chinese textiles" – "Diga 'Não' aos têxteis chineses". Em meio a esse pânico, os cartunistas já estão fazendo piadas. Vi, num jornal inglês, o seguinte *cartoon*: uma barraca de camelô que vende camisetas com os mais diferentes *slogans*. O dono, ao lado, um chinês sorridente. E entre as camisetas que ele vende, uma ocupava o lugar mais visível. A mais vendida. A que lhe dava mais lucro. O *slogan* nela escrito era: "Say 'No' to chinese textiles". Dois ingleses, observando a cena, comentam: "Esses chineses são realmente imbatíveis...". Há previsões de que, num futuro não muito distante, a China terá atingido o padrão de desenvolvimento dos Estados Unidos, da Alemanha e do Japão. Que coisa maravilhosa, não? Haver atingido esse padrão significa que os chineses consumirão, individualmente, tanta energia quanto consomem os habitantes dos países desenvolvidos. Um bilhão e meio de chineses! E aí a crise se anuncia: o petróleo não vai chegar para todos.

A luta pelo petróleo não será resolvida por meios pacíficos. E com a queima de tanto combustível a temperatura do planeta se elevará. O derretimento das calotas polares já em andamento será acelerado. O nível dos oceanos subirá. E haverá uma série de consequências ecológicas, impossíveis de se prever. Esse é o preço do progresso. Os dinossauros, que consumiam energia demais, morreram. As lagartixas, que consumiam uma quantidade ínfima de energia, continuam vivas...

No espírito de Jonathan Swift

... atrevo-me a apresentar uma pequena proposta para se resolver o problema político do Brasil. O problema que mais ofende é a corrupção. Fiquei assombrado quando um deputado mostrou na televisão as pilhas de documentos que deveriam ser analisados pela CPI de que faz parte. Uma tonelada... Pensei: quanto tempo vai demorar? Ler tudo aquilo para se chegar a uma conclusão? O Brasil não pode esperar. Lembrei-me então das *Viagens de Gulliver*. Um dos países por ele visitados era notável por suas universidades e instituições de pesquisa científica. Lagado era o nome desse país erudito. Pois o Departamento de Política de uma das suas universidades estava trabalhando num projeto revolucionário, a pedido do governo. O rei estava preocupado com a possibilidade de sedição entre os parlamentares, talvez até mesmo um complô para matar o rei. Como descobrir esses inimigos da ordem pública? Responderam os cientistas: "É fácil, Majestade. Basta que se façam, periodicamente, análises das fezes daqueles sobre quem caem as suspeitas. Porque as intenções da alma se acham reveladas nos excelentíssimos cocôs. É no cocô que se encontra a somatização da sedição". O rei ficou encantado com sugestão tão científica e à pesquisa concederam-se fundos generosos e sem limites que foram a felicidade dos pesquisadores. Acontece, entretanto, que os resultados da pesquisa foram negativos. Não porque a teoria estivesse errada, mas porque os cientistas se enganaram num ponto: a sedição não é somatizada no cocô, ela é somatizada na bílis verde. O que é somatizado no cocô é a corrupção. Isso só ficou claro através da sagacidade analítica de Freud, que demonstrou que, simbolicamente, cocô = dinheiro. Assim, chega-se ao caráter de uma pessoa através da análise do cocô e dos seus hábitos escatológicos. Em primeiro lugar, analisa-se o cocô em si mesmo: consistência, cor, cheiro, volume. A seguir, analisam-se os hábitos da pessoa em questão, tais como posição, expressões fisionômicas, frequência, se lê ou não jornais enquanto obra. Essa análise permite ao médico concluir se os cocôs em questão saem de um corrupto ou não. Um procedimento semelhante a esse, aplicado aos nossos congressistas, evitaria a chateação e a demora das intermináveis sessões de interrogatório e de pilhas de documentos a serem lidos. As televisões anunciariam simplesmente: "O Departamento de Escatologia Política, havendo analisado as fezes do excelentíssimo (nome da pessoa), chegou à seguinte conclusão (segue-se a conclusão)". Tomar-se-iam então as providências legais cabíveis cientificamente justificadas. Mas não basta que os representantes do povo sejam honestos. O mundo está cheio de pessoas honestas e burras. Um deputado burro é uma vergonha nacional. Com base nessa constatação, apresento minha segunda proposta: todos os candidatos a representantes do povo, em todas as suas esferas, deverão passar por um exame vestibular antes de ser aceitos como candidatos. Ouvi dizer que há cidades cujos prefeitos têm dificuldade em assinar o próprio nome. Claro que isso deve ser intriga da oposição. Mas, da mesma forma que os produtos mais simples só podem ser oferecidos ao público depois de passados pelo controle de qualidade, julgamos que a mesma norma deve se aplicar aos candidatos a vereadores, deputados, senadores, prefeitos, governadores, presidente. O exame seria muito simples, em nada parecido com os vestibulares. Não haveria questões sobre logaritmos neperianos, nem sobre a tabela periódica, nem sobre escolas literárias. Seriam questões tiradas do cotidiano da vida de um excelentíssimo. Por exemplo: a) "Justifique filosófica e praticamente a obrigatoriedade do uso da gravata nos espaços do Congresso". Faço essa pergunta em parte movido pela curiosidade, porque não sei para que serve a gravata. Teria sido, nas suas origens, um guardanapo que se amarrava ao pescoço? Não posso admitir que um deputado ou senador faça alguma coisa sem saber por quê. b) "Justifique psicologicamente o uso obrigatório de 'Vossa Excelência' nos tratamentos nas sessões do Congresso." Esse tratamento significa que aquele que está falando realmente acredita que o seu interlocutor é excelente? Tem de acreditar. Caso contrário, ele estaria mentindo, o que é imperdoável num representante do povo. De quais critérios se vale para determinar a excelência? Dada a suspeita de que há muitos corruptos no Congresso, não seria prudente suspender por um período de tempo esse tratamento? E isso porque um corrupto poderia alegar inocência afirmando, com razão, que todos o trataram por "Vossa Excelência" nos interrogatórios. Se ele é excelente, como poderia ser corrupto? Excelente é o superlativo de bom. Se, em vez de excelente, um congressista fosse tratado por "bom", isso seria uma quebra do decoro parlamentar por parte daquele que assim o tratou? c) Sobre o português: Completem os espaços vazios com "eu" ou "mim": 1. "É necessário mais tempo para _____ terminar o relatório. 2. Os meus eleitores estão pedindo para _____ apoiar este projeto. d) Conhecimentos gerais: "Para que serve o dedo indicador do urologista?". Houve um deputado que ignorava para que serve o dedo indicador do urologista. Por não saber para que serve o dedo indicador do urologista, esse deputado subiu à tribuna para acusar o seu urologista de haver desrespeitado o seu cu. Perdoem-me os meus leitores pelo uso dessa palavra de duas letras tão chula. Mas o que é isso comparado àquilo que os corruptos estão fazendo enquanto dizem "Vossa Excelência"? Valho-me do antecedente da Adélia Prado, que escreveu um texto inteiro sobre tal orifício. E também do Manoel de Barros, que mencionou o referido de uma formiga. Pornográfico mesmo foi o deputado que, ignorando para que serve o dedo do urologista, levou o seu excelentíssimo orifício anal para a tribuna. Isso teve repercussões internacionais e os portugueses morreram de rir dos brasileiros. No Brasil, rimos das piadas inventadas sobre os portugueses. Em Portugal, eles se riem da realidade dos políticos brasileiros.

Riso

"Eu poderia crer somente num deus que dançasse. E quando vi o meu demônio eu o encontrei sério, rigoroso, profundo e solene: era o espírito da gravidade – por ele todas as coisas afundam. Não se mata por meio do ódio. Mata-se por meio do riso. Venham, vamos matar o espírito da gravidade!" (Nietzsche)

Sobre a democracia
Para que uma organização democrática exista é preciso que haja equilíbrio de poder entre os seus membros. Uma organização democrática entre lobos e cordeiros jamais poderia existir, ainda que os cordeiros fossem em número maior que os lobos, sempre ganhassem as votações e estivessem sempre com a razão. É hora de recontar a fábula do lobo e do cordeiro, porque ela nos ajuda a compreender o momento. "Estavam o lobo e o cordeiro a beber num riachinho, quando o lobo assim falou ao cordeiro: 'Por que sujas a água que estou bebendo?'. Retrucou o cordeiro: 'Como posso eu sujar a água que o senhor está bebendo se sou eu que estou abaixo na correnteza? A água passa primeiro pelo senhor e só depois chega a mim...'. O lobo não se alterou com as evidências. 'Sim, de fato. Mas você sujou a minha água no ano passado', disse o lobo. Respondeu o cordeiro: 'Isso não pode ser, senhor lobo, pois tenho apenas seis meses. Não havia ainda nascido no ano passado'. O lobo arreganhou os dentes e gritou: 'Se não foi você foi o seu pai'. E devorou o cordeiro..." Uma sociedade democrática entre os lobos é possível porque existe equilíbrio de poder entre os lobos. Uma sociedade democrática entre cordeiros é possível porque existe equilíbrio de poder entre os cordeiros. Mas não é possível uma sociedade democrática onde haja lobos e cordeiros. Os lobos sempre devorarão os cordeiros...

Loucura
"A loucura é rara em indivíduos – mas em grupos, partidos, nações e eras ela é a regra." (Nietzsche)

Povo
Nunca fui capaz de gritar, em comícios, "o povo unido jamais será vencido". Primeiro, porque não sei o que é povo. Segundo, porque tenho medo de que o povo vença. É o povo que escolhe, como seus líderes, de forma democrática, os bandidos, criminosos e corruptos. E que não me digam que o faz por ignorância. O povo se vende fácil. E, terceiro, porque não

é verdade que "o povo unido jamais será vencido". Assisti pela TV a uma entrevista com Esquivel, prêmio Nobel da Paz. E seguidamente, ao ser perguntado sobre que tática adotar diante dos absurdos dos governos, ele respondia: "Que el pueblo le diga no". Aí fiquei a perguntar: Que povo? Onde ele se encontra? Dizer não de que forma? Lembrei-me de um encontro acidental que tive com meu amigo Paulo Wright, morto pelos militares. Eu passava pela praça da República, em São Paulo, e ouvi alguém que me chamava: "Rubem, Rubem...". Era ele. Estava na clandestinidade. A sorte dos clandestinos já estava selada. A ditadura havia triunfado. Era só uma questão de tempo... Mas ele se segurava numa esperança absurda: "O povo vai se levantar...". Mas o povo tem medo. Ele só fica valente em grandes demonstrações. O povo não se levantou. Ele foi morto.

Micuins

Estou com o corpo cheio de pequenas feridinhas, pontos vermelhos. Nada grave. Marcas de micuins. Micuins são carrapatos tão pequenos que são praticamente invisíveis. Numa caminhada pelos campos de Pocinhos devo ter esbarrado num cacho dos ditos. Eles se espalham invisivelmente e a gente só os sente depois que se agarram à pele. A coceira é infernal. Meu primeiro contato com os micuins aconteceu quando eu tinha lá meus 14 anos. Estava passando férias numa fazenda, no estado do Rio. Caminhei por um pasto e quando voltei os micuins, centenas deles, cobriam o meu corpo. Quando o carrapato é grande, é fácil acabar com ele. Ele se agarra à pele, engorda, fica visível, perde a mobilidade. A gente o agarra, puxa e joga dentro da privada, se tiver nojo de espremer com a unha. Pode também queimar com um fósforo aceso. Eu corri para o banheiro. Tirei a roupa. Tomei banho. Esfreguei-me com bucha. Esfreguei-me com álcool. Mas havia um problema: como me livrar dos micuins que infestavam minha roupa? Catá-los, um a um? Impossível. O enorme fogão de ferro, fogaréu aceso, deu-me uma ideia. Resolvi dar aos micuins o tratamento que a pia Inquisição espanhola dava aos judeus: pus minha roupa no forno do fogão de lenha. Mas me esqueci. O alarme foi dado quando a cozinha se encheu da fumaça que saía do forno. Meu tratamento fora eficaz. Os micuins estavam reduzidos a carvão. Mas minha roupa também.

Xadrez e política

Existe uma grave falha na minha formação: não aprendi a jogar xadrez, talvez o jogo mais fascinante jamais inventado. Claro, conheço as peças e sei movê-las. Mas, no xadrez, sou como o homem descrito por Sacks: não consigo perceber o "rosto" do jogo. Não me dediquei à aprendizagem da totalidade. E, na guerra, quem não tem a visão do todo, perde. Eu perco sempre e rápido. Xadrez é um jogo de guerra. Ou de política. Porque política e guerra são a mesma coisa. A guerra é a política quando feita com o uso das armas. Claro que na política se faz uso de armas também. Mas esse uso é dissimulado. Xadrez: dois exércitos que se defrontam. O confronto só é possível porque há um espaço vazio. Se não houvesse esse espaço, as peças ficariam imóveis, sem sair do lugar. O objetivo é mover as peças de tal forma que, ao final, o rei adversário fique sem saída e abdique. O que se chama xeque-mate. No tabuleiro estão presentes as forças, cada uma delas com um potencial de fogo diferente. Os bispos se movendo sempre na diagonal. Os cavalos se movendo aos saltos. As torres, nas horizontais e nas perpendiculares. Os peões, infantaria, andam na frente, um passo de cada vez. Serão as primeiras vítimas na batalha. E a rainha, poder supremo, que desliza nas horizontais, nas verticais e nas diagonais! Com certeza, o inventor do jogo morava num país em que quem mandava era a rainha, o rei sendo nada mais que um fantoche, um símbolo, uma simples bandeira, com pouquíssimo poder de ataque, e que fica o tempo todo se escondendo por saber que o exército inimigo está atrás dele. Há muitos estilos diferentes no jogo. Mas, qualquer que seja o estilo, uma coisa é certa: as regras são fixas. Os jogadores têm liberdade para escolher o estilo, mas não têm liberdade para escolher as regras. Não é possível jogar o jogo do poder com ética. Porque o poder não conhece limites. É insaciável. Quer crescer cada vez mais. Deseja ser absoluto. E a ética é um empecilho a essa pretensão. Não existe lugar para ética no tabuleiro. Há uma única pergunta: "Que movimento fazer para derrotar o adversário?". Isso é verdadeiro para o jogo de xadrez, o jogo econômico e o jogo político. Maquiavel, Marx e Weber sabiam disso. A ética é sempre invocada pelos que estão perdendo. Não conheço caso de partido no poder que tenha invocado princípios éticos para colocar limites ao uso de seu poder. Transparência! Que lindo princípio ético! Somente um louco seria transparente! Ser transparente é ser vulnerável. E quem é vulnerável fica fraco. Maquiavel, nos seus conselhos ao príncipe, faz a seguinte pergunta: "O que é mais importante? Que o príncipe seja virtuoso ou que o príncipe pareça ser virtuoso?". A ética responderia: "Que ele seja virtuoso, transparentemente virtuoso!". A esperteza política responde: "Que ele pareça ser virtuoso. O que o príncipe é, na realidade, deve ser protegido dos olhos por uma cortina opaca". O jogo de xadrez pode muito bem nos ajudar a entender o nosso momento político. Tudo se faz para "parecer ser" e tudo se faz para evitar a transparência. Compreende-se o esforço do governo para preservar a "rainha". Afinal de contas, é a peça mais importante para proteger o "rei"... É preciso entender: ninguém é culpado. Os jogadores não têm alternativas. Eles têm de se submeter às regras. Assim é a política, sempre.

Chapeuzinho Vermelho
A estória de Chapeuzinho Vermelho nos ensina preciosas lições políticas. Caminhando pela floresta, Chapeuzinho, tão bobinha, acredita na fala do lobo, escondido no meio das árvores. Assim é o povão: acredita em qualquer coisa. Se duvidam, sugiro que gastem um pouco do seu tempo olhando os programas religiosos na televisão. Esses programas poderiam ser usados para avaliar o grau de inteligência e educação da população. É assombroso aquilo em que se pode acreditar! Acredita-se em tudo, desde que um milagre seja prometido. Muito mais espertos que o lobo de antigamente, os lobos de agora valem-se da mais moderna tecnologia. Contratam "produtores de imagem". O que é um "produtor de imagem"? É um profissional de estética que faz operações plásticas na imagem do candidato de forma que ele deixe de ser o que era, naturalmente, e fique parecido com a imagem que o povo deseja.

Pois o lobo, já com a vovozinha dentro da barriga – (Voz gutural: "Que grande goela a minha! Engoli a velha inteirinha!") –, "fantasiou-se" de vovozinha. "Toc, toc, toc...", Chapeuzinho bateu à porta. "Quem bate sem ordem minha?", pergunta o lobo com voz grossa. "Sou eu, Chapeuzinho..." O produtor de imagem que se escondia atrás da cabeceira da cama lhe disse logo: "Mude a voz, mude a voz...". E sua voz gutural se transforma na trêmula voz de uma velhinha indefesa: "Pode entrar, minha netinha". Chapeuzinho conhecia a vovó muito bem. Aproxima-se da cama e, pasmem!, não percebe a diferença. As orelhas, os olhos, o focinho, os dentes, os pelos na pata, o cheiro de corrupção, tudo dizia: "Fuja! Não é a vovozinha! É o lobo!". Mas Chapeuzinho era muito burra, muito burrinha mesmo. Como o povão que vê televisão, ela acreditava na "imagem". Na estória, os caçadores salvam a tonta. Mas acho que não merecia ser salva. O lobo era mais inteligente que ela. A burrice não merece ser salva. Essa estória dá duas lições negativas às crianças. A primeira é que nem sempre é sábio fazer o que a mãe manda. Uma mãe que manda uma filha por uma floresta onde havia um lobo só pode ser louca. Maternidade não é garantia de sanidade. A segunda é uma lição mentirosa: que não importa ser burro porque os caçadores aparecem no fim para consertar o estrago. Na vida real o fim é outro. O lobo, juntamente com os caçadores e os produtores de imagem, comem Chapeuzinho Vermelho, como atestam esses anos de "democracia" no Brasil.

Se começou errado não tem conserto
O destino da democracia se decide no momento da sua fundação. Se os lobos são eleitos para estabelecer as regras do jogo, será inútil que as ovelhas que os elegeram berrem depois ao serem transformadas em churrasco. Pois os lobos, que elas elegeram como seus representantes para fazer as leis, escreveram como lei: "É direito dos lobos comer ovelhas". Não existe caso em que os lobos tenham, democraticamente, aberto mão dos direitos que eles mesmos estabeleceram. As ovelhas são as culpadas de sua desgraça. Foram elas que, pelo voto, deram poder aos lobos.

Apesar de você...

No tempo da ditadura havia mais esperança. Era noite e nós sonhávamos sonhos lindos. Aí ela se foi e os sonhos não se realizaram. Agora é difícil sonhar.

Insônia

Foi no tempo do terror, a ditadura. Eu não conseguia dormir. O medo era grande. Amigos já tinham sido mortos. Levantei-me, fui até a janela do prédio e olhei. A cidade dormia. O silêncio era quebrado apenas pelos apitos dos guardas-noturnos, informando os ladrões da sua aproximação. Olhei para o céu estrelado. Pensei que ele tinha estado lá por bilhões de anos e continuaria a estar lá daqui a bilhões de anos. Lembrei-me do que um prisioneiro deixou escrito na cela de um campo de concentração nazista: "Daqui a cem anos tudo isso terá passado". Com essas palavras na cabeça, voltei a dormir.

Fotografias

Aquelas fotos de um homem nu, as mãos escondendo o rosto. Não me importa quem era. São fotos de um homem, como eu. Eu poderia estar no lugar dele. Nu, numa cela. Reduzido, pela força, à condição de maior humilhação. Humilhação e desespero. Ele sabia o fim que o aguardava. Não sairia vivo dali. Sua sentença de morte já estava lavrada. Mas o horror maior não está na fotografia. Ela se encontra em algo que não está na fotografia: o olho do fotógrafo. Por que fotografou? Por prazer? Pode ser que o fotógrafo fosse um colecionador de horrores. Pode ser que o sofrimento de homens indefesos lhe desse prazer. Ou terá sido para documentar? Documentar a própria crueldade? Eu não entendo. O fato é que a impunidade – o fotógrafo julgava que não seria punido – cria condições para que a besta humana que em nós habita se manifeste. As bestas estão à espreita, prontas a fazer suas vítimas.

"Quando se tem um problema a ser resolvido tem-se um problema a ser resolvido. Quando ao problema a ser resolvido se acrescentam lamúrias e lamentações, tem-se dois..."

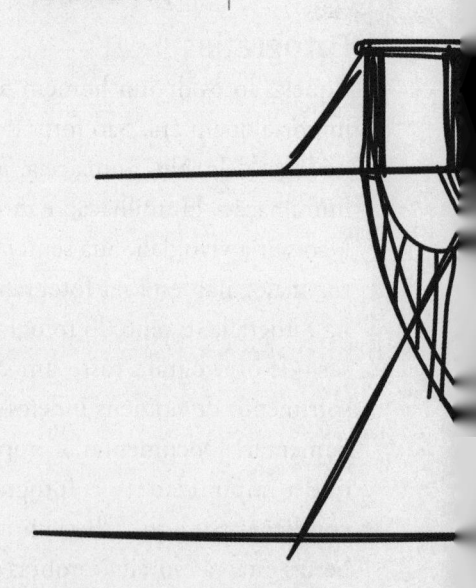

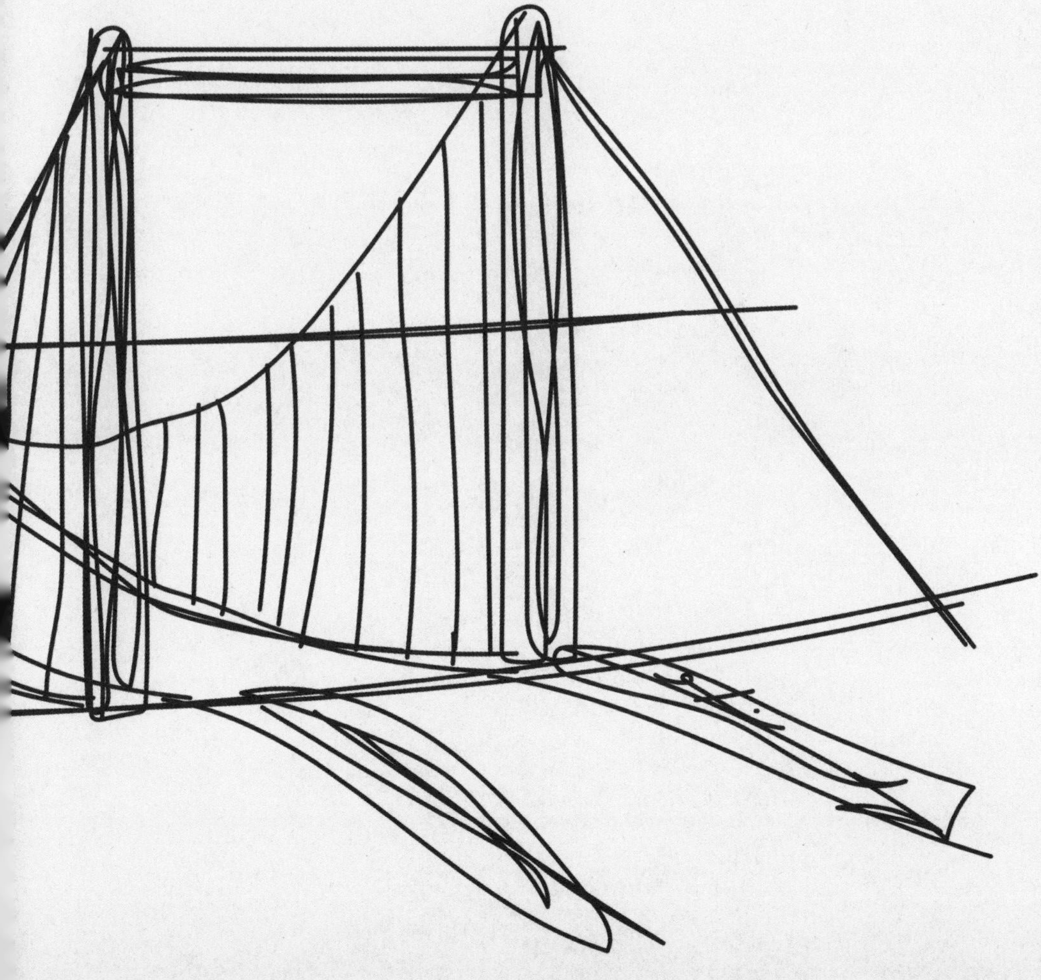

Saúde mental

Saúde mental

Fui convidado por uma empresa a dar uma palestra sobre saúde mental. Aceitei sem pensar muito. Sou psicanalista e devo saber o que é saúde mental. Quando a data se aproximava, pus-me a pensar e descobri que eu não sabia o que era saúde mental. Para uma empresa, quando é que um funcionário tem saúde mental? Ele tem saúde mental quando os seus pensamentos e emoções não interferem no seu desempenho na empresa: não falta, produz, tem boas relações. A empresa usa para avaliar o seu funcionário os mesmos critérios de avaliação da "saúde" de uma peça de uma máquina. Peça boa é aquela que não exige reparos e funciona sempre. Para que isso aconteça é preciso que a peça esteja totalmente ajustada à "ideia" da máquina. Assim, um funcionário com saúde mental é aquele cuja alma está ajustada à alma da empresa. Ajustamento produz contentamento. Aí comecei a pensar nos homens que tenho no meu coração. Foram todos desajustados e infelizes. Van Gogh, Walter Benjamin e Maiakóvski cometeram suicídio. Nietzsche ficou louco. Fernando Pessoa era dado à bebida. Então, as pessoas que amo não tinham saúde mental. Não eram ajustadas. Então, por que as amo? Pelas coisas que elas produziram. As pessoas ajustadas são indispensáveis para fazer as máquinas funcionar. Mas só as desajustadas pensam outros mundos. A criatividade vem do desajustamento. Imagine que nossa sociedade é louca. As evidências dizem que sim. Estar ajustado a essa sociedade é estar ajustado à sua loucura. Então, há um tipo de "saúde mental" que é uma manifestação de loucura. Mas aqueles que são lúcidos, que percebem a loucura da sociedade e sofrem com ela, desajustados, são os que verdadeiramente têm saúde mental.

Ora o Sol, ora a Lua

Freud, se fosse poeta, em vez de falar em consciente e inconsciente, teria dito: Nós, como a Terra, somos iluminados ora pelo Sol, ora pela Lua. Os pensamentos e sentimentos que temos quando iluminados pela luz do Sol não são os mesmos sentimentos e pensamentos que temos quando iluminados pela Lua. Sol: o mundo brilha e somos inundados por suas cores e formas. Lua: luz suave, cheia de sombras e indefinições. Sob a luz do Sol nós trabalhamos. Sob a luz da Lua nós amamos.

Problema

Quando se tem um problema a ser resolvido tem-se um problema a ser resolvido. Quando ao problema a ser resolvido se acrescentam lamúrias e lamentações, tem-se dois...

Aos terapeutas

Albert Camus escreveu no seu diário um pensamento que julgo ser merecedor da cuidadosa meditação dos terapeutas, especialmente psicanalistas: "Por uma psicologia generosa: Ajudamos mais uma pessoa dando dela própria uma imagem favorável do que apontando constantemente os seus defeitos".

Exílio

Por que se gosta de um autor? Gosta-se de um autor quando, ao lê-lo, tem-se a experiência de comunhão. Arte é isto: comunicar aos outros nossa identidade íntima com eles. Ao lê-lo eu me leio, melhor me entendo. Somos do mesmo sangue, companheiros no mesmo mundo. Não importa que o autor já tenha morrido há séculos... Inversamente, quando não gosto de um autor, é porque não há comunhão. É como se ele fosse uma comida estranha que causa repulsa. Essa é a razão por que gosto tanto de Nietzsche. Foi amor à primeira vista. O que ele diz ilumina o meu ser. E há nele um sentimento doloroso: o sentimento de exílio. "Em cada chegada eu sou uma partida", ele disse. É comum entre os escritores esse sentimento de estranheza no mundo. Drummond via isso na Cecília e dizia que esse era um dos seus traços marcantes. Sinto o mesmo. Se os que creem na reencarnação estão certos, então está tudo explicado. Nasci neste tempo, mas minha alma ficou num lugar do passado que eu muito amei.

O universo é música

Eu ia guiando o meu carro pelos caminhos de Minas Gerais enquanto ouvia o *Messias*, de Haendel. Percebi então, repentinamente (as revelações sempre acontecem de repente), as razões por que amo tanto aqueles lugares. É que lá eu retorno, ainda que por um curto espaço de tempo, ao mundo barroco, e experimento a felicidade da alienação... Tudo é harmonia. Os beija-flores flutuam. No campo verde, as vacas pastam tranquilamente. Ao lado direito, o rio escorre entre as pedras. O vento balança as árvores. As flores florescem como sempre floresceram. No céu azul, as nuvens navegam sem saber para onde vão. "As nuvens são dos rios seus claros pensamentos que um dia serão rios...", assim viu o Heládio Brito. Será que as flores são os pensamentos da terra? Tudo gira, tudo volta ao início. O belo quer voltar, repetir-se, eternamente. Todos os seres são belos. Cada um deles é uma nota no coral de Bach que o universo entoa. Todos os seres são o que deviam ser. O universo é uma catedral. O céu é uma abóbada esférica onde o Sol, a Lua e as estrelas giram seu giro eterno à nossa volta. Do céu, Deus, que tudo vê, garante que as coisas serão sempre assim. Ah! Giordano Bruno! Você quis destruir esse mundo esférico dizendo que o universo era infinito... Mas o infinito é aquilo que não tem forma. Não tendo forma, não pode ser belo! Você não compreendeu que, ao afirmar que o universo era infinito, estava roubando dos homens a sua perfeição estética? Ouço Haendel. O universo é música.

Fala

Kierkegaard, filósofo dinamarquês, o primeiro que li, observou que toda fala contém duas coisas. Primeiro, aquilo que se diz, a mensagem que devo comunicar. Segundo, uma música, um jeito de falar, andamento, os pianíssimos, os fortíssimos. Para ele, é na música da fala que nós moramos, é ali que se encontra a nossa alma. Uma mesma mensagem pode ser dita ao som dos tambores ou do oboé. Lendo Kierkegaard aprendi isso intelectualmente. Na minha prática de psicanalista aprendi isso existencialmente. Eu tinha uma paciente que falava num dia em tom maior, no outro, em tom menor. Só de ouvir a música da sua fala, sem prestar atenção naquilo que ela estava dizendo, eu sabia como estava a sua alma. (É importante que um terapeuta não preste muita atenção naquilo que o seu cliente diz, a fim de ouvir aquilo que ele não diz...) Moramos na música das palavras. Somos amados não pelo que dizemos, mas pela música com que o dizemos. Preste atenção na sua música. Se a sua música não tiver pausas mansas, isso é sinal de que você é um chato que não deixa o outro falar nem ouve o que ele tem para dizer. Deveria haver uma terapia que ajudasse as pessoas a mudar a música de sua fala. Se conseguir mudar a música da sua fala, você ficará diferente. Isso é especialmente importante para os professores, para os pais, para os amantes... Só por curiosidade, ligue a sua televisão num programa em que algum deputado esteja discursando. Como eles gritam e sacodem o dedo! São tão eloquentes... Quando você for procurar um candidato a qualquer cargo eletivo, não preste atenção no que ele diz, porque todos eles dizem a mesma coisa. Preste atenção na música da sua fala...

Solidão fundamental

Respeito as descobertas provisórias da ciência médica. Sem elas, eu já estaria morto. Mas não desprezo intuições de outras tradições que nos ajudam a compreender o mistério humano. Porque nós, humanos, não somos apenas matéria. Somos poesia. A poesia nos move. Se você duvida, é porque nunca amou. O corpo humano é tocado (no mesmo sentido em que um violino é tocado, um piano é tocado: o corpo é um instrumento musical...) por coisas que não existem. Manoel de Barros diz algo mais ou menos assim: "Tem mais presença em mim o que me falta...". Pois um médico amigo que combina razão e coração, ciência e poesia, Ocidente e Oriente, comentou que é possível que a psicologia das mulheres, tão mais sensíveis à solidão que os homens, se deva ao destino triste ou alegre do óvulo: arrancado do seu ninho, é empurrado por um canal apertado que o leva a um vazio... E não lhe resta nada mais que a solidão da espera. Foi um óvulo neste estado de espera angustiosa que disse pela primeira vez: "To be or not to be, that is the question!". O óvulo, produto das mulheres, tem sua origem na solidão. Já os espermatozoides têm suas origens na maratona, milhões de espermatozoides sendo lançados no mundo ao mesmo tempo (acho que Heidegger gostaria da metáfora...). São corredores, muitos, e é preciso chegar primeiro... O prêmio para o segundo colocado é a morte. Não seria por acaso que os homens gostam tanto de futebol, metáfora do grande evento inicial, todos os jogadores lutando por uma bola! Os espermatozoides também querem fazer gol. Só um consegue...

Sobre o estresse

Estresse é uma palavra usada na física dos materiais. Ela tem a ver com o comportamento dos materiais submetidos à pressão, à distensão, à torção. Aplicada a nós, a palavra estresse revela a nossa condição de seres submetidos às pressões, distensões e torções que as 10 mil coisas nos impõem. Inúteis são as técnicas de relaxamento. Alívio provisório – como os descansos entre duas sessões de tortura. As 10 mil coisas voltam sempre... Só existe uma solução: libertar-nos do domínio das 10 mil coisas... Mas isso é difícil, porque elas nos fazem promessas de prazeres no futuro. "Tudo isso te darei..." Somente nos libertamos do estresse quando compreendemos que ele é um sintoma do domínio da morte sobre a nossa vida. A consciência da morte nos faz abrir os olhos. E aí, então, estamos em condições de olhar para dentro, à procura do desejo mais profundo que as 10 mil coisas enterraram. "O que é que, se eu tivesse, me daria alegria?" Essa é uma pergunta que toda pessoa deveria se fazer diariamente.

Depressão

Não existe remédio melhor para a depressão do que uma cólica renal. A dor é tanta que enche os espaços mentais, não sobrando tempo para pensamentos tristes. Uma terapia alternativa é encher-se com os sentimentos tristes dos outros. Assim não sobra espaço para os nossos próprios pensamentos tristes.

Patologia

Quem conta é Oliver Sacks, um famoso neurologista. Aconselharia a todos que lessem os seus livros. São fascinantes porque nos fazem entrar no mundo bizarro da alma humana. Pois ele foi procurado por um homem que a ele veio contra a vontade, empurrado por amigos, para lidar com algo estranho em sua forma de ver as coisas. Sacks relata a primeira entrevista, ele e o homem conversando de maneira normal, sem que fosse possível notar qualquer coisa que sugerisse alguma perturbação mental. Mas Sacks ficou intrigado com um sentimento estranho: ele tinha a impressão de que aquele homem que o encarava de frente não o estava vendo. Tinha os olhos perfeitos, via tudo, mas não via... Até que ele, Sacks, atinou com o mistério dos seus olhos: eles viam as partes perfeitamente bem, mas não eram capazes de juntar as partes num todo significativo. Via as orelhas, a boca, o nariz, os cabelos – mas os via soltos, sem que se encaixassem para formar um rosto. Sim, os olhos daquele homem não eram capazes de ver um rosto. Diante de uma fotografia do seu irmão que lhe foi mostrada com a pergunta "Quem é essa pessoa?", ele se pôs imediatamente a descrever as partes da imagem com a maior precisão. A testa larga, os lábios finos, o nariz ligeiramente achatado, o maxilar... "Esse maxilar, com esse ângulo me faz pensar... Sabe? Meu irmão tem um maxilar com um ângulo exatamente igual a esse. Será, por acaso, uma foto do meu irmão?" Ele foi incapaz de reconhecer o rosto do irmão. Chegou ao irmão através da geometria: a igualdade dos ângulos do maxilar. "O que é isso?", Sacks lhe perguntou, mostrando-lhe uma luva. "Bem, trata-se de um saco maior do qual saem cinco sacos finos e compridos..." Ele descreveu perfeitamente a luva, mas foi incapaz de reconhecê-la. Seus olhos só percebiam as partes. O interessante das patologias é que elas frequentemente não passam de traços comuns das pessoas ditas normais, aumentados por meio de uma lupa. A patologia, assim, serve-nos como um espelho. As grandes bizarrices da patologia são nossas pequenas bizarrices vistas através de um *zoom*... Como é o caso do homem que assistiu a um concerto e dele o que mais o impressionou foi a calva do clarinetista... Às vezes eu tenho a impressão de que a especialização científica pode produzir um efeito semelhante: os cientistas se tornam especialistas nas partes e as conhecem com grande precisão. Mas ficam perdidos quando se trata de ver o "rosto" da realidade. Na verdade, nem mesmo reconhecem o seu próprio rosto quando o veem no espelho. Essas associações foram provocadas por aquele homem desconhecido que toma a sopa mas só percebe o lascado na beirada do prato...

> "Oração é a saudade transformada em poema."

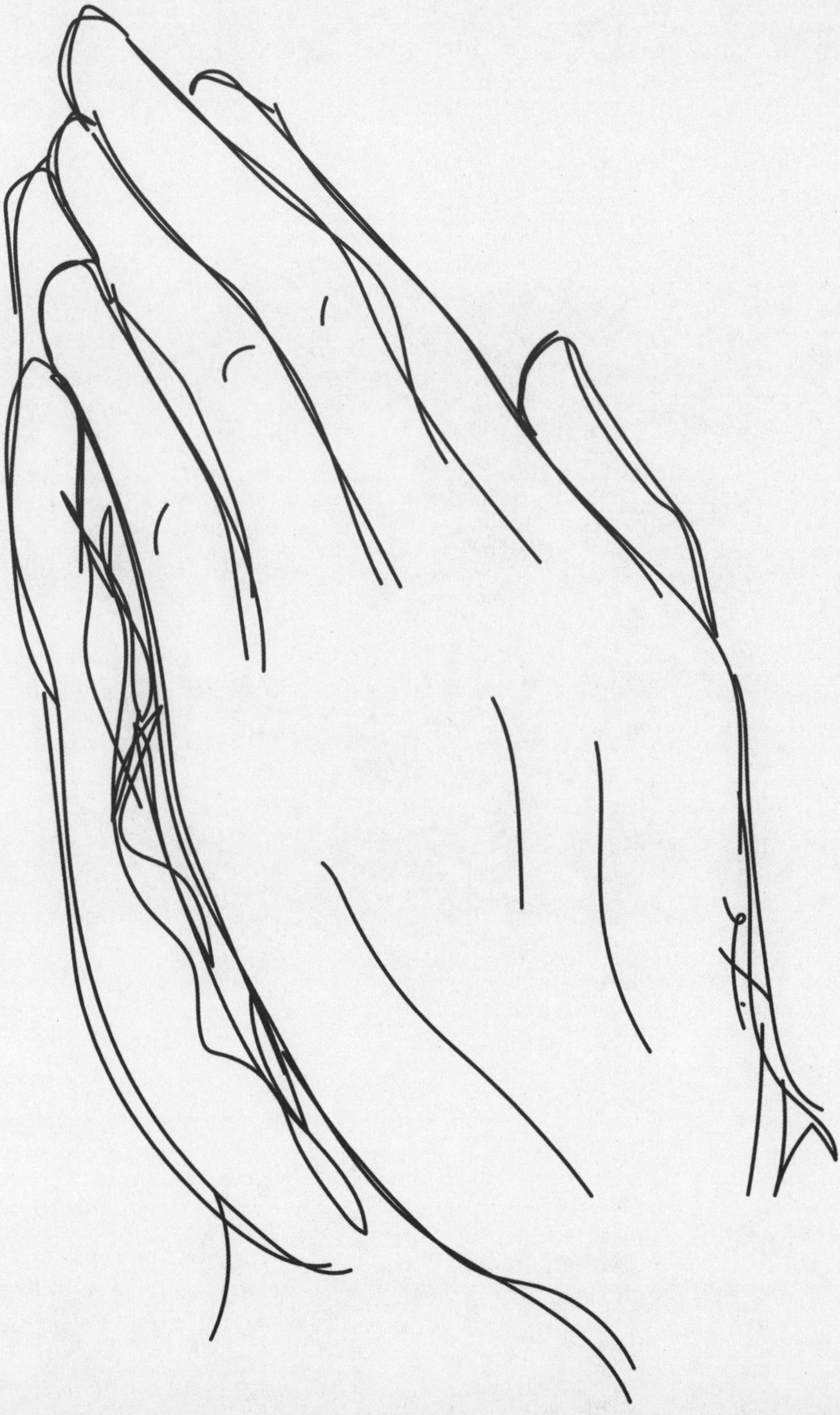

Religião

Altares

Fui sabatinado por quatro jornalistas da *Folha* e por aqueles que estavam no teatro. Dos ouvintes veio-me uma pergunta: "Você acredita em Deus?". Como a pergunta era vaga perguntei: "Qual Deus?". A pessoa não entendeu. Expliquei então: "Há muitos deuses, cada um com a cara e o coração daquele que o tem dentro do peito. O Deus de são Francisco não era o Deus de Torquemada. São Francisco usava o fogo do seu Deus para aquecer a alma. Torquemada usava o fogo do seu Deus para churrasquear hereges em fogueiras que eram a diversão do povo". Como a pessoa não soubesse me esclarecer o assunto, adiantei-me e confessei. "Não sei se acredito em Deus. Mas sei que sou um construtor de altares." Construo os meus altares com poesia e música. Os altares têm de ser belos. Eu os construo diante de um abismo profundo, escuro e silencioso. Os fogos que neles acendo iluminam o meu rosto e me aquecem. Mas o abismo continua o mesmo: escuro, frio, silencioso.

Templos

"O que existe de mais sagrado num templo é o fato de ser o lugar aonde se vai chorar em comum. Um *Miserere* cantado em coro por uma multidão açoitada pelo destino vale tanto quanto uma filosofia." (Unamuno) Nós, povo do Brasil, somos nesse momento uma multidão açoitada pelo destino.

Deus
Aviso aos meus leitores: quando escrevo "Deus", não estou me referindo ao "Grande Mistério". Estou me referindo à *palavra* "Deus" tal como é usada pela teologia e pelos religiosos. Assim, se algumas vezes a minha escrita parece blasfema, ofensa à divindade, lembre-se que é à linguagem religiosa que estou me referindo.

Mozart
O teólogo protestante Karl Barth brincava dizendo que os anjos, quando estavam diante de Deus, tocavam Bach. Mas, em suas reuniões particulares, tocavam Mozart. E eu acrescento: E Deus escutava atrás da porta.

Os cegos
Viviam, num país do Oriente, cinco cegos que mendigavam juntos à beira de um caminho. Eram amigos em virtude de seu infortúnio comum. Todos tinham um grande desejo. Já haviam ouvido falar de um animal extraordinário, enorme, chamado elefante. Tão maravilhoso era o dito animal que muitos afirmavam que era divino. Mas eles, pobres cegos, nunca haviam estado com um elefante. Ah! Como gostariam de conhecer um elefante. Aconteceu, porque Alá ouviu suas preces, que um domador de elefantes foi por aquele caminho conduzindo seu animal. Foi uma festa! A criançada gritando, homens e mulheres falando. Ouvindo tal rebuliço, os cegos perguntaram: "O que está acontecendo?". "Um elefante, um elefante", responderam. Eles se encheram de alegria e pediram ao domador que os deixasse tocar o elefante, já que ver não podiam. O domador parou o animal e os cegos se aproximaram. Um deles foi pela traseira, agarrou o rabo do elefante e ficou encantado. O segundo foi pelo lado, abraçou uma perna e ficou encantado. O terceiro apalpou o lado do elefante e ficou encantado. O quarto passou as mãos nas orelhas do elefante e ficou encantado. E o último segurou a tromba e ficou encantado. Ido o elefante, os cegos começaram a conversar. "Quem diria que o elefante é como uma corda!", disse o primeiro.

"Corda coisa nenhuma", disse o segundo: "É como uma palmeira". "Vocês estão loucos", disse o terceiro. "O elefante é como um muro muito alto." "Vocês não são só cegos dos olhos", disse o quarto. "São também cegos da cabeça, pois é claro que o elefante é como uma ventarola." "Doidos, doidos", disse o quinto. "O elefante é como uma cobra enorme..." Por mais que conversassem, eles não conseguiram chegar a um acordo. Começaram a brigar. Separaram-se. E cada um deles formou uma seita religiosa diferente: a seita do deus corda, a seita do deus palmeira, a seita do deus parede, a seita do deus ventarola, a seita do deus cobra... Assim são as religiões.

Ser mais religiosos que Deus
Dietrich Bonhoeffer foi um teólogo protestante que, por ter participado de um complô para assassinar Hitler, foi preso num campo de concentração e enforcado. As cartas que escreveu da prisão são um monumento de simplicidade e clarividência teológicas. Numa delas, datada de dezembro de 1943, ele diz o seguinte: "Estou certo de que devemos amar a Deus nas nossas vidas e nas bênçãos que ele nos envia. Falando francamente, ansiar pelo transcendente quando se está nos braços da pessoa amada é, para colocá-lo de forma delicada, uma falta de gosto e isso não é, certamente, aquilo que Deus espera de nós. Devemos encontrar Deus e amá-lo nas bênçãos que ele nos envia. Se ele tem prazer em nos dar uma maravilhosa felicidade terrena, não devemos ser mais religiosos que o próprio Deus". Isso é tão óbvio! Quando dou um presente para uma de minhas netas, o que desejo é ver o seu rosto de felicidade ao ver o presente. Ficarei frustrado se ela, ignorando o presente, ficar me olhando e dizendo: "Como você é bom, como você é bom". Eu não quero que ela diga que eu sou bom. Quero mesmo é que ela brinque com o presente. A propósito da falta de gosto em se ansiar pelo transcendente quando se está nos braços da pessoa amada, lembrei-me de que num desses cursos religiosos de preparação para o casamento aconselhavam-se os noivos a sempre rezar um "padre-nosso" antes de transar. As pessoas que falam sobre Deus o

tempo todo são como as crianças que não brincam com o brinquedo e ficam bajulando o avô...

Alegria na tristeza
"O que Deus quer é ver a gente aprendendo a ser capaz de ficar alegre a mais, no meio da alegria, e inda mais alegre no meio da tristeza! Só assim, de repente, na horinha em que se quer, de propósito – por coragem." (Guimarães Rosa)

Igreja do Cuspe de Cristo
Os seres humanos me assombram. Andando pela feirinha de artesanato fico a pensar: como é que eles inventam tantas coisas? Mas o que me assombra mais não são as coisas que os seres humanos fazem. São os pensamentos que eles pensam. Um amigo, estudioso do crescimento numérico e multiplicação qualitativa das seitas evangélicas, disse-me haver uma Igreja do Cuspe de Cristo. Achei que ele estivesse fazendo broma, gozação com a minha cara. Mas ele, sério, jurou que era verdade. Aí me pus a pensar. Está certo. Pois não existem seitas e ordens do sangue de Cristo? O sangue de Cristo é sagrado por ser o sangue do Filho de Deus. Tudo aquilo que sai do Filho de Deus tem de ser divino. Porque, se houver algo que não é divino nele, a sua divindade está maculada. Agora, o cuspe... O evangelho nos relata que um cego procurou N. S. Jesus Cristo pedindo para ser curado. Jesus cuspiu na terra, fez um barrinho, passou nos olhos do cego e mandou que ele fosse se lavar no tanque de Siloé – se a minha memória não falha. Pois dito e feito: o cego ficou curado. Então o cuspe de Cristo é tão sagrado quanto o seu sangue. É divino. Daí a propriedade do nome da Igreja do Cuspe de Cristo. Eu não me espantaria se houvesse outros desdobramentos dessa tendência.

Teologia popular
Ainda falando sobre a imaginação teológica do povo, encantou-me um adesivo colado num carro: "Deus é joia. O resto é bijoteria (*sic!*)". Por

mais que eu me esforçasse, nunca me ocorreria uma afirmação teológica semelhante.

Sacramentos

Sociedades se constroem quando os homens concordam sobre coisas grandes. A amizade acontece quando os homens concordam sobre coisas pequenas. Faz tempo escrevi um artigo longo sobre um tema que esqueci. O dito artigo levou um dos meus leitores do sul de Minas a escrever-me uma carta. Escreveu-me não para comentar o artigo – irrelevante –, mas para dizer que ficara comovido porque, num certo lugar, eu falara sobre "o cheiro bom do capim-gordura". A partir dessa imagem, a um tempo visual e nasal – pois havia a visão do campo de capim-gordura e o cheiro do capim-gordura –, ele se pôs a descrever sua experiência diária: passava, de manhãzinha, sol ainda não nascido, por um campo coberto de capim-gordura. "O silêncio verde dos campos..." E havia a névoa misteriosa que tudo envolvia. De vez em quando, o barulhinho de algum regato que corria invisível, coberto pela vegetação. E, saindo dele, como se fosse sua respiração, seu mais profundo segredo, o perfume. Mistério. Mistério, essa palavra misteriosa. Em inglês, a palavra mistério se escreve *mystery*. Pois um dia, por inspiração imediata, passei a escrevê-la de uma forma diferente: *misteerie*. *Mist* é neblina. E *eerie* quer dizer assombroso, que provoca medo. Acho que minha grafia, inspirada na poesia, é melhor que a grafia do dicionário, derivada da etimologia. Essa é a minha contribuição para a língua inglesa. É isso que se sente de manhãzinha, sozinho, ao caminhar pelos campos de capim-gordura. Não há igreja, templo ou santuário que se lhe compare. Essas caixas de tijolo e cimento que os empresários da religião constroem para engaiolar o sagrado, na maior parte das vezes, provocam-me o sentimento oposto, de horror estético. Deus deve ter muito mau gosto... Pois é: quando li aquela carta imediatamente me descobri amigo daquele homem distante. Se não me equivoco, o seu nome era Gerson e vive em Poços de Caldas. Sempre que vejo capim-gordura me lembro dele. De todo o palavrório que escrevi naquele artigo, o que sobrou, o que valeu, foi uma imagem imobilizada num momento eterno: o capim-gordura, com o seu cheiro bom...

O papa reza pela paz
Todo mundo quer a paz. Mas, como muito bem observou santo Agostinho, cada um deseja a paz que lhe seja conveniente. A paz das galinhas é um mundo sem gambás. A paz dos gambás é um galinheiro cheio de galinhas. O presidente Bush quer a paz e, para que a sua paz seja alcançada, é preciso que o Irã seja destruído. O Irã deseja a paz e, para que a sua paz seja alcançada, é preciso que os Estados Unidos sejam destruídos. O papa reza pela paz. Não sei por que é necessário orar pela paz. Jesus disse que, antes que rezemos, Deus já sabe tudo. Qual será o objetivo de rezar pela paz? Chamar Deus à razão? Ele não está prestando atenção? Convencê-lo a fazer o milagre da paz? Será que Deus não quer a paz? Ao que tudo indica, ele não quer. Porque, se quisesse, a paz aconteceria... Ele atenderia às rezas do seu representante.

Dois amores
No ônibus, as duas mulheres conversavam. Falavam sobre os seus amores. "Eu o amo pelas coisas bonitas que ele me fala", disse a primeira. "Na cama, antes de dormir, ele recita poemas ao meu ouvido. E o mundo fica todo colorido. E quando ele me toca bem de leve, o meu corpo estremece. Olhando dentro dos seus olhos, eu me vejo bonita..." A outra mulher diz: "Meu amor é diferente. Eu amo o meu homem por aquilo que ele me dá. Qualquer coisa que eu peça ele entrega na minha mão. Às vezes eu penso que ele é como aqueles gênios que moram nas lâmpadas. É só pedir... Ele é capaz de ir até a Lua para satisfazer um desejo meu". Essas duas mulheres exemplificam dois tipos de religião. Há uma religião que se parece com a música. Ela não atende desejos, mas nos enche de beleza. A outra religião vive de milagres. Se os milagres não acontecem, o amante é abandonado e a pessoa sai em busca de outro. É isso que explica um grande número de conversões.

Santo Expedito

Anote esta data: 19 de abril, Dia de Santo Expedito. Santo Expedito era militar do exército romano e foi decapitado na Armênia, no dia 19 de abril de 303. Segundo o dicionário Houaiss, "expedito" quer dizer "aquele que resolve problemas com presteza". Santo Expedito aparece na sua armadura de soldado romano tendo na mão uma cruz onde está escrito "hoje", seu pé direito esmagando um corvo chamado "crás", deixar para depois. É o santo milagreiro de minha devoção porque atende ao pedido por um milagre no dia em que foi feito. Sendo assim, não entendo por que os outros santos milagreiros ainda têm devotos. Prefiro soluções rápidas. Com tal presteza, é certo que os devotos dos santos vagarosos acabarão por aderir a Santo Expedito. Prova de seu poder me foi relatado por uma senhora religiosa que tem em sua chácara santuários para vários santos. Seguro morreu de velho... Disse-me ela que foi procurada por uma amiga que sofria com o marido que a maltratava. Ela a aconselhou: "Peça a Santo Expedito!". A amiga fez o aconselhado e o problema foi resolvido definitivamente. Perguntei: "Que aconteceu com o marido? Converteu-se a uma igreja evangélica? Enfartou? Foi atropelado?". Eram as únicas soluções rápidas que me passaram pela cabeça. "Não", ela respondeu. "Ele se enforcou..." É isso que me agrada em Santo Expedito: ele não respeita o que dizem os teólogos. Pois os teólogos já disseram que suicídio é pecado sem perdão. Antigamente suicida nem podia ser enterrado no campo santo... Graças ao poder do Santo Expedito, inaugura-se agora um novo tempo, o tempo dos suicídios milagrosos.

Evangelho de Judas

Chegou-me a última edição da revista *Geographic Magazine*, toda ela dedicada ao Evangelho de Judas, que está produzindo uma grande confusão nos círculos religiosos. E isso porque esses manuscritos trazem uma versão diferente do que aconteceu: Judas não foi traidor. Não entendo essa confusão, porque qualquer pessoa minimamente informada em teologia sabe que Judas não foi um traidor. Trair é romper um pacto. Mas Judas não rompeu pacto algum. Pelo contrário: fez cumprir o pacto que lhe havia sido destinado por Deus Pai desde toda eternidade. Porque Deus, na sua onisciência, estabeleceu um plano de salvação para os homens que, de outra forma, iriam para o Inferno. Deus poderia perdoar os seus pecados. Mas Deus não perdoa. Aquilo a que se dá o nome de perdão é, na realidade, o pagamento de uma dívida pendente. Deus não perdoa dívidas. As dívidas têm de ser quitadas. Quitadas com quê? Dizem as Escrituras que sem sangue não há remissão de pecados. Deus só aceita pagamento em sangue. Que sangue seria suficiente para pagar os pecados do mundo? Somente um sangue de valor infinito. Mas, sangue de valor infinito, só o sangue divino. Para isso veio Jesus – segundo a teologia –, para derramar o seu sangue de valor infinito que Deus aceitaria como pagamento. Deus planeja a morte do seu próprio filho para nos salvar do Inferno. Por que Deus criou o Inferno, isso eu não sei. Sei que não foi o Diabo, porque Deus, sendo onipotente, não permitiria que o Diabo tivesse tais poderes. Então, todo o plano elaborado por Deus Pai desde toda a eternidade dependia de que Jesus fosse crucificado. Imaginem que ele não fosse crucificado. Que ele se mudasse para a Grécia e terminasse os seus dias com 88 anos de idade, como professor de filosofia. A filosofia ganharia, mas a humanidade iria para o Inferno. Foi assim que Deus, desde toda eternidade, determinou que um homem chamado Judas entregasse Jesus para o sacrifício. Judas não tinha alternativa. Ele tinha de ser fiel àquilo que Deus determinara. Então não foi Judas que entregou Jesus. Parece assim, vendo-se do lado do tempo. Mas, vendo-se *sub specie aeternitatis*, é Deus que está fazendo tudo. Judas foi um fiel instrumento de Deus para que a salvação se realizasse. Assim, nenhum outro apóstolo contribuiu tanto para a salvação da humanidade quanto Judas. Isso já era do conhecimento da Igreja, desde sempre. Não entendo, portanto, o rebuliço. Proponho a canonização de Judas.

Escolha

"Se Deus tivesse, na sua mão direita, a verdade toda, e na sua mão esquerda a infinita busca da verdade, sem nunca chegar a ela, e me dissesse:

'Escolha!', eu diria: 'Dá-me a tua mão esquerda porque a verdade é para ti somente'." (Lessing)

Eucaristia

Nas celebrações eucarísticas me impressionam os rostos compungidos das pessoas depois de tomar a eucaristia. Parece que a hóstia lhes dá grande sofrimento. Acho esquisito. A eucaristia nos faz tristes? Pensei que fosse o contrário. O *corpus Christi* está cheio de alegria. Acho que a fila dos que estão indo para tomar a eucaristia deveria ser a fila dos tristes e a fila dos que tomaram a eucaristia deveria ser a fila dos alegres. O papa deveria tomar providências a esse respeito.

Sermões

Um frequentador de igreja escreveu para um jornal dizendo que não fazia sentido ir à igreja aos domingos. "Eu tenho ido à igreja por trinta anos", ele escreveu, "e durante este tempo eu ouvi uns 3 mil sermões. Mas não consigo me lembrar de nenhum deles." Meu sofrimento é diferente do dele. Sofro porque me lembro.

A Bíblia

... tem estórias interessantíssimas. Quase ninguém as conhece porque estão perdidas no meio de milhares de páginas e letras pequenas. Pensei, então, numa brincadeira... Se disserem que não se deve fazer brincadeira com a Bíblia digo que Deus nos convida a rir. Os sérios, eu acho, não se darão bem no céu. Lá há muitas crianças e a bagunça é total... Dou-lhes alguns exemplos: você sabia que o primeiro assassinato registrado pela Bíblia foi por causa de dieta? Isso mesmo: os vegetarianos contra os carnívoros? E que Caim não é nada disso que dizem dele? E que Sansão foi o primeiro homem-bomba da história? E que o primeiro caso de assédio sexual foi cometido por uma rainha contra um jovem casto? E que houve um homem que derrotou um exército inteiro de homens aguerridos e armados usando como arma uma caveira de burro? E que há o registro de uma mula que falava hebraico? E que há razões bíblicas para que eu não goste de dobradinha? E que os terapeutas de então usaram um remédio insólito para que Davi não morresse? Deveremos usar o mesmo remédio? E sabia que um profeta careca vale mais que 42 crianças? Tenho medo de escandalizar as almas fracas. Mas a tentação de escrever é grande.

A Torá,

... onde se encontram os dez mandamentos que Deus escreveu em duas pedras no monte Sinai, diz que o sábado é dia sagrado e que nesse dia todo tipo de trabalho está proibido. Os intérpretes da lei, no seu zelo para garantir o cumprimento rigoroso da lei, fizeram um levantamento de todas as formas possíveis de se transgredir esse mandamento. Fizeram aquilo a que hoje os juristas chamam de "regulamentar" uma lei. Dirigindo-se aos alfaiates, os intérpretes os advertiram de que, ao pôr do sol da sexta-feira, quando o sábado se inicia, é importante que tirem das suas roupas quaisquer agulhas que ali tivessem sido colocadas durante o dia. E isso porque as agulhas, sendo seu instrumento de trabalho, se ficarem espetadas na sua roupa, é como se eles, alfaiates, estivessem levando suas ferramentas por onde vão. E quem caminha carregando o seu instrumento de trabalho está trabalhando. O alfaiate distraído que se esquecesse de pôr a agulha sobre a mesa estaria, sem saber, quebrando o quarto mandamento e incorrendo na ira de Yaweh. Aí fiquei pensando: Deus é realmente um credor terrível! Vê tudo, contabiliza tudo. Contabiliza até a agulha de um alfaiate distraído... O dr. John Mackay, um dos mais extraordinários líderes do movimento ecumênico, contou que na Escócia, sua terra natal, aos domingos não era permitido tomar o bonde para ir à igreja porque isso implicava uma transação comercial: a passagem de bonde tinha de ser paga. Os pobres, assim, iam a pé para a igreja, enquanto os ricos iam nos seus carros... Escreveu um jovem poeta protestante de há uns quarenta anos: "Domingo Deus descansa e os homens sofrem mais...".

Ordem na semana
Na semana da criação, Deus trabalha seis dias e descansa no sétimo, o sábado. A Igreja cristã inverteu a ordem: o dia de descanso é o primeiro, o domingo, a ser seguido pelos seis dias de trabalho. Nos textos sagrados, trabalha-se para, no fim, gozar, vadiar, se alegrar. Na semana cristã, descansa-se para trabalhar...

Vida após a morte
Achei apropriado informar os meus leitores sobre aquilo que sinto e penso acerca da vida após a morte. Meu coração está tranquilo e não há dúvidas que o perturbem porque são duas, apenas duas, as possibilidades à minha frente. Primeira possibilidade: há vida após a morte. Nesse caso, estou tranquilo porque, se há vida após a morte, é porque há um Poder Misterioso que a garante, poder esse a que alguns dão o nome de Deus, sem saber o que ele seja. No caso de haver esse Poder Misterioso, é minha tola convicção (todas as convicções são tolas) de que ele é só amor. Não estou sozinho nessa crença, tendo a meu favor o testemunho de profetas, místicos e poetas. Sendo só amor, é claro que a vida após a morte será uma realização do amor. A ideia de que o Poder Misterioso é um torturador que mantém, para prazer próprio, uma câmara de torturas sem fim chamada Inferno é uma calúnia espalhada pelos seus inimigos, na esperança de que os homens deixem de amá-lo e passem a odiá-lo. Mas, quando é que o amor se realiza? O amor se realiza quando recebemos de volta as coisas que amamos e perdemos. É por isso que sentimos saudade. A saudade é a nossa alma dizendo para onde ela quer voltar. Assim, em havendo uma vida após a morte, estou certo de que voltarei a subir em jabuticabeiras, a brincar em riachinhos, a balançar no balanço amarrado no galho da mangueira, a comer ora-pro-nóbis refogado com carne de porco, angu, feijão e pimenta, a fazer virar a locomotiva maria-fumaça no virador, a empinar papagaios em tardes de céu azul, a catar flores de paineira para com elas fazer soldadinhos... Que mais posso desejar? Como disse a Maria Alice, deve haver tantos céus quantas pessoas há. Meu céu não é igual

ao seu. Nem poderia ser. Nossas saudades são diferentes. Em torno de cada pessoa gira um universo que é só dela. Dizem os astrônomos que há muitos bilhões de anos (para mim não faz a menor diferença se são bilhões ou milhões, porque esses números são impensáveis) houve um estouro gigantesco, o Big Bang, a partir do qual foram projetados no espaço sem fim os astros celestes que hoje formam o universo que conhecemos. Nada impede que haja infinitos outros, além dos nossos telescópios. Pois eu acho que não foi só isso: todos nós fomos também projetados no espaço sem fim, cada um de nós é uma estrela em volta da qual se forma uma nebulosa espiralada... Essa é a primeira e deliciosa possibilidade. Segunda possibilidade: não há vida após a morte. Nesse caso, a morte significa que vou voltar ao lugar onde estive por todo o tempo infinito passado, inclusive no Big Bang. Esse período de bilhões de anos não me foi doloroso, não me fez sofrer, nem demorou a passar. E poderei, então, imaginar que o evento maravilhoso do meu nascimento a partir desse caos indefinido poderá se repetir daqui a um bilhão de anos, mas não sofrerei nem ficarei impaciente, porque estarei mergulhado no sono profundo da não existência. Assim, por que ter medo? Medo eu não tenho. Tenho é tristeza porque este mundo é muito bom e quereria continuar a fazer minhas coisas por aqui. Pelo menos por agora é isso que sinto. Pode ser que eu venha a mudar de ideia. Fernando Pessoa escreveu um poema que vai assim: "Tenho dó das estrelas, luzindo há tanto tempo, há tanto tempo... Tenho dó delas. Não haverá um cansaço das coisas, de todas as coisas, um cansaço de existir, de ser, só de ser, o ser triste brilhar, ou sorrir... Não haverá, enfim, para as coisas que são, não a morte, mas sim uma outra espécie de fim, ou uma grande razão – qualquer coisa assim como um perdão?". Pode ser que eu venha a sentir esse cansaço e venha a desejar um fim. Mas ainda não me sinto cansado, agora.

O melro
Escrito por Brecht: "Quando no quarto branco do hospital acordei certa manhã e ouvi o melro, compreendi bem. Há algum tempo já não tinha

medo da morte. Pois nada me poderá faltar se eu mesmo faltar. Então consegui me alegrar com todos os cantos dos melros depois de mim".

Onde estava Deus?

Ela contava a sua experiência no dia 11 de Setembro, o World Trade Center atacado pelos aviões terroristas, aquelas gigantescas construções transformadas em fogueira, vindo abaixo, o gigante Golias atingido pela pedra da funda do menino Davi. "Foi um milagre! Foi Deus que me salvou! Foi Deus que me salvou!" Foi assim que ela explicou o fato de estar viva. E aqueles que morreram? Se eles pudessem falar de dentro da sua morte, o que é que diriam? Acho que diriam: "Deus não quis me salvar. Por isso morri...". Onde estava Deus? Se Deus estivesse por lá, teria tomado providências imediatas para que os terroristas não sequestrassem os aviões. Assim, o milagre seria muito maior. Todos seriam salvos. E, por falar nisso, onde estava Deus quando Hiroshima e Nagasaki foram bombardeadas? E quando um *tsunami* matou mais de 200 mil pessoas, crianças, velhos, inocentes e pecadores? E quando 6 milhões de judeus foram mortos em campos de concentração? Está escrito no Salmo 91:7,10: "Mil cairão à tua esquerda e dez mil à tua direita; mas tu não serás atingido. Nenhum mal te sucederá, praga alguma chegará a tua tenda". Ah! Parece que o escritor sagrado estava dizendo que quem está em boas relações com Deus não precisa fazer seguro... Conclui-se logicamente que, se algo de mau me acontece, é porque não estou em boas relações com Deus. Se uma desgraça me atinge, isso é evidência da minha impiedade. Fui abandonado por Deus. Quem sofre é ímpio porque, se não o fosse, nenhum mal lhe teria acontecido. Um paciente que chegou para a terapia contou que havia dado uma batida com o seu carro. Mas o que o afligia não era a batida. Milhares de carros batem diariamente pelo mundo. O que o afligia era uma dúvida: "Sou um homem religioso. Obedeço aos mandamentos. O meu carro bateu. Então não estou em boas relações com Deus. O que estará errado na minha vida? Porque, se não houvesse algo errado, nenhum mal me sucederia...".

Mosaicos

Mosaicos são obras de arte. São feitos com cacos. Os cacos, em si, nada significam. Não têm beleza alguma. São peças de um quebra-cabeça. É preciso que um artista junte os cacos segundo o seu desejo. As Sagradas Escrituras são um livro cheio de cacos: poemas, estórias, mitos, pitadas de sabedoria, relatos de acontecimentos. Quem lê junta os cacos segundo manda o seu coração. Os mosaicos podem ser bonitos ou feios. Tudo depende do coração do artista. Como disse Jesus, o homem bom tira coisas boas do seu bom tesouro; o homem mau tira coisas más do seu mau tesouro. Coração mau faz mosaico feio, coração bom faz mosaico bonito. Como sugeriu Bachelard, quem tem muitas vinganças a realizar faz mosaicos de infernos.

Sobre o perdão

Não sei se se deve perdoar sempre. Como perdoar o torturador? Como perdoar o adulto que espanca uma criança? Como perdoar a Inquisição, os campos de concentração, a bomba atômica, os homens públicos que se enriquecem à custa do dinheiro do povo que sofre e morre? Quem perdoa tudo é porque não se importa com nada.

Diário

Um diário é um livro que ainda não é livro. É um livro vazio, folhas de papel em branco. Não há nada escrito nele. Tudo está por escrever. Será o seu dono que irá nele registrar as coisas do dia a dia que julga merecedoras de serem lembradas, coisas que não devem ser esquecidas. Escreve-se um diário por não se confiar na memória. Nenhum diário é igual a outro porque nenhuma pessoa é igual a outra. As pessoas, ao passar pela vida, vão catando coisas diferentes. Um diário é um livro onde se colocam as coisas catadas. É impossível conhecer uma pessoa, diretamente. Mas é possível conhecê-la por aquilo que ela guarda. O que se guarda é um retrato da alma. Um diário registra muitas coisas. Mas essas muitas coisas, se ajuntadas, revelam um perfil. Essa é a razão por que um diário é, normalmente, secreto. Nudez de corpo, tudo bem. Mas ninguém tem o direito de ver a minha alma na sua nudez. Por isso os diários são mantidos em gavetas fechadas a chave. Um diário novo não diz nada. É o silêncio. Ele só começará a dizer depois que eu escrever nele as minhas coisas. Num diário eu me leio porque ele é um espelho que guarda minhas imagens passadas. Esses pensamentos sobre um diário fizeram minha imaginação voar. E eu pensei se a palavra "Deus" não é também o nome de um livro em branco à espera da minha escritura. O que escrevo nesse livro? Escrevo os meus suspiros, as minhas dores, o pulsar de um coração num mundo sem coração, as minhas esperanças, canções de ninar que desejo ouvir. Orações são palavras que eu desejo eternas. Não há um só diário que seja igual a outro. Quem está dentro do livro é o escritor. Nossos deuses são nossas imagens num espelho. Cada um tem a sua.

Os 33 nomes de Deus

De vez em quando perguntam-me se acredito em Deus. Mas é claro. Acredito mais que a maioria das pessoas. Tenho até 33 nomes para ele. Esses nomes foi a Marguerite Yourcenar quem me contou. Foi ela quem escreveu o livro *Memórias de Adriano*, quem lê nunca mais esquece, quer ler de novo. Pois esses são os 33 nomes de Deus que ela me ensinou. É só falar o nome, ver na imaginação o que o nome diz, para que a alma se encha de uma alegria que só pode ser um pedaço de Deus... Mas é preciso ler bem devagarinho... Os 33 nomes de Deus... O mar da manhã. O barulho da fonte nos rochedos sobre as paredes de pedra. O vento do mar de noite, numa ilha... Uma abelha. O voo triangular dos cisnes. Um cordeirinho recém-nascido... O mugido doce da vaca e o mugido selvagem do touro. O mugido paciente do boi. O fogo vermelho no fogão. O capim. O perfume do capim. Um passarinho no céu. A terra boa... A garça que esperou toda a noite, meio gelada, e que vai matar sua fome ao nascer do sol. O peixinho que agoniza no papo da garça. A mão que entra em contato com as coisas. A pele, toda a superfície do corpo. O olhar e tudo o que ele olha. As nove portas da percepção. O torso humano. O som de uma viola e de uma flauta indígena. Um gole de uma bebida fria ou quente. Pão. As flores que saem da terra na primavera. O sono na cama. Um cego que canta e uma criança enferma. Um cavalo correndo livre. A cadela e os cãezinhos. O sol nascente sobre um lago gelado. Um relâmpago silencioso. O trovão que estronda. O silêncio entre dois amigos. A voz que vem do leste, entra pela orelha direita e ensina uma canção... Não é preciso que esses 33 nomes sejam os seus. Faça a sua própria lista. Eu incluiria: a sonata *Appassionata,* de Beethoven. Sapos coaxando no charco. O canto do sabiá. Banho de cachoeira. A tela *Mulher lendo uma carta*, de Vermeer. O sorriso de uma criança. O sorriso de um velho. Balançar num balanço tocando com o pé as folhas da árvore... Morder uma jabuticaba... Todas essas coisas são os pedaços de Deus que conheço... Sim, acredito muito em Deus.

Milagre

Dostoiévski observou que os seres humanos não estão à procura de Deus; estão à procura do milagre. Deus é o objeto mágico que, se propriamente manipulado, faz a minha vontade, realiza o meu pedido. Traduzindo em linguagem grosseira: não é ela ou ele que eu desejo, ao me casar. É o dinheiro que ela ou ele tem. No mundo do "eu-tu", o outro ouve atentamente e acolhe o tu como parte de si mesmo. Pode ser um cachorro, uma árvore, uma criança, um ancião, até mesmo o chefe... E, ao assim me relacionar, um mundo humano é criado ao meu redor, mundo em que as entidades não são objetos de uso, mas objetos de prazer. Buber conclui sua filosofia dizendo que Deus não está aqui, não está ali; Deus está "entre", na relação, no hífen... Deus se encontra no espaço misterioso e invisível da relação.

Dois tipos de experiência religiosa

O primeiro é quando a alma faz silêncio para ouvir a música sagrada que o Grande Mistério faz tocar no universo. Não se pede nada. A beleza do sagrado nos basta. Essa experiência religiosa nos torna mais sábios e belos. O segundo tipo de experiência religiosa é quando a alma sai em busca de fórmulas para engaiolar o sagrado a fim de usá-lo para os seus propósitos. A alma nada ouve da melodia do Grande Mistério porque está chafurdada na confusão dos desejos e na confusão da vida. Quanto mais ávidos do milagre, mais longe de Deus.

Quem mais ama?

Não é preciso acreditar que Deus existe para se ter a experiência do sagrado. Os poetas ateus sabem disso. Disse o Chico: "Saudade é o revés do parto. É arrumar o quarto para o filho que já morreu". Qual é a mãe que mais ama? Aquela que arruma o quarto porque o filho vai chegar ou aquela que arruma o quarto para o filho que nunca vai chegar? Muitos altares são construídos diante do abismo escuro. Sabia disso também o místico espanhol católico dom Miguel de Unamuno: "Acreditar em Deus é, antes de mais nada e principalmente, querer que ele exista". O sentimento religioso não mora no mundo das coisas que existem. Se Deus existisse, então o mundo seria o Paraíso... Deus mora no mundo das coisas que não existem, o mundo da saudade, da nostalgia. Os deuses que moram no mundo das coisas que existem não são deuses. São ídolos.

Oração

Não é preciso acreditar em Deus para orar. A mãe que arruma o quarto para o filho que já morreu está orando. Ela ora diante de uma ausência. As ausências são a morada dos objetos amados que se perderam no tempo. Oração é a saudade transformada em poema. Oração é o suspiro da criatura oprimida.

Milagres

Pelo que sei, para um candidato a santo ser beatificado tem de dar provas de haver feito milagres. Discordo. A marca do divino não são os milagres excepcionais. A marca do divino é o milagre cotidiano que é este mundo, a vida, o meu olho, a asa de uma libélula, uma flor, o arco-íris, a chuva, a sopa de fubá, o café, o pão quente, o perfume do jasmim, o amor entre duas pessoas, uma gota d'água numa folha, uma teia de aranha, uma concha de caramujo, um poema. Eu amaria um santo que não tivesse feito milagre algum mas que tivesse ficado extasiado contemplando os milagres que Deus espalhou pelo mundo.

Uma minhoca
"Atrevo-me a dizer que uma minhoca que ama o seu torrão seria mais divina que um Deus sem amor no meio dos seus mundos." (Robert Browning)

Monopólio da verdade
Enquanto a Igreja Católica acreditar que ela é detentora do monopólio da verdade, qualquer conversa sobre ecumenismo não passará de palavras ocas. Porque o ecumenismo se constrói sobre o desejo de ouvir o que o outro tem a dizer. Ora, se eu me acredito possuidor da verdade toda, qual o sentido de ouvir o outro? Tudo o que ele vier a dizer diferente do que penso só poderá ser mentira. A Igreja Católica define ecumenismo de uma forma peculiar: é a volta de todas as religiões ao seu seio. Mas seria mais evangélico prestar atenção ao que diz o apóstolo Paulo na sua primeira carta à igreja de Corinto: "Agora vemos tudo obscuramente, reflexos num espelho mal polido...". Felizmente uma grande parcela do povo católico acredita mais no que diz o apóstolo do que no que diz o Magistério Romano. O perigo é que a Igreja, em decorrência de acreditar-se possuidora da verdade, vá se distanciando cada vez mais da realidade, da ciência, das questões éticas do momento, da política e da própria realidade do seu povo. Corre o perigo de se tornar um gueto que ninguém leva a sério.

Papa
O papa escreveu um documento espinafrando os católicos que não santificam o domingo. Ele exorta os fiéis a fazer do jeito preciso que os

protestantes faziam. Será esse um gesto de aproximação ecumênica? No passado não era assim. Nós, protestantes, morríamos de inveja dos católicos. Os fiéis iam à missa e, com isso, seus deveres para com Deus estavam cumpridos. Depois disso, tudo era liberdade: praia, piqueniques, rádio, futebol, sorvete, cinema. Entendo a preocupação do supremo pontífice. Os tempos são outros. Os ritos sagrados, graves, não podem competir com as deliciosas tentações do mundo. O Diabo é muito sedutor. Com isso, as igrejas ficam vazias. As igrejas na Alemanha, sempre vazias, colocaram telões dentro dos templos para que os fiéis pudessem assistir à copa de futebol cristãmente. Foi a única forma que encontraram para, provisoriamente, encher os seus templos. Os fiéis deixaram de ter medo de Deus. Fez bem o papa em determinar que os católicos cumpram o mandamento de santificar o domingo. Domingo não é dia de diversão. Domingo é dia de devoção. Domingo é dia da Igreja. Eu só não entendo as razões por que as seitas evangélicas não têm esse problema. Parece que os seus templos estão sempre cheios. Por quê? Deve haver alguma razão. Talvez porque, não tendo dinheiro para ir à praia, as reuniões nos templos se tornam uma alternativa alegre. A pobreza muito contribui para a santidade.

Remédio contra a morte

Há doenças que só chateiam: resfriado, torcicolo, frieira, hemorroidas... Ninguém pensa que vai morrer por causa delas – só se for uma pessoa perturbada da cabeça. Doente com essas doenças, o incômodo fica nosso companheiro, em todas as horas. Mas há outras doenças que, inevitavelmente, trazem consigo a possibilidade da morte. Quem tem câncer pensa em morte. Quem tem uma insuficiência renal crônica pensa em morte. Quem tem leucemia pensa em morte. Quem sofre de uma degeneração progressiva do sistema nervoso pensa em morte. Quem tem hepatite C pensa em morte. Quem tem aids pensa em morte. Só o nome da doença já traz a companhia do fantasma da morte. E o corpo fica sendo um lugar mal-assombrado. Alguns pensam que o remédio contra o fantasma é não falar nele. Tive um tio de quem eu muito gostava que se recusava a ir ao médico. E a sua justificativa era: "Pode ser que eu tenha alguma coisa". Ele pensava que a coisa só existe quando é falada. Assim, o remédio contra a morte é não falar. Pensamento positivo! Falemos sobre música e flores! Sobre futebol e política! O remédio contra o fantasma da morte é a "distração"! Nada mais tolo... Quando não admitimos a morte na sala de visitas ela nos invade pela porta da cozinha, aloja-se silenciosamente no corpo e ali faz o seu trabalho de ansiedade, medo e raiva. Traduzido em linguagem psicanalítica: quando a morte é reprimida no consciente, ela nos penetra via inconsciente. Só há uma forma de exorcizar o demônio da morte: é falando honestamente sobre ela, chamando-a pelo seu nome. Os demônios são exorcizados quando o seu nome é pronunciado em voz alta: essa é uma lição que nos vem dos evangelhos e da psicanálise. Sobre isso escrevi, há muitos anos, uma estória para a minha filha pequena e para os adultos que quisessem: *A menina e a pantera negra*. Ela sonhou com uma pantera negra. Do sonho surgiu a estória. A pantera negra urrava durante as noites amedrontando todo mundo na casa. Ela parou de urrar quando a menina descobriu o seu nome e a chamou. Aí ela se aproximou e colocou seu focinho no colo da menina... E seus urros se transformaram num ronronar macio...

Pergunta de leitora

Uma leitora me perguntou: "Por que é que você escreve tanto sobre Deus e religião?". A pergunta dela brotava de uma convicção: "O Rubem Alves não deveria gastar o seu tempo com Deus e a religião. Ele estudou filosofia, estudou sociologia... Não sabe que religião é o 'ópio do povo'? Não sabe que Nietzsche, que ele tanto cita, falou que 'Deus morreu'?". Vou responder: escrevo sobre Deus e a religião pela mesma razão por que Freud escreveu sobre os sonhos. Os sonhos são as religiões individuais. As religiões são os sonhos coletivos. Elas nos revelam as profundezas da alma do povo. Citando Marx, as religiões são "o suspiro da criatura oprimida". E escrevo porque gosto de literatura... Perguntado sobre o que achava de Deus, Jorge Luis Borges respondeu: "É a mais extraordinária criação do realismo fantástico...". Acho as religiões mais fascinantes que a *science fiction*. Para se comunicar com alguém é preciso falar a linguagem que esse alguém entende. E eu quero me comunicar com o povo.

Castelos

Nos tempos em que fui pastor de uma igreja numa cidade do interior de Minas fiquei amigo de um casal delicioso, senhor João José e dona Guilhermina. Eu era jovem; eles já eram velhos. Eram a encarnação de uma bondade modesta. Foram amigos fiéis e silenciosos nos meses em que, acusado de subversivo por irmãos na fé, vivi sob o medo de ser preso, nos tempos da ditadura. Dona Guilhermina, já velhinha, ficou sofrendo de uma forma graciosa do mal de Alzheimer. Passou a viver num mundo encantado em que era proprietária de uma infinidade de castelos espalhados por todo o mundo. Generosa que era, dava um castelo de presente a todos os que a visitavam. Eu mesmo ganhei dela um castelo na Escócia, que ainda não visitei. Fico a imaginar como será. É possível que eu me mude para ele se um dia um mal de Alzheimer gracioso me tocar. Então receberei a dona Guilhermina como hóspede no meu castelo e conversaremos sobre os bons tempos de antigamente enquanto tomamos café com pão de queijo...

Cântico dos cânticos

Escrevi um texto sobre o Cântico dos cânticos. Uma senhora, aflita, escreveu-me para dizer que o livro Cântico dos cânticos era sagrado, um poema de amor de Salomão dedicado à sua esposa. Ela pensou que eu estava achando o poema imoral. Nada mais distante das minhas intenções. Acho aquele poema lindíssimo, puro, cheio de amor, um exemplo de amor a ser seguido (enquanto for possível...). Deveria ser objeto de estudo constante nas escolas dominicais e aulas de catecismo. A minha lamentação está precisamente nisso; que, durante todos os meus anos de vida, nunca ouvi um sermão sobre esse poema. Acho que os pregadores têm vergonha desse livro inspirado das Sagradas Escrituras. Um outro pensou que eu estava menosprezando Jesus Cristo ao dizer que, para mim, do cristianismo só sobrava a arte. Eu não disse "de Jesus"; disse "do cristianismo". "Cristianismo" são as coisas que os homens disseram e fizeram a propósito de Jesus. Teologia é parte do cristianismo, um conjunto de palavras de homens. O que os homens disseram sobre Jesus não é aquilo que Jesus disse. Eu amo as coisas que Jesus disse, muito embora não tenha compreendido muitas delas, como "granjeai amigos com as riquezas da iniquidade". O sermão do monte, as parábolas, os diálogos são todos maravilhosos e sobre eles escrevi muitas vezes. Amo o que Jesus falou. Mas não presto muita atenção naquilo que os teólogos falaram...

A casa

Três homens conversam. Assentados, olham para o horizonte. Um deles diz: "Vejo uma casa e dentro dela está um homem". Outro diz: "Vejo a casa, mas não vejo nenhum homem dentro dela". Um terceiro comenta: "Não vejo a casa. Não vejo um homem. Só vejo o mar imenso, sem fim...". Assim são os três. O primeiro é o que vê uma Presença habitando os espaços invisíveis do universo. Acredita em Deus. O segundo vê os espaços invisíveis do universo, mas não encontra neles nenhuma presença. Eles estão vazios. A essa pessoa dão o nome de ateu. Porém, que nome dar àquele que não vê os espaços invisíveis do universo, mas apenas o mar misterioso, ao longe, mar para o qual caminha, mar em que haverá de se tornar... Que nome lhe dar? "Com que tristeza o horizonte avisto, aproximado e sem recurso! Que pena a vida ser só isso..." (Cecília Meireles)

Pomar

As Sagradas Escrituras são um pomar onde crescem macieiras cheias de maçãs vermelhas, doces e perfumadas, oferecidas a quem quiser apanhar e comer. Mas nesse mesmo pomar também crescem espinheiros, joás de lobo, losnas amargas. O homem sábio sabe distinguir entre as maçãs e as plantas bravas. Colhe a maçã, sente seu doce e o seu perfume e diz: "Palavra do Senhor". O tolo pensa que tudo o que cresce no pomar é coisa de Deus, não sabe distinguir, colhe os espinhos, os joás de lobo, a losna, come-os, sua boca sangra com os espinhos e seu estômago sente ânsias de vômito com a losna. Mas ele, tolo, repete: "Palavra do Senhor"... Bem disse Jesus que o homem bom tira coisas boas do seu bom tesouro. O homem mau tira coisas más do seu mau tesouro.

Dúvidas

Cliquei o botão do controle remoto da televisão e me vi dentro de um enorme templo, completamente lotado. O programa se chamava, se não me engano, *O culto em sua casa*. O pregador dizia aos fiéis: "A dúvida é a principal arma do Diabo". Ele não teve coragem de dizer tudo o que essa afirmação piedosa contém. Se ele está no púlpito, lugar sagrado, deve ser bispo ou missionário. Sendo bispo ou missionário, tem acesso privilegiado a Jesus: o Peixe Dourado lhe revelou pessoalmente os mistérios do Mar... Fala diariamente com Jesus. Segue-se que aquilo que ele fala são as palavras de Jesus. Assim, se alguém tem dúvidas sobre o que ele diz, está duvidando de Jesus. Conclusão: quem duvida do que ele diz está enredado nas artimanhas do Diabo... Penso o contrário: que as convicções são as principais armas do Diabo. As maiores atrocidades da história da humanidade, religiosas e políticas, foram cometidas por pessoas que não tinham dúvidas sobre a verdade dos seus pensamentos. As pessoas que duvidam, ao contrário, são tolerantes. Sabem que o que pensam não é a verdade. Seus pensamentos não passam de "palpites". Por isso ouvem o que os outros têm a dizer, pois pode ser que a verdade esteja com eles... As religiões ocidentais, o cristianismo e o islamismo, se construíram sobre certezas. Sempre tiveram medo da dúvida. Sobre os que duvidavam colocaram a ameaça das fogueiras ou do Inferno. E isso deixou marcas tão profundas nas pessoas religiosas que, ainda hoje, elas têm medo de duvidar. O que significa: elas têm medo de pensar. Contentam-se em repetir o que lhes foi dito. Porque é com a dúvida que o pensamento se inicia. Mas eu não respeitaria um Deus que, havendo nos dado asas, nos proibisse de voar. Contra o autoritarismo das certezas só há um remédio: o humor. Como o filme *Deus é brasileiro*. Deus, cansado de ser Deus, resolveu tirar umas férias. Viajaria por uma outra galáxia. Mas teria de deixar uma outra pessoa no seu lugar, durante a sua ausência. Lá de cima escolheu o homem que mais competência teria para assumir suas funções. Assim, baixou sobre essa terra e pôs-se a procurá-lo. Depois de muitos desencontros, finalmente o encontrou. Sua busca havia chegado ao fim! Poderia iniciar suas férias! Que nada! O dito homem que ele escolhera era ateu. Acontece conosco o que acontece com os galos. Quer o galo cante, quer não cante, o sol sempre aparece... Assim, podemos cantar ou não cantar, desafinar ou inventar um canto dodecafônico, o sol nem liga...

Deus
Deus é o nome que dou a um vazio imenso que mora na minha alma, vazio onde voam os meus desejos na esperança de encontrar, no futuro, as coisas amadas que o tempo me roubou.

As crianças e Deus
As crianças são os melhores teólogos. Fazem perguntas que ninguém mais faz. "Numa tarde, durante o trajeto de casa para o jardim de infância, as crianças começaram a fazer perguntas sobre a morte. Após alguns minutos de reflexão, Ana Carolina saiu-se com esta: 'Deus está muito errado. Ele faz a gente, coloca a gente aqui, deixa a gente gostá de tudo e depois mata todo mundo!!!'" Carta a Deus: "Querido Deus: Em vez de deixar as pessoas morrerem e ter de fazer outras novas, por que você não mantém aquelas que você tem agora?". "Hora do jantar. Enquanto toma sopa o menino faz ao pai uma pergunta teológica: 'Papai, onde está Deus?'. O pai responde segundo o catecismo: 'Está em todos os lugares...'. Rápido o menino conclui teologicamente: 'Então está nessa colher de sopa que estou tomando?'." Não transcrevo essas tiradas teológicas para fazer rir. Transcrevo para fazer pensar. (Do livro *Me dá o teu contente que eu te dou o meu*, organizado por Cristina Mattoso, São Paulo, Verus Editora. Vale a pena.)

O mar e Deus
O mundo das ideias religiosas é mais fascinante e assombroso que a literatura mais fantástica. Quando digo mundo das ideias religiosas, refiro-me àquilo que os homens pensam, àquilo em que acreditam, àquilo que está dentro da sua cabeça e que é criado pelas suas fantasias. O homem cria Deus à sua imagem e semelhança. Ouvindo uma pessoa falar sobre Deus, temos acesso à sua alma. Ideias religiosas nada têm a ver com o Grande Mistério. Grande Mistério? Estamos diante do Mar Sem Fim. Na praia, os homens começam a imaginar: o que haverá nas suas funduras? Monstros, sereias, jardins, peixes coloridos, anêmonas venenosas, cidades submersas? As ideias religiosas são as fantasias que os homens produzem diante do Grande Mistério, Mar Sem Fim. O Grande Mistério me fascina. Mas as ideias dos homens me espantam. Não porque eles as tenham. Mas porque acreditam nelas. Confundem o que pensam com o fundo do mar! Alberto Caeiro disse de forma definitiva: "Pensar em Deus é desobedecer a Deus. Porque Deus quis que o não conhecêssemos, por isso se nos não mostrou...". Diante do Grande Mistério, o certo é o silêncio, o não pensar.

Programas evangélicos
Um amigo que sofre de insônia acorda de madrugada e liga a TV num programa evangélico na esperança de que haja algum milagre para fazer dormir... Contou-me que, num desses programas, vários pastores se reuniram em torno de uma enorme taça de vidro, cheia de um óleo sagrado vindo de uma montanha também sagrada no Oriente, certamente onde a burra de Balaão pastou... (Se vocês não sabem a estória da burra de Balaão, posso adiantar que era uma burra que falava. Da mesma forma como o Grilo Falante era a consciência do Pinóquio, a burra era a consciência do seu dono, Balaão...) A seguir tomaram um pó dourado nas mãos – diziam que era pó de ouro, ele achou que era purpurina – e o jogaram dentro do óleo. Vinham os fiéis então, em fila, para mergulhar o dedo no óleo dourado e esfregar na testa, para ficarem ricos. Que coisa maravilhosa! Cristo se encarnou e morreu na cruz para que ficássemos

ricos! É preciso democratizar essa bênção para que todos os pobres fiquem ricos, resolvendo-se assim o problema da pobreza e da fome no Brasil.

Gosto de voar

Voar me dá grande prazer e não é normal que eu sinta medo. Digo "não é normal..." porque, de vez em quando, o medo é muito grande. Eu voava de Montes Claros, norte de Minas, para Belo Horizonte. Longe a gente via, no horizonte, uma gigantesca nuvem sinistra, mistura de marrom e preto, sobre Belo Horizonte. Se eu fosse o comandante, teria embicado o avião para o aeroporto de Confins, céu azul. Mas o comandante resolveu arriscar. Enfiou o avião na nuvem. Chovia forte. Os raios iluminavam a escuridão. O avião pulava. Um grande silêncio pairou sobre todos os passageiros. Ninguém conversava. Silêncio medo. Silêncio reza. Com uma exceção: um menino e uma menina. Os pulos do avião, eles os recebiam com gargalhadas. Acho que imaginavam que aquilo era uma espécie de montanha-russa, um parque de diversões, muita adrenalina sem nenhum perigo. Acho que todos rezavam. Uma vez viajei ao lado de um grande mestre de xadrez brasileiro, monge. Céu azul, sem turbulência, o ronronar macio das turbinas... Mas ele agarrou um terço e ficou batendo beiço a viagem inteira. Como pode ser isso, que um grande mestre de xadrez, mente lógica, ao entrar no avião esqueça a lógica e se transforme em feiticeiro? Acho que ele pensou, ao aterrissar: "Se não fosse por minha reza...". Eu estava com muito medo mas não rezava. Acho que não, porque não acredito. Se rezar adiantasse, aviões não cairiam, porque há sempre alguém que faz o sinal da cruz quando o avião arranca para a decolagem. Por que caem aviões? Porque as rezas não foram suficientes? Deus só sustenta os aviões se os passageiros rezarem? É Deus que mantém o avião lá em cima? Quer dizer que foi Deus que manteve no ar o avião norte-americano que levou as bombas atômicas para Hiroshima e Nagasaki? Ele ficou no ar porque os norte-americanos rezaram mais que os japoneses? Se eu fosse Deus, o destino da fortaleza voadora teria sido outro... Não rezei. Para não perder o respeito por Deus. Eu não respeitaria um Deus que só salvasse os homens que constantemente o chamam ao telefone. Felizmente o próprio comandante se encheu de medo, criou juízo e fez o avião dar meia-volta, rumo ao céu azul, rumo ao aeroporto de Confins. Juízo na cabeça é melhor que reza em boca de quem não tem juízo...

Gosto de música erudita

A beleza é inexprimível. Está além das palavras. Por mais que uma pessoa diga "é belo, é belo", essas palavras não me fazem sentir o belo. Tente descrever a beleza do sol poente ou a beleza do sorriso de uma criança. Por mais que você escreva, suas palavras não me comunicarão nada. Imagine agora uma pessoa que não gosta de música clássica. Que ela ouça uma música que me fala ao coração, a *Suíte nº 1* de Bach, para violoncelo. E ela diga: "Que música mais sem graça!". Aí eu fico bravo. Fico bravo com a *Suíte* de Bach? Não. Fico bravo com aquilo que alguém disse sobre ela. O que ela disse exprime o que sentiu e pensou ao ouvir a *Suíte nº 1*. É, na verdade, uma revelação sobre ela mesma. Assim acontece com Deus... Os teólogos e pregadores tentam dizer o Grande Mistério, o Mar Sem Fim. São pintores. Eles pintam com palavras o Deus que existe nos seus corações. Quem lê um livro de teologia tem acesso ao coração do teólogo.

Consultório bíblico

Laura Schlessinger é uma conhecida locutora de rádio nos Estados Unidos. Ela tem um desses programas interativos que dá respostas e conselhos aos ouvintes que a chamam ao telefone. Recentemente, perguntada sobre a homossexualidade, a locutora disse que se trata de uma abominação, pois assim a Bíblia o afirma no livro de Levítico 18:22. Um ouvinte escreveu-lhe então uma carta que vou transcrever: "Querida dra. Laura: Muito obrigado por se esforçar tanto para educar as pessoas segundo a Lei de Deus. Eu mesmo tenho aprendido muito do seu programa de rádio e desejo compartilhar meus conhecimentos com o maior número de pessoas possível. Por exemplo, quando alguém se põe a defender o estilo homossexual de vida, eu me limito a lembrar-lhe que o livro de Levítico 18:22 estabelece claramente que a homossexualidade é uma abominação. E ponto-final... Mas, de qualquer forma, necessito de alguns conselhos adicionais de sua parte a respeito de outras leis bíblicas concretamente e sobre a forma de cumpri-las:

Gostaria de vender minha filha como serva, tal como o indica o livro de Êxodo 21:7. Nos tempos em que vivemos, na sua opinião, qual seria o preço adequado?

O livro de Levítico 25:44 estabelece que posso possuir escravos, tanto homens quanto mulheres, desde que sejam adquiridos de países vizinhos. Um amigo meu afirma que isso só se aplica aos mexicanos, mas não aos canadenses. Será que a senhora poderia esclarecer esse ponto? Por que não posso possuir canadenses?

Sei que não estou autorizado a ter qualquer contato com mulher alguma no seu período de impureza menstrual (Lev. 18:19, 20:18 etc.). O problema que se me coloca é o seguinte: como posso saber se as mulheres estão menstruadas ou não? Tenho tentado perguntar-lhes, mas muitas mulheres são tímidas e outras se sentem ofendidas.

Tenho um vizinho que insiste em trabalhar no sábado. O livro de Êxodo 35:2 claramente estabelece que quem trabalha nos sábados deve receber a pena de morte. Isso quer dizer que eu, pessoalmente, sou obrigado a matá-lo? Será que a senhora poderia, de alguma maneira, aliviar-me dessa obrigação aborrecida?

No livro de Levítico 21:18-21 está estabelecido que uma pessoa não pode se aproximar do altar de Deus se tiver algum defeito na vista. Preciso confessar que eu preciso de óculos para ver. Minha acuidade visual tem de ser 100% para que eu me aproxime do altar de Deus? Será que se pode abrandar um pouco essa exigência?

A maioria dos meus amigos homens tem o cabelo bem cortado, muito embora isto esteja claramente proibido em Levítico 19:27. Como é que eles devem morrer?

Eu sei, graças a Levítico 11:6-8, que quem tocar a pele de um porco morto fica impuro. Acontece que adoro jogar futebol americano, cujas bolas são feitas de pele de porco. Será que me será permitido continuar a jogar futebol americano se usar luvas?

Meu tio tem uma granja. Deixa de cumprir o que diz Levítico 19:19, pois planta dois tipos diferentes de sementes no mesmo campo, e também deixa de cumprir a sua mulher, que usa roupas de dois tecidos diferentes, a saber, algodão e poliéster. Além disso, ele passa o dia proferindo blasfêmias e maldizendo. Será que é necessário levar a cabo o complicado procedimento de reunir todas as pessoas da vila para apedrejá-los? Não poderíamos adotar um procedimento mais simples, qual seja, o de queimá-los numa reunião privada, como se faz com um homem que dorme com a sua sogra, ou uma mulher que dorme com o seu sogro? (Levítico 20:14). Sei que a senhora estudou esses assuntos com grande profundidade de forma que confio plenamente na sua ajuda. Obrigado de novo por recordar-nos que a Palavra de Deus é eterna e imutável."

A Reforma Protestante

Eu sou de tradição protestante, muito embora, para permanecer protestante, tenha me desligado das igrejas protestantes. É preciso esclarecer que a tradição protestante nada tem a ver, absolutamente nada, com esses movimentos religiosos que se denominam "evangélicos". A tradição protestante não promete milagres, cultiva a razão, estimula a ciência, é profundamente ética, e a ela estão ligados nomes como Leibniz, Kant, Hegel, Kierkegaard, Albert Schweitzer, Martin Luther King Jr., Dag Hammarskjöld, Dietrich Bonhoeffer, Mondlane. Em que consiste essa tradição? A Reforma, contrariamente ao nome, não foi um movimento que visava "reformar" a Igreja Católica do século XVI: não se coloca remendo de pano novo em tecido podre. Não é um conjunto de doutrinas teológicas diferentes como justificação pela graça e sacerdócio universal das pessoas. Não é uma nova organização da Igreja. Quem só sabe essas coisas não viu o que é essencial. Para dizer o que foi o espírito da Reforma, vou me valer de uma peça musical, a *Segunda sinfonia* de Gustav Mahler (1860-1911), chamada *Sinfonia da ressurreição*. Eis como ele mesmo descreve o último movimento da sinfonia: "Chegou o dia do julgamento final. O terror cobre a terra. A terra estremece, as sepulturas se abrem, os mortos ressuscitam, poderosos e humildes, reis e mendigos, justos e injustos. Um grito terrível enche o universo com um pedido de perdão que enche o espaço. Ouvem-se as trombetas apocalípticas. É hora do ajuste de contas, débitos e créditos, Céu e Inferno, Inferno tão bem pintado nas telas horrendas de Hieronimus Bosch. Então, em meio a um silêncio sinistro, ouve-se o canto de um rouxinol distante. Uma grande tranquilidade invade tudo. E eis, surpresa! Não há julgamento, não há débitos e créditos, não há justos e pecadores, não há poderosos e humildes, não há vinganças e recompensas, não há condenações! Um sentimento de amor perfuma o mundo". A Reforma foi o canto de um rouxinol nesse horror de culpa e medo. Não há julgamento. Deus é todo bondade.

Maria Santíssima de arma na mão

O guia, para atestar a profunda religiosidade do seu povo, disse-me que a mansa mãe de Deus, Maria Santíssima, tem a patente de generala do Exército do seu país, Chile. Fiquei pasmo. Assombrou-me mais que a Igreja do Cuspe de Cristo. Porque para o nome Igreja do Cuspe de Cristo há, pelo menos, recurso aos textos evangélicos, nos quais se relata que Cristo curou um cego com cuspe. O cuspe foi usado para o bem. Mas "generala"... Não encontro nos textos sagrados autorização para transformar a mãe de Cristo em patente militar. Há de se perguntar, em primeiro lugar, quem foi que a agraciou com esse título? A seguir, há de se perguntar se ela o aceitou. Se aceitou, duvido da santidade da Virgem. Porque, pelo que conheço, a mãe de Jesus era uma mansa mulher. Não posso imaginá-la fardada, cavalgando um cavalo negro, com espada desembainhada. Não posso imaginá-la a examinar mapas do campo de batalha e a determinar bombardeios e baionetas caladas. Pois não é isso que fazem os generais? Ou a Virgem não é a mansa mulher que sempre imaginei ou esse título é espúrio. Acho que vou denunciar a heresia ao papa para que ele trate de excomungar os detratores do caráter da Mãe de Deus.

Olhai as aves do céu...

É um conselho de Jesus. Se ele aconselhou é porque o voo das aves no céu é uma metáfora do sagrado. As aves voam porque são amigas do ar e dos ventos (vejam só os urubus voando nas funduras do céu sem bater asas...). E foi o próprio Jesus que declarou que Deus é um vento que sopra sem que saibamos donde vem nem para onde vai. Nosso destino é ser aves; flutuar ao sabor do vento. Por decisão divina, somos seres destinados ao voo. Não é por acaso que o céu estrelado foi um dos primeiros objetos da curiosidade científica dos homens. A famosa Torre de Babel que os homens se puseram a construir e cujo topo deveria bater nos céus foi um artifício técnico bolado pelos homens para compensá-los do seu aleijão: haviam perdido suas asas. Quem não pode voar tem de subir pelos degraus... Mas vocês sabem o que aconteceu: a torre nunca foi concluída e os homens se espalharam pelo mundo na maior confusão. De fato, para se tocar as estrelas é preciso ter asas. Se duvidam, releiam a estória do sapo que resolveu ir à festa nos céus dentro do buraco da viola do urubu. Terminou estatelado numa pedra. Acho que o mito da Torre de Babel e a estória do sapo são variações do mito de Ícaro.

Sexo

As igrejas cristãs são responsáveis por haverem estragado um dos mais deliciosos brinquedos que Deus nos deu: o sexo. Primeiro ela estragou o brinquedo afirmando que o sexo era um artifício do demônio para a perdição das nossas almas. O que explica o voto de castidade imposto aos religiosos. Quem é religioso, quem ama a Deus, não brinca com brinquedos do demônio. Quem primeiro expressou essa teoria de forma sistemática foi santo Agostinho. Foi por meio do prazer sexual que o pecado entrou no mundo. O desejo sexual, segundo ele, era uma das evidências da desordem que o pecado provocou no corpo. Explicando as razões por que o homem fez para si mesmo uma tanga de folhas para cobrir a sua nudez, ele diz que foi por vergonha, para esconder um membro que se movimentava por vontade própria, contrariando os imperativos da razão. Sexo certo é sexo sem prazer, mas por dever. Para a reprodução. Para completar a população dos céus e dos infernos. Os órgãos sexuais, em especial o órgão masculino, deveriam se comportar como o dedo, que só se movimenta quando a razão manda, sem a interferência do desejo carnal e do prazer. Havendo fracassado essa tentativa de estragar os prazeres do brinquedo sexo, as igrejas inventaram um outro artifício: divinizaram-no. Sendo coisa divina, o sexo deixa de ser brinquedo para ser coisa séria. Transar, tudo bem. Desde que se cantem litanias enquanto se transa.

Inseminação artificial

Faz anos, a TV Globo anunciou uma coisa extraordinária, através do rosto piedoso e a voz paternal do Cid Moreira: os moralistas da cúria romana haviam descoberto uma forma de tornar a inseminação artificial eticamente correta! Entenda-se, é claro, inseminação com o sêmen do marido. Anteriormente, até com o sêmen do marido ela era considerada pecado. Porque o sêmen só podia ser obtido de forma imoral. A primeira das imoralidades é a masturbação. Que é pecado, por frustrar a natureza. A segunda das imoralidades é a relação sexual com camisinha – que frustra a natureza da mesma forma: os espermatozoides estão impedidos, fisicamente, de entrar no útero. Mas aí os ortodoxos teólogos moralistas pensaram: "Caso se faça um pequeno furo na camisinha, a natureza não estará sendo frustrada, porque existe sempre a possibilidade de que um espermatozoide passe pelo buraquinho...". Assim, se o sêmen for colhido com uma camisinha furada, a inseminação artificial pode ser realizada sem pecado... Aí eu fiquei imaginando um departamento, nos céus, encarregado de classificar as camisinhas. Camisinhas sem furo são pecado. Levam ao Inferno. Camisinhas com furo revelam uma alma piedosa, obediente à sabedoria moral da Igreja... Meu Deus: eu gostaria de ter o humor do Macaco Simão para falar sobre essas coisas! Como é que Deus aguenta?

Santo feliz

Não conheço nenhum santo feliz. Estão todos com uma cara de sofrimento, feridas, espadas, espinhos, punhais. Quero um santo que seja uma pessoa normal, exuberante, brincante, feliz, neste mundo onde Deus plantou o Paraíso! Deus sonhou com um lugar maravilhoso, de delícias e beleza, e o plantou. Tão bonito que ele deixou os céus (lá não havia nem árvores, nem riachos, nem pássaros. Se houvesse, ele não teria criado o Paraíso...) e ficou andando pelo jardim. Pelo menos é isso que dizem os textos sagrados. Para mim, um santo seria uma pessoa que planta jardins e vive neles. Mas os olhos dos santos canonizados não sorriem para os jardins. Para eles, este mundo é um vale de lágrimas onde perambulam os degredados filhos de Eva, como diz uma reza do rosário. Por isso olham languidamente para os céus. Deus olha para baixo e sorri. Eles olham para cima, chorando. São mais espirituais do que Deus...

Sebastião Gama,
poeta português (1924-1952): "Por que não me deixaram sempre agreste e criança? As minhas leituras seriam todas fora dos livros. Havia de olhar para tudo com uma alegria tão grande, com uma virgindade tão grande, que até Deus sorriria, contente de ter feito o Mundo...".

Deus nos deu asas
As religiões inventaram as gaiolas. Nossas asas são a imaginação. Pela imaginação voamos longe, muito longe, pela terra do nunca mais, pela terra do impossível, pela terra do impensado. Não entenderam? Leiam *Cem anos de solidão*. Vocês entenderão. Eu até que entendo a razão por que se fazem gaiolas e cercas. Vejam o caso das galinhas. Se não vivessem em cercados, como colher os seus ovos? Se os pássaros não estivessem nas gaiolas, como possuir o seu canto? Cercas e gaiolas são construídas para se possuir aquilo que, de outra forma voaria livre, para longe... Faz tempo, escrevi uma estória para a minha filha, *A menina e o pássaro encantado*. É sobre uma menina que tinha como seu melhor amigo um pássaro. Mas o pássaro voava livre. Vinha quando tinha saudades da menina. E depois ia embora e deixava a menina a chorar. Aí a menina comprou uma gaiola... Essa estória eu a escrevi porque iria ficar muito tempo longe,

nos Estados Unidos, e ela, minha filha de 4 anos, não queria que eu fosse. Fui e voltei. Depois de publicada, fui informado de que a estória estava sendo usada por terapeutas como material para tratamento de homens que queriam engaiolar as mulheres e mulheres que queriam engaiolar os homens. Aí um amigo me disse. "Que linda estória você escreveu sobre Deus..." Fiquei sem entender. Ele perguntou então: "Mas o Pássaro Encantado não é Deus, que as religiões tentam prender numa gaiola?". Cada religião anuncia que o Pássaro Sagrado está na sua gaiola, só na sua gaiola. Os outros pássaros, nas gaiolas das outras religiões, não são o verdadeiro Pássaro Encantado...

Canto ou ovos?

Há pessoas que amam o Pássaro Encantado por causa do seu canto. Outros, por causa dos seus ovos. Com ovos se fazem deliciosas omeletes. Jesus disse a mesma coisa de outra forma. Há os que amam a Deus por causa dos seus poemas. Deus é poeta. No princípio era o Verbo. Outros amam a Deus por causa dos pães. Deus é um bom padeiro.

Fogueira

Um amiga me advertiu de que, se continuar a falar sobre os absurdos da religião, eu vou acabar como Huss, Savonarola, Giordano Bruno, Servetus: amaldiçoado como herege e transformado em churrasco nas fogueiras sempre acesas da eterna Inquisição. Porque a Inquisição, caso não o saibam, não foi um acidente histórico enterrado no passado. A Inquisição é uma eterna tentação que seduz o espírito humano. Mas herege eu não sou. Pelo contrário. Sou místico, vejo milagres nas mais absurdas insignificâncias do cotidiano. O canto de um pássaro não é um milagre? Uma teia de aranha não é um milagre? Uma concha de caramujo não é um milagre? O assombro mora no visível. Claro que há pessoas cegas, que não veem o assombroso que está diante dos seus narizes, e ficam em busca de acontecimentos sobrenaturais. Pois, para mim, é o natural que é sobrenatural. O sagrado é a tela sobre a qual a vida é tecida.

Promessas

É bom dar presentes a pessoas amadas. Para uma pessoa amada, a gente pensa muito antes de comprar o presente. Porque o que se deseja é que o presente lhe dê felicidade. Quando eu dou um presente, com ele estou dizendo: "Acho que você vai se alegrar...". Uma flor, um CD, um brinquedo, um livro... Quando se fazem promessas a Deus, para assim seduzi-lo a fazer o que queremos, usamos o mesmo artifício. Assim: "Se tu me deres o que peço, eu te darei aquilo de que gostas...". O que você prometer a Deus revela o que você acha do caráter dele. Sendo assim, por favor, me expliquem, eu só quero entender: Por que não fazemos promessas do tipo: vou ler poesia meia hora por dia? Vou ouvir música ao acordar? Vou brincar uma hora com o meu filho? As promessas que se fazem a Deus são sempre promessas de sofrimento: fazer caminhadas de joelhos, passar seis meses sem beber refrigerante, fazer jejum... Então é o nosso sofrimento que faz Deus feliz? Deus é sádico? Prestem atenção: não sou eu que estou dizendo. Isso não é blasfêmia minha. É blasfêmia de quem promete casca de ferida a Deus.

Mordomia

No linguajar comum, a palavra "mordomia" se tornou sinônima de luxo, prazer, conforto... "Que mordomia, hein?" Os protestantes (não confundir com evangélicos) já a usavam há muito tempo, com um sentido completamente diferente. O mordomo é o administrador supremo da casa. A casa não é dele. Foi-lhe confiada. Mordomia é um conceito ético: somos responsáveis pela administração dos bens que Deus nos confiou. Um dos bens que Deus nos confiou é a inteligência. Inteligência: capacidade de pensar, de duvidar, de buscar alternativas. Quando uma pessoa tem uma inteligência preguiçosa, ela para de pensar e se prende a hábitos passados. Quem se recusa a pensar está sendo um mau mordomo. Jesus contou a parábola de um servo a quem o senhor confiara um dinheiro para ser administrado na sua ausência. O dito servo, não querendo fazer força, enterrou o dinheiro para que não fosse roubado. Retornando o senhor, ele pediu que o servo prestasse contas do dinheiro. O servo lhe entregou o mesmo dinheiro que havia recebido. O senhor, irritado com a preguiça do servo, tirou-lhe o dinheiro e deu-o a um outro que tinha muito. A inteligência é assim: quem a deixa enterrada acaba ficando sem ela. Há uma mordomia da inteligência: é nosso dever fazê-la voar... Deus ama as inteligências audazes. Se não fosse assim, ele nos teria feito sem inteligência, como os animais... Muitas pessoas gostariam de ser como os animais.

Acredita-se em tudo

Meu irmão Ismael, lá de Lavras, envia-me recortes do jornal local onde aparecem publicadas as "Simpatias da Akemi". Não tenho a menor ideia do que seja essa "Akemi". Mas as simpatias são uma prova do que a estupidez humana é capaz de inventar e acreditar. "Para curar diabetes: pegar um mamão-macho, cortar uma tampa, urinar dentro dele (o diabético), tampar bem tampado e depois enterrar o mamão. Para atrair muito dinheiro: na lua nova pegar uma nota, a maior que tiver em mão, chegar à janela, levantar a nota para a Lua, dizendo três vezes: Lua nova, renova essa nota para mim em milhões, cem milhões. Rezar um Pai-Nosso e uma Ave-Maria." Fiquei em dúvida sobre se deveria colocar essas simpatias no texto. Explico: a Bia, da Papirus, me disse que recebeu um texto com a afirmação: "É impossível morder o cotovelo". Pois ela duvidou e imediatamente tentou morder o cotovelo. Fracassou. O texto continuava: "Você não acreditou. Tentou morder...". Imaginei que o mesmo poderia acontecer com alguns leitores que gostariam de colocar as simpatias à prova e se dispusessem a urinar dentro do mamão e a mostrar cédulas de R$ 100,00 para a Lua... Se der resultado me avisem...

"A quem muito se lhe deu muito se lhe pedirá"

Albert Schweitzer é uma das pessoas que mais admiro. Teólogo, filósofo, prêmio Goethe de Literatura, concertista de órgão, especialista em Bach, sobre quem escreveu uma obra clássica, prêmio Nobel da Paz, aos 30 anos abandonou tudo. Mudou a direção do seu voo.

Profundamente místico, com grande compaixão pelos que sofriam, resolveu estudar medicina e passar o resto de sua vida num lugarejo miserável, no coração da África. Ele levava a sério as palavras de Jesus: "A quem muito se lhe deu, muito se lhe pedirá". E pensava: "Muito, muitíssimo me foi dado; muito, muitíssimo eu tenho que dar". E deu a sua vida inteira. Jamais passaria pela sua cabeça imaginar que ele, em virtude do muito que havia recebido, deveria gozar de privilégios especiais. Lembrei-me dele ao ler sobre aqueles que, havendo recebido muito, argumentam que, por haverem recebido muito, têm o direito de receber mais ainda. O Brasil é o país onde o que vale é o contrário do que diz Jesus, e isso a despeito dos crucifixos e benzeções: "A quem muito se lhe deu, muito mais se lhe dará". Se não é de Jesus, de quem será? Não me atrevo a sugerir. É assim que aqueles que foram encarregados democraticamente de proteger os fracos fazem leis em benefício próprio, leis que acrescentam só a eles privilégios dos quais o povo comum está excluído. Isso não é coisa nova. Os profetas já denunciavam os pastores que engordavam com a carne das ovelhas que deveriam proteger. Acho, sim, que se há um grupo que é merecedor de leis especiais que lhe garantam privilégios, esse grupo são as crianças. As crianças abandonadas são uma ferida horrível numa sociedade de classes privilegiadas e arrogantes que vivem em palácios... Como é bem sabido, "quem semeia ventos colhe tempestades...".

Templos ou jardins?

No Paraíso não havia nem templos nem altares. Como o Paraíso foi o jardim plantado por Deus, jardim onde se encontravam todas as coisas boas sonhadas pelo Criador, concluímos que os templos e os altares não se encontravam entre os seus sonhos. Não eram objetos do seu desejo. Se ele tivesse sonhado um templo ou altar, é certo que ele os teria feito. Segundo o que os religiosos acreditam, templos e altares são a casa de Deus. Deus mora lá. Reza feita na igreja é mais poderosa. É por isso que os piedosos fazem o sinal da cruz ao passar diante de uma igreja. No Paraíso não havia templos e altares porque Deus estava misturado com todas as coisas. Sua casa não era uma casa de quatro paredes. Eram as árvores, as flores, os frutos, as fontes, o vento... O poema bíblico da criação diz que Deus passeava pelo jardim ao vento fresco da tarde...

Palavra proibida de se dizer
Deus é uma palavra para ser calada, proibida de ser dita. Por isso os judeus eram proibidos de dizê-la. O nome Deus, para eles, era um grande silêncio. E de tanto fazer silêncio sobre ele acabaram por esquecê-lo. Havia uma lenda de que, no dia mais sagrado do ano, o sumo sacerdote entrava no Santo dos Santos, lembrava-se do nome de Deus e o pronunciava. E o universo inteiro o ouvia. Mas imediatamente todos o esqueciam. Quando se começa a falar o nome de Deus é certo que se está falando sobre outra coisa que não Deus. Fala-se sobre Deus quando ele foi perdido. Para reencontrá-lo é fácil: basta caminhar em silêncio em um jardim.

Peregrinações
Pessoas religiosas fazem longas e penosas viagens, peregrinações, para visitar lugares santos. Não há lugares santos. Dizer que um lugar é santo, que ali o sagrado está mais presente do que em outros, é dizer que há lugares em que Deus está menos presente, como se ele os tivesse abandonado. E isso, a se acreditar nos teólogos, é negar a onipresença de Deus – o que é heresia. O universo inteiro é hóstia. O místico não é o milagre grosseiro: o paralítico que volta a andar, o cego que volta a ver, o ladrão que para de roubar, seres do outro mundo que aparecem em cavernas ou são pescados do fundo de rios. Milagre é o arabesco da asa de uma borboleta; o voo do beija-flor; o perfume da magnólia; a flor do trevo; a cachoeira; o arco-íris; uma noite estrelada; o pasto rosa com as flores do capim-gordura; a chuva; o canto do sabiá; um caramujo; uma teia de aranha; a amizade... Milagre são meus olhos, os meus ouvidos, as minhas mãos. Não é preciso fazer peregrinações. Tudo é milagre. O universo é um milagre. Mas aqueles que vendo nada veem procuram milagres em lugares esquisitos.

Lixo

Gandhi, profundamente místico, se horrorizava com a sujeira dos lugares sagrados. Senti o mesmo quando visitei Aparecida. O que revelava a alma dos fiéis. Achavam que a santa estava dentro da basílica, mas não nos pátios. No interior da basílica silêncio, preces balbuciadas, genuflexões, sinais da cruz. Fora da basílica, sujeira. Eles não sabem que a limpeza é um ato de reverência. Porque, a se acreditar na iconografia católica, a capa azul de Nossa Senhora cobre o mundo. E toda sujeira que se faz é lixo depositado na sua capa.

O que acontece com a inteligência?

Você não é bobo. Não acredita em qualquer coisa. Sabe distinguir o possível daquilo que é mentira. Eu lhe digo que no meu sítio há uma raça de gansos verdes de três pernas que botam ovos quadrados. Você não acredita. O seu filho lhe diz que no seu quarto há um elefante cor-de-rosa soprando bolinhas de sabão verdes. Você não acredita. Ou o menino está fazendo uma brincadeira ou ficou louco. A inteligência "testa" as ideias para saber se elas são dignas de crédito. Agora me explique: por que é que, quando se entra no campo da religião, as pessoas estão prontas a acreditar em qualquer coisa que outra pessoa lhes diz? Será que para se ter sentimentos religiosos é preciso abandonar a inteligência?

Milagre

Carlos Rodrigues Brandão, antropólogo apaixonado pelo povo simples, apaixonou-se pela Espanha e escreveu um livro lindíssimo, cheio de fotografias de lugares abandonados, casas de pedra, aldeias quase vazias, campos, caminhos, gente rústica: *Aldeas: escritos e imaxes da Galicia tradicional* (Santiago de Compostela, Toxosoutos, 2003). O povo espanhol é muito religioso e ligado a milagres. Pois o Brandão me relatou que um velho camponês lhe descreveu um milagre: o santo foi decapitado. Mas, mesmo decapitado, ele se curvou, apanhou sua cabeça e a beijou. "Mas como é isso possível", lhe perguntou o Brandão, "que um corpo sem cabeça, só pescoço, beije a sua cabeça?" O camponês o olhou espantado, certamente perplexo de que um professor universitário fosse tão estúpido para coisas da fé, e lhe deu a explicação definitiva: "Pero, señor, en esto precisamente está el milagro!".

Sorvete e religião

Manhã de domingo. Jardim. A menininha chorava. Queria chupar um sorvete. A mãe dizia que "não". As roupas e o jeito diziam que eram pobres. Um senhor, compadecido da dor da menininha, ofereceu-se para comprar-lhe o sorvete. A menininha respondeu: "Não adianta. A gente, além de ser pobre, é crente". Foi-me contado pelo Jether Ramalho.

Moram no mesmo edifício

Católicos e protestantes: quantas lutas, quantos ódios, quantas perseguições, quanto sangue derramado. Há dias vi na televisão um filme terrível sobre a Noite de São Bartolomeu, montanhas de cadáveres ensanguentados, assassinados em nome de Deus. Não deviam tê-lo sido. Porque eles, católicos e protestantes, são primos tão próximos. Moram no mesmo edifício de três andares, propriedade do Senhor Invisível que ninguém jamais viu, à semelhança do "Senhor" de *O castelo*, de Kafka. O andar térreo é este mundo, lugar de transição, efêmero. Os que ali estão, todos nós, estão à espera da residência definitiva onde passaremos a eternidade. Nos porões estão as câmaras de tortura, administradas pelo Diabo, lugar de sofrimento. É claro que o Senhor Invisível, se quisesse, poderia acabar com as câmaras de tortura. Afinal, ele é todo-poderoso e foi ele mesmo quem as fez, entregando ao Diabo a sua administração. Será que o Diabo é um funcionário de Deus, da mesma forma que eram funcionários do presidente da República os torturadores do tempo da ditadura? É um assunto a se pensar. No andar de cima estão os céus, lugar de prazeres e felicidade, para onde irão os inquilinos que adoram o Senhor Invisível. Nesse edifício moram protestantes e católicos. O que os distingue é a forma como veem o trânsito de influências dentro do prédio. Os protestantes afirmam que tudo se resolve diretamente com o Senhor Invisível e que a chave para o andar superior é semelhante à chave que Ali Babá usava para abrir a porta da caverna dos tesouros: uma fórmula mágica: Abre-te Sésamo! A fórmula protestante é "Tenho Cristo no coração" ou "Creio em Cristo como meu salvador". Os católicos, ao contrário, dizem que existe uma complexa rede burocrática intermediária composta de duas classes de representantes do chefe: há aqueles que ainda se encontram no andar térreo entre os vivos e milhares de outros que já habitam o andar superior. O que é crucial é que a pessoa seja devidamente cadastrada por uma instância burocrática devidamente autorizada e que possui a chave da porta do andar superior. Fora dessa instância não há salvação.

Oração de uma criança
"Deus, que os maus não sejam tão maus e que os bons não sejam tão chatos. Amém."

Estória que me contaram
"Havia certa vez um homem que dizia o nome de Deus. Quando o coração lhe doía por uma criança que chorava, ou um pobre que mendigava, ele andava até a floresta, acendia o fogo, entoava canções e dizia as palavras. E Deus o ouvia... O tempo passou. Voltou à mesma floresta. Mas não carregava fogo nas mãos. Só lhe restou cantar as canções e dizer as palavras. E Deus o atendeu ainda assim. Um tempo mais longo se foi. Sem fogo nas mãos, sem força nas pernas, não alcançou a floresta. Mas do seu quarto saíram as mesmas canções e as mesmas palavras. E Deus lhe disse que sim. Chegou a velhice. Nem floresta nem fogo ou canções. Restaram as palavras. E o mesmo milagre ocorreu. Por fim, sem fogo ou floresta, sem canções ou palavras. Só mesmo o infinito desejo e o silêncio: e Deus atendeu..."

Teologando

Assim diz a Cecília Meireles: "Foi, desde sempre, o Mar...". Diz a Cecília? O certo não seria "disse"? Pois o poema foi escrito há muito tempo, pertence ao passado... E a Cecília já não vive entre nós. Vive, encantada, como peixe no fundo do Mar... Mas não me lembro de que a Cecília tenha usado jamais a palavra Deus – muito embora os seus poemas estejam perpassados do sentimento de assombro ante o Grande Mistério que nos cerca. E que metáfora mais bela para o Grande Mistério pode existir que o Mar que desde sempre foi? Lá está ele, enorme, sem fim, sua superfície azul escondendo os mistérios das profundezas! Silencioso, o Mar não revela os seus segredos. Sem nada saber, só nos resta ver e sonhar. E ficamos a imaginar o que estará lá no fundo! E a nossa imaginação coloca nas profundezas do Mar Sem Fim os seres que nadam em nosso pequeno mar chamado alma! Toda alma é também um mar. Assim são todas as palavras que se dizem sobre Deus. Tolos, os homens acreditam que as palavras que se dizem sobre o Mar Sem Fim revelam o seu mistério. Alguns há, atrevidos, que chegam a dizer que um Peixe Dourado, saído do fundo do mar, lhes contou os segredos... E andam por aí a espalhar as fantasias das suas almas como se fossem a verdade do Mar Sem Fim. (E, por falar em "Peixe Dourado", você sabe a razão por que os cristãos comem peixe na semana santa? Por favor, não repita a bobagem de que é porque carne de vaca tem sangue, e é como se estivéssemos bebendo o sangue e comendo a carne de Cristo. Pois não foi o próprio Cristo que disse que era necessário que comêssemos sua carne e bebêssemos seu sangue? Então, a razão deve ser outra... Ou será que você come peixe sem saber por quê?...) Certo está o Alberto Caeiro que diz: "Pensar em Deus é desobedecer a Deus. Porque Deus quis que não o conhecêssemos. Por isso se nos não mostrou. Se ele quisesse que eu acreditasse nele, sem dúvida que viria falar comigo e entraria pela minha porta dentro dizendo-me: Aqui estou!". Com o que concorda Walt Whitman: "Eu sou curioso sobre todas as coisas e não sou curioso acerca de Deus. Não há palavra capaz de dizer quanto eu me sinto em paz perante Deus e a morte". Emily Dickinson, mulher frágil dotada de asas, tinha um delicado senso do Mistério. Mas, por isso mesmo, por sentir-se assombrada pelo Mistério que nos cerca, desprezava aquilo que sobre ele diziam os religiosos. "Alguns guardam o Domingo indo à igreja/ Eu o guardo ficando em casa/ Tendo um Sabiá como cantor/ E um Pomar por Santuário./ Alguns guardam o Domingo em vestes brancas/ Mas eu só uso minhas Asas/ E ao invés do repicar dos sinos na Igreja/ Nosso pássaro canta na palmeira.// É Deus que está pregando, pregador admirável/ E o seu sermão é sempre curto. Assim, ao invés de chegar ao Céu, só no final/ eu o encontro o tempo todo no quintal." Mas, afinal de contas, o que é que o Sabiá diz com o seu canto? Nada. Canto de Sabiá não é para ser compreendido. É para ser amado. Bem disse o avô Celestino, lá das bandas do Manoel de Barros: "Deus é assunto delicado de pensar; faz conta um ovo: se apertamos com força parte-se; se não seguramos bem cai". Tantas coisas loucas os homens pensam sobre Deus. Esses tais se parecem com um tico-tico que me visita sempre. Pois ele se assenta no parapeito da janela e fica a bicar o vidro. Se lhe perguntássemos a razão por que bica o vidro, ele nos responderia: "O que é vidro? Não estou bicando vidro. Bico esse tico-tico à minha frente invasor do meu espaço. Mas o danado é esperto. Ele sempre adivinha onde vou bicar e se defende. O meu bico sempre bate no bico dele. Ele parece nada sofrer. Mas o meu bico está doendo...". Pobre tico-tico. Ele não sabe o que são espelhos. Assim são os homens: veem o seu rosto refletido nas águas do Mar Sem Fim e pensam que a imagem que veem é o rosto do Senhor do Mar, olhando para eles. Como o tico-tico, eles não se dão conta de que estão vendo sua própria imagem, refletida. Se você quiser saber como é a alma de uma pessoa, peça-lhe para falar sobre o seu Deus. Tudo o que disser sobre o seu Deus, ela estará falando sobre si mesma. Pessoas vingativas têm um deus vingativo. Como disse Bachelard, para se acreditar no Inferno é preciso ter muitas vinganças a realizar. Pessoas que se deixariam comprar por bajulações e favores têm um Deus que se deixa comprar por bajulações e favores... Acham que isso é normal. Pessoas com alma policial têm um Deus carrasco... Pessoas que amam a música têm um Deus que é música... Pessoas que amam jardins têm um Deus jardineiro...

Ervas amargas
Na Páscoa judaica, as comidas eram servidas com ervas amargas. Absinto, losna... Acho que deveríamos misturar losna com nossas comidas e bebidas. É preciso beber o amargo da vida para se ter noção da doçura, ausente, distante... Paul Tillich, em um dos seus sermões, contou a seguinte história: "Nos julgamentos por crimes de guerra em Nuremberg compareceu uma testemunha que havia vivido por certo tempo num túmulo de um cemitério judaico. Era o único lugar onde ele e muitos outros podiam viver, escondidos, depois de haverem escapado das câmaras de gás. Durante esse tempo ele escreveu poesia, e um dos seus poemas era a descrição de um nascimento. Numa sepultura próxima, uma jovem deu à luz um menino. O coveiro, de 80 anos, envolto num lençol de linho, foi o parteiro. Quando o menininho recém-nascido deu o seu primeiro choro, o velho homem orou: 'Grande Deus, será que Tu finalmente nos enviaste o Messias? Pois quem, além do Messias, poderia nascer numa sepultura?'".

Deus não ri nunca?
Na minha infância, toda igreja protestante tinha um quadro terrível, chamado *Os dois caminhos*. À direita, o caminho estreito, das abstenções e sacrifícios, que conduz ao céu: para ganhar o céu, após a morte, é preciso sofrer na terra, durante a vida. À esquerda, o caminho largo, cheio de prazeres, que conduz a um lago de fogo e enxofre. No alto desse cenário, resumo do mundo, flutuando no céu azul, o olho sem pálpebras de Deus, que tudo vê, indiferente e sem lágrimas. O olho de Deus não tem pálpebras porque nunca se fecha. Deus não dorme. É também um olho sem sorrisos. Os olhos, para sorrir, precisam de um rosto. Mas os olhos de Deus não estão num rosto. Estão dentro de um triângulo, figura geométrica perfeita. Deus é um teorema. Mantenho uma dessas gravuras emoldurada em rococós dourados pendurada numa parede. Para não me esquecer das coisas horríveis que os homens fazem com Deus. Deus não ri nunca?

Inferno
A monumental arquitetura de palavras que a Igreja construiu através dos séculos, a teologia dita ortodoxa, tem como seu alicerce o Inferno. A Trindade, a imaculada conceição, a encarnação, a cruz, a expiação, a redenção, a salvação, o céu – todas essas doutrinas foram elaboradas em resposta à grande questão: como livrar os homens do Inferno. Se se eliminar o Inferno, o edifício inteiro implode. Agora, imaginar que Deus, que as Sagradas Escrituras declaram ser Amor, seja capaz de uma vingança tamanha, vingança eterna, contra pecadores que fizeram os seus pecados no tempo – isso me é inimaginável. Deve ser terrível acreditar num Deus assim.

A sobra
Da tradição cristã, então, não sobra nada? Sobra a arte. As catedrais, os vitrais, o canto gregoriano, o *Messias* de Haendel, os corais de Bach, as telas de Salvador Dalí, de Grünenwald. A arte cristã é alimento para a minha alma, desde que os teólogos não a expliquem.

Exegese
Nietzsche se horrorizava ante as violências contra os textos sagrados que eram perpetradas dos púlpitos na Alemanha. Ele era filho de um pastor luterano; sabia sobre o que estava falando... Um exemplo tupiniquim, verdadeiro. O pregador falava sobre as Sagradas Escrituras. "Meus irmãos: a gente lê a Bíblia e duvida. Pois lá está escrito, acerca da volta de Jesus, nas nuvens, que 'todo olho o verá'. Mas como é isso possível? A terra é redonda. Se ele voltar nas nuvens da China como poderemos nós, no Brasil, assistir à sua volta triunfante? Mas as Sagradas Escrituras não falham. Porque hoje, graças aos satélites e à televisão, todos poderemos assistir à volta de Cristo confortavelmente de nossas casas." É assombroso que alguém tenha pensado e dito tal idiotice. Mais assombroso ainda é que a congregação não tenha gritado em protesto e tenha voltado

mansamente no domingo seguinte, com os seus dízimos. Para isso eu tenho uma explicação: a religião põe a inteligência a dormir.

Multiplicação dos pães e peixes

Um outro teólogo famoso, conselheiro de poderosos, assim interpretou a estória da multiplicação dos pães e peixes: cada um da multidão que seguia Jesus tinha levado consigo o seu lanchinho particular, para uma eventual emergência. A multiplicação aconteceu porque os que haviam levado um lanchinho resolveram repartir com aqueles que não haviam levado um farnel. Daí ele salta para a magnífica conclusão: "A multiplicação dos pães é o anúncio do socialismo". As violências que se fazem com os textos sagrados para justificar opções políticas presentes não têm fim. Jesus: o primeiro líder socialista! O Reino de Deus é o socialismo! O dito teólogo nem se deu ao trabalho de ler um pouquinho adiante quando Jesus se voltou para as multidões "socialistas" que continuavam a segui-lo e as acusou: "Vós me seguis não porque vistes sinais do Reino mas porque comestes do pão e vos fartastes". Ou seja: vocês não passam de um bando de interesseiros que não estão interessados no Reino de Deus, mas em encher a barriga. Jesus dá lanche de graça. Não me entendam mal: acho o socialismo um lindo ideal, uma estrela no céu, impossível de ser alcançada. O que me horroriza é o uso desonesto dos textos sagrados com o propósito de batizar políticas e partidos. Houve mesmo um líder político que declarou, em tempos idos, que a cor vermelha da bandeira do seu partido era o sangue de Nosso Senhor Jesus Cristo. Não preciso de imperativos bíblicos para tomar posições políticas a favor dos fracos. Acho indecente ser bom e lutar pela justiça porque Deus manda. Há muitos que lutam pela justiça simplesmente porque amam os que estão sendo injustiçados, sem precisar que Deus lhes dê ordens.

Índex

Os cristãos, católicos e protestantes, acreditam que a Bíblia inteira é inspirada, de capa a capa. Tudo o que está dentro dela é "Palavra do

Senhor". Por favor, me expliquem então as razões por que há partes da Bíblia sobre as quais os púlpitos fazem silêncio completo. Esse silêncio é uma "censura"? Os clérigos católicos e protestantes "escolhem" os textos que lhes são mais convenientes e "escondem" os textos "embaraçosos"? Veja, por exemplo, o texto abaixo. Está na Bíblia. É, portanto, "Palavra do Senhor. Graças a Deus". Você já ouviu algum sermão sobre ele? Claro que não. Esse texto está no *Index Librorum Prohibitorum*... "Como és formosa, querida minha, como és formosa! Teus olhos são como pombas e brilham através do teu véu. Os teus lábios são como um fio escarlate e as tuas faces como uma romã partida... Arrebataste-me o coração com um só dos teus olhares! Os teus lábios destilam mel. Mel e leite se acham debaixo da tua língua. Os meneios dos teus quadris são como colares trabalhados pelas mãos de um artista. O teu umbigo é uma taça redonda a que não falta bebida. E o teu ventre é um monte de trigo cercado de lírios. Os teus seios são como os cachos da videira e o aroma da tua respiração como o das maçãs... Vem, ó meu amado... Já despi a minha túnica..." (Cântico dos cânticos)

Medalhas

Ela, menina, tinha um punhado de medalhas no pescoço. Sua mãe lhe ensinara que eram santos e que eles davam proteção. De noite, depois de rezar a todos os santos que estavam em quadros pendurados na parede, ela tinha de beijar todas a medalhas. Mas como as medalhas eram muitas, ela nunca tinha certeza de haver beijado todas. Assim, ficava beijando interminavelmente as imagens (se um santo fosse esquecido havia a possibilidade de que ele se vingasse) até que dormia de cansaço...

Reverência pela vida

A Igreja Católica é radicalmente contrária ao aborto. Trata-se de uma postura ética que merece todo o meu respeito. Um teólogo católico, explicando a posição da Igreja na televisão, declarou: "Somos contra o aborto porque somos a favor da vida". Fiquei encantado! Eu também sou a favor da vida. E Gandhi. E Albert Schweitzer. Reverência pela vida. É isso mesmo! É preciso ser a favor da vida. Tudo aquilo que conspira contra a vida deve estar sob a maldição eclesiástica. Uma das virtudes intelectuais dos pensadores católicos, desenvolvida através dos séculos, é a coerência lógica. Coerência lógica é aceitar todas as consequências de um princípio que se toma como normativo. No nosso caso, o princípio de que toda vida é sagrada. Se toda vida é sagrada, então, juntamente com o aborto, devem ser colocados na lista de pecados mortais tudo aquilo que contribua direta ou indiretamente para a morte. Hoje as armas matam um número infinitamente maior de pessoas que o aborto. Mas não conheço nenhuma atitude da Igreja contra a fabricação, venda e posse de armas que se compare, em firmeza, com a sua atitude contra o aborto. E o presidente Bush, o primeiro-ministro Blair e todos os generais envolvidos deveriam ter sido excomungados. Também não conheço nenhuma atitude da Igreja contra a pena de morte. A Igreja Católica andou de braços dados com o generalíssimo Franco (quem lhe terá dado esse título magnífico?), ditador cruel de comunhão diária que matou muita gente no garrote vil. Eu pediria do cardeal Ratzinger – quero preservar o seu nome – que exercite a virtude da coerência que ele tão bem exerceu na caça aos teólogos dissidentes.

Os caminhos da burocracia celestial

Um texto teológico medieval explicava aos homens os caminhos da burocracia celestial que têm de ser seguidos para que os seus desejos sejam atendidos pelo distante Deus Pai Todo-poderoso. A primeira instância a ser visitada é a Virgem Maria, mãe amorosa que, como toda mãe, quer fazer todas as vontades dos filhos. Diante da Virgem, o pedinte expõe o seu desejo: arranjar um marido, o marido já arranjado deixar de ter amantes, o filho vagabundo passar no vestibular etc. A pura Virgem acolhe o pedido do seu filho ou filha, mas ela mesma não tem poder para atendê-lo. Ela vai, então, pessoalmente, para a segunda instância, que é Nosso Senhor Jesus Cristo. Diante dele, ela expõe o pedido que lhe foi feito e, para convencer o seu Divino Filho, ela lhe mostra o seio, o seio que o amamentou. Ele não tem alternativas. Como poderia dizer "não" ao seio que o amamentou? Mas nem mesmo Jesus tem a última palavra, embora a doutrina da Trindade afirme que ele é consubstancial com o Pai (ou, como diziam os teólogos de antigamente, em grego, *homoousios* com o Pai. Houve uma enorme polêmica que rachou a Igreja sobre se Jesus era *homoousios* com o Pai ou *homoiousios* com o Pai! Que diferença faz um simples "i"...). Ele tem de pedir a aprovação de Deus Pai Todo-poderoso. De que artifício vai ele se valer para isso? Deus não se comove com "seios", objetos de erotismo prazeroso. Mas ele se comove com feridas, objetos de erotismo doloroso. Uma pitadinha de sadismo na burocracia. O Filho, então, lhe mostra as mãos, perfuradas pelos cravos – perfurações dolorosas que aconteceram para que Deus Pai acertasse sua contabilidade com os homens. Deus, sem nem pensar no pedido do pedinte, comovido pela visão das mãos perfuradas, diz sim e o milagre desejado acontece.

A Ordem dos Cata-lixo

Sugeri ao sumo pontífice que criasse uma nova ordem religiosa, a Ordem dos Cata-lixo. Sua missão seria ir pelas cidades e pelos caminhos catando lixo e ensinando os fiéis a catar lixo. Mais importante que construir igrejas é catar lixo. Porque Deus não mora em igrejas. Mora no bom mundo que criou como Paraíso e os seres humanos estragaram com o lixo. Enquanto isso, as penitências poderiam ser transformadas de repetições de rezas (Deus e a Virgem já as sabem de cor e estão cansados de ouvi-las, sempre as mesmas...) em sacos de lixo a serem catados. Uma mentira, um saco de lixo. Um xingamento: cinco sacos de lixo. Infidelidade: dez sacos de lixo. Corrupção: o corrupto iria dentro do saco e teria de viver por um ano no lixão, na companhia dos urubus, seus colegas...

Culpa

Os judeus têm uma fina percepção do poder do sentimento de culpa. Eles mesmos inventaram esta piadinha. Uma mãe italiana, quando está furiosa com o filho, faz uma gritaria, joga pratos, pega o rolo de macarrão, o filho foge correndo pela porta enquanto ela diz: "Desgraçado, eu te mato...". A mãe judia, quando está furiosa com o filho, chega-se mansamente a ele, uma lágrima escorrendo pelo rosto, e diz bem baixinho: "Meu filho, eu me mato...". Há um hino protestante que é uma versão musical da piadinha: "Morri, morri na cruz, por ti. Que fazes tu por mim?". A cruz, vista pelos olhos do Mel Gibson, não liberta. Escraviza. Por isso não vi o filme.

Aplausos ao papa

O papa assinou uma instrução sobre a liturgia que merece todo o meu louvor. Pôs ordem na casa. Primeiro, proibiu que padres permitissem que pastores protestantes participassem da celebração dos sacramentos. Muito certo. Sem essa proibição a casa cai. Pois a doutrina da Igreja está baseada na crença de que o Espírito Santo é comunicado pela imposição das mãos, coisa que vem desde São Pedro. Há, de São Pedro até os dias de hoje, um contínuo fluir desse carisma. E é esse carisma que dá ao sacerdote o poder para, ao pronunciar as palavras sagradas, transubstanciar o pão e o vinho em corpo e sangue de Cristo. Ora, os pastores protestantes estão fora dessa corrente. Portanto, falta-lhes o Espírito Santo. Se eles participarem da celebração dos sacramentos, o milagre da transubstanciação não acontece. Permitir que pastores protestantes participem da celebração dos sacramentos equivale a negar o fundamento sobre o qual a Igreja Católica foi construída. É por isso que o ecumenismo é também proibido. A diferença está em que a Igreja Católica afirma que o Espírito Santo anda dentro de um cano chamado "sucessão apostólica". Os protestantes, ao contrário, acreditam que não há formas de encanar o Espírito Santo. Porque ele mais se parece com a chuva que cai onde quer, quando quer... Parabenizo, assim, o papa, por sua sólida coerência teológica. A seguir, ele proibiu o uso de música popular na missa. Tem todo o meu apoio. Há músicas que se cantam nas missas que são lamentáveis. E não tem nada a ver com ser popular ou não. "Oh! Deus salve o cálice bento onde Deus fez a morada..." é música popular e é absolutamente linda. A *Missa Crioula*, a *Missa Luba*. O problema é a qualidade. Não basta juntar rimas e violão para se ter música. A tradição musical cristã é maravilhosa: canto gregoriano, Bach, Monteverdi, Haendel, Mozart, Fauré, os *spirituals* dos negros norte-americanos. Por outro lado, as músicas tradicionais católicas, arrastadas, que se cantavam nas procissões, não são modelos de beleza. Por último, o que mais me agradou. Imagino que o sumo pontífice deve ter lido uma crônica que lhe dirigi, faz anos, com o nome "De Rerum Vetustarum". Nessa crônica, eu lhe implorava que restaurasse o uso do latim na liturgia. Porque o latim é música pura, um deleite ouvi--lo. Só que eu não entendo latim. Assim, ao ouvir latim sem entender, fico com a beleza da sua música e livre daquilo que se diz. Não quero entender para não me irritar. Não entendendo, fico a imaginar que o pregador está dizendo coisas maravilhosas. Pois não é que o papa deu permissão aos padres para fazer uso do latim nas missas? Logo que as missas voltarem a ser ditas em latim, eu estarei lá. Parabéns ao papa, cardeal Ratzinger.

Zelo missionário

Um amigo, historiador, falou-me sobre uma carta curiosa, se não me engano datada do século XVII, escrita por um zeloso missionário aos seus superiores em Portugal. Ele estava preocupado com o destino eterno das almas dos índios que era sua missão salvar. Acontecia que eles, sem as luzes das doutrinas da Igreja, nada sabiam sobre o pecado da nudez. Andavam por todos os lugares, homens, mulheres, crianças, exibindo de forma despudorada as partes do seu corpo que deveriam ficar ocultas. Como é do conhecimento geral dos homens civilizados, a visão das partes do sexo tem o poder de provocar pensamentos libidinosos, pecaminosos, que colocam as almas em perigo de irem para o Inferno. Deus prefere os homens vestidos aos homens nus. Ele informava então aos seus superiores que sua missão salvífica só poderia ser realizada se a sua pregação da doutrina fosse acompanhada por uma distribuição de ceroulas. Solicitava, então, que lhe fossem enviadas de Portugal algumas centenas de ceroulas para cobrir as vergonhas dos índios, tornando possível, assim, a salvação de suas almas. No céu, todos os homens usam ceroulas.

Novos negócios da Trindade

Como é do conhecimento geral, gastei grande parte da minha vida estudando os mistérios da teologia. Aprendi sobre a Trindade, Pai, Filho e Espírito Santo, em que estão contidos todos os segredos do universo. Sinto-me, portanto, profundamente perturbado quando leio afirmações públicas que indicam que a Trindade já não é mais a mesma. Fosse em tempos passados e a Igreja já teria ordenado que se celebrassem autos de fé para que os autores de tais informações purgassem suas heresias nas fogueiras da Inquisição. Como já não existem os recursos purificadores das fogueiras, ficam eles soltos por aí escrevendo impunemente em lugares públicos aquilo que seus pensamentos ímpios maquinam. Dou exemplos. Vi um açougue com o nome Açougue Bom Jesus. O que nos dizem os evangelhos é que Jesus é o Bom Pastor. Um pastor cuida das ovelhas. Poder-se-ia imaginar um Bom Pastor pastoreando ovelhas para levá-las ao açougue? Diz mais a teologia: que sua missão cósmica foi morrer na cruz para que a humanidade fosse salva. Ora, o que esse nome Açougue Bom Jesus está dizendo é que a Segunda Pessoa da Santíssima Trindade abandonou sua missão divina e está se dedicando agora ao negócio de carnes. Confesso que não posso imaginar Nosso Senhor Jesus Cristo envolvido com linguiças, bifes, costeletas, pernis e hambúrgueres. Outros, ao contrário, afirmam que ele entrou para o ramo dos veículos. Prova disso são os inúmeros carros que circulam pela cidade com os dizeres "Propriedade Exclusiva de Jesus". Acho muito estranho, posto que Jesus, dentro dos limites do meu conhecimento, sempre andou a pé, com uma única exceção: quando foi a Jerusalém montado em um manso burrico. Intriga-me o fato de os carros da dita frota divina serem sempre carros velhos. Nem sequer pertencem à curiosa categoria dos seminovos. Ainda não vi nenhum Mercedes ou BMW. Certamente isso não se deve à falta de dinheiro. Se, conforme a teologia da prosperidade afirma, Jesus dá riqueza a todos aqueles que lhe são obedientes, é claro que seus recursos financeiros são infinitos. Uma frota de carros de propriedade de Jesus certamente conta com sua proteção, o que significa que não dão trombadas, não enguiçam e, melhor de tudo, não são roubados. Quem se atreveria a roubar um carro da Segunda Pessoa da Santíssima Trindade? Alguns veículos portam a advertência aos ladrões: "Rastreado por satélite" – roubou, será pego. Que dizer então de uma frota de carros rastreada pelo olho divino? E há ainda aqueles que dizem que Deus expandiu seus negócios também para o ramo imobiliário. Prova disso são os prédios que ostentam gigantescas afirmações do tipo: "Este prédio está sendo construído com a bênção divina". O que me deixa assombrado. E isso porque, segundo as narrativas bíblicas, a construção de torres nunca teve a bênção divina. O caso mais famoso é a Torre de Babel, que naqueles tempos deveria comparar-se ao World Trade Center. Deus foi lá e confundiu a língua dos construtores. Deixaram de se entender. O que ainda acontece frequentemente nas assembleias de condôminos em prédios de apartamentos. O que se quer dizer quando se afirma: "Este prédio está sendo construído com a bênção divina"? Que todos os que ali trabalham são felizes? Que todos eles ganham salários dignos? Que se trata de uma cooperativa, os lucros ao final sendo igualmente divididos por todos? Ou será que Deus assinou um contrato? Ah! Fico só pensando no mandamento que diz: "Não tomarás o nome do Senhor teu Deus em vão". Será que esses blasfemos não têm medo de que Deus os castigue com a maldição que lançou sobre o exército dos filisteus? Ele atacou o seu exército com uma praga de hemorroidas. E diz o texto sagrado que os seus gemidos se ouviam a quilômetros...

Domingo Deus descansa...

Aos poucos, a Igreja Católica está ficando parecida com as igrejas protestantes do tempo da minha infância e juventude. Tempos terríveis aqueles. O domingo era um inferno. Não se podia fazer nada. O domingo era santificado mesmo – o que significava que nada que desse felicidade pra gente podia ser feito. Era o que dizia o mandamento: "Lembra-te do dia de sábado para o santificar. Não farás nesse dia obra alguma, nem tu, nem o teu filho, nem a tua filha, nem o teu servo, nem a tua serva, nem o teu animal, nem o forasteiro das tuas portas para dentro". Comprar alguma coisa, nem falar. Já contei a história de uma menininha que, numa manhã de domingo, chorava, pedindo que a mãe lhe comprasse um sorvete. A mãe respondia firme que não. Um senhor que contemplava a cena teve dó da menina e quis dar-lhe um sorvete de presente. Mas a menininha respondeu entre soluços: "Num adianta. Nois, além de ser pobre, é crente". Domingo as crianças choravam. Não podiam brincar. Brincar era pecado. Ir ao futebol, nem falar. E nem ouvir rádio. Os missionários protestantes vieram para o Brasil na segunda metade do século XIX. O seu programa era bonito: construir escolas, para salvar o povo da ignorância. Construir hospitais, para salvar o povo das doenças. Construir igrejas, para salvar o povo do Inferno. Porque, como se sabia, os católicos eram almas perdidas. Um grupo veio para Campinas. Aí aconteceu a epidemia de febre amarela, muita gente morreu. Os missionários deixaram a cidade empesteada e se transferiram para Minas, Patrocínio e Lavras. Em Lavras, quem os protegeu foram os meus parentes, que não gostavam de padres. Os padres eram atentados contra a inteligência. Eles eram espíritas, liberais, republicanos, amantes das ciências. Meu bisavô, doutor Jorge, que tinha uma belíssima propriedade cheia de árvores (ele era dendrófilo, e chegou a importar mudas para a sua chácara), vendeu-a aos missionários por dezoito contos de réis para que lá fizessem uma escola, o Instituto Gammon, que chegou a gozar de fama pelo Brasil inteiro, nos tempos em que os pais ricos enviavam seus filhos para receberem educação em internatos. Os líderes mais notáveis dessa instituição foram o doutor Samuel Gammon e a dona Carlota Kemper. Há um incidente engraçado ligado à dona Carlota. Um dia, conversando com uma empregada, notou que esta não tirava os olhos dos seus sapatos. Perguntada por que olhava tão fixamente para os sapatos da patroa, ela respondeu, muito encabulada, que queria saber se aquilo que o padre dissera era verdade. Ele havia afirmado, num sermão, que os protestantes tinham pé de bode. O doutor Gammon acrescentava às suas funções de educador a função de pregador. Ia todos os domingos a uma cidadezinha distante oito quilômetros, Ribeirão Vermelho, celebrar o culto com uma meia dúzia de recém-convertidos. Para isso ele se valia de um tílburi puxado a cavalo. Domingo, de manhã bem cedo, um empregado pegava o cavalo no pasto e o atrelava ao tílburi. Dona Carlota, rigorosa observadora do domingo (diziam que se alguém lhe trouxesse uma carta, num domingo, ela não a abria...), repreendeu o doutor Gammon: ele estava transgredindo o mandamento fazendo com que o empregado trabalhasse e fazendo o mesmo com o cavalo. Não sei se por medo da dona Carlota ou por convicção, o fato é que daquele dia em diante o doutor Gammon fazia a viagem de ida e volta a Ribeirão Vermelho a pé... O que deve ter feito muito bem para a sua saúde física e espiritual – porque caminhar em silêncio por caminhos cheios de árvores e pássaros é uma experiência mística. Isso aconteceu no início do século passado. Pois lá pela década dos anos 1950, era a mesma coisa. Eu havia me mudado para o Rio de Janeiro. Manhãs luminosas de domingo, as praias, o mar – proibidos. Rádio: proibido. Leitura de jornais: proibida. Cinema: pecado mortal. Fazer amor, nem se fala. Deus não mora no mundo. Deus mora num lugarzinho apertado chamado igreja. E, com muita vergonha, confesso: eu acreditava. A grande revista daqueles tempos era *O Cruzeiro*. Pois o pastor relatou que, depois do culto da noite, voltando muito tarde para a sua casa, pôs pijama, deitou-se e começou a ler *O Cruzeiro*. Sua mulher se horrorizou com pecado tamanho: "Mas, meu benzinho, hoje é domingo...". Aí ele deu uma gargalhada e arrematou: "Então eu mostrei o relógio para ela: era meia-noite e um". É verdade porque eu ouvi. Assim os protestantes santificavam o domingo.

"Quando eu desfiz 60 anos... Desfiz: é a forma correta de dizer. Porque esses 60 são os anos que não tenho mais. Quantos eu tenho, só Deus sabe..."

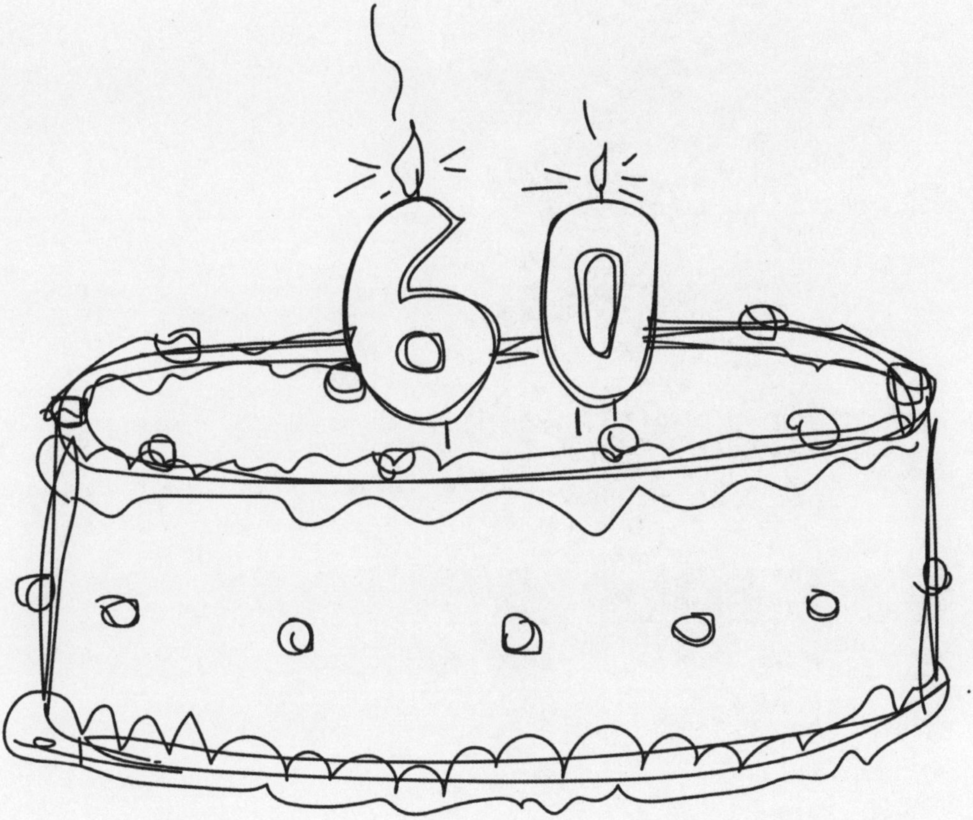

Velhice

Velhice

Descobri que eu estava velho há muitos anos, num metrô de São Paulo. Foi assim: o vagão estava lotado e não havia assento vago. Não liguei. Eu era jovem, pernas e braços fortes, podia fazer a viagem de pé, segurando um balaústre. Aí comecei a observar metodicamente o rosto das pessoas, coisa que gosto muito de fazer. Os rostos revelam o mundo. Muitas crônicas me apareceram no ato de observar um rosto. Uma vez, tomando o meu café da manhã num hotel em Uberaba, fui comovido pelo rosto de um garçom já meio velho, magro, calvo, daqueles que não cortam o cabelo de um lado, para com seus fios compridos tentar disfarçar (inutilmente) a calva lisa. Aquele rosto me comoveu. E, quase num segundo, apareceu na minha imaginação a trama de um conto que nunca escrevi. É sobre um garçom que trabalhava num hotel onde pilotos e aeromoças pernoitavam. Ele se apaixona por uma delas e a sua vida passa a girar em torno dos dias em que sua escala de voos fazia com que aquela que ele amava secretamente dormisse no hotel. O garçom, servindo o café da manhã, dela se aproximava e respirava fundo para sentir o seu perfume. Até saiu pelas lojas de perfume, à procura daquele... Terminado o café, ele recolhia copos e xícaras. Aí, furtivamente, na cozinha, quando ninguém estava olhando, comia e bebia os restinhos que haviam sobrado... Era como se ele a estivesse beijando. Isso o excitava... Mas, voltando ao metrô. De repente, meus olhos encontraram uma moça que também olhava para mim, com um discreto sorriso nos lábios. Foi um momento de suspensão romântica: eu olhando para ela, ela olhando para mim. Aquele poderia ser o início de uma estória de amor por acontecer. Muitas estórias de amor se iniciam em estações. Mas então, naquele momento de suspensão romântica, ela fez um gesto delicado: sorrindo, levantou-se e me ofereceu o lugar... Entendi então o sentido do seu sorriso: olhando para mim, ela se lembrava do seu avô, velhinho tão querido... Compreendi que estava velho. Foi um momento de revelação. Desde então, o meu pensamento volta sempre para a velhice.

Amor de velho
Simone de Beauvoir, no seu livro sobre a velhice, diz que há uma coisa que não se perdoa nos velhos: que eles possam amar com o mesmo amor dos moços. Aos velhos está reservado outro tipo de amor, amor pelos netos, sorrindo sempre pacientes, olhar resignado, espera da morte, passeios lentos pelos parques, horas jogando paciência, cochilos em meio às conversas. Mas, quando o velho ressuscita, e no seu corpo surgem de novo as potências adormecidas do amor, ah! os filhos se horrorizam e dizem, como explicação: "Ficou caduco". Amor de mocidade é bonito, mas não é de se espantar. Jovem tem mesmo é de se apaixonar. Romeu e Julieta é aquilo que todo mundo considera normal. Mas o amor na velhice é um espanto, pois nos revela que o coração não envelhece jamais. T. S. Eliot, na juventude dos seus 70 anos, escreveu: "O amor retribuído sempre rejuvenesce".

Os pés têm a mesma idade
O senhor idoso estava com um problema no pé esquerdo. Dores. Como pontas de agulhas. Difícil andar. Foi ao médico. O médico apalpou, radiografou, concluiu: "Os pés são membros complicados do nosso corpo. Muitos ossinhos têm de se ajustar. E ocorre que, com o passar dos anos, os encaixes vão se desajustando. As dores no seu pé têm a ver com os muitos anos de caminhar...". Ele disse isso com um sorriso bondoso.

O velho não se conformou e respondeu: "Mas o meu pé direito não tem dores e ele tem a mesma idade que o pé esquerdo...".

Apresentação
"Papai, quero lhe apresentar um amigo." Responde o pai, ancião: "Já conheço gente demais. Não quero conhecer mais um".

Amor crepuscular
A Tomiko, amiga querida, me contou que a viúva do Dico Schiller, um pastor metodista extraordinariamente humano e inteligente, se casou. Ela, passados os 76 anos. O novo marido, passados os 80... Não é lindo? Velhos do mundo: amai! O amor faz bem à saúde. Já escrevi sobre um caso parecido. Os dois velhos se casaram e viveram juntos por dois anos. O marido morreu aos 81, feliz, transformado em poeta. Ela aos 79. Depois da morte do marido, ela me telefonou e disse: "Pois é, professor, nessa idade a gente não mexe muito com as coisas do sexo... A gente vivia de ternura...".

Tempo ao contrário
O amor tem este poder mágico de fazer o tempo correr ao contrário. O que envelhece não é o tempo. É a rotina, o enfado, a incapacidade de se comover ante o sorriso de uma mulher ou de um homem. Mas será incapacidade mesmo? Ou não será uma outra coisa: que a sociedade inteira ensina aos seus velhos que velho que ama é velho sem-vergonha, que o tempo do amor já passou, que agora é tempo de esperar a morte, que o preço de serem amados por seus filhos e netos é a renúncia aos seus sonhos de amor?

Velho
No dia do meu aniversário escrevi uma crônica com o título "Fiquei velho...". Estava feliz quando escrevi. Mas minha crônica provocou cartas

de protesto. Muitos velhos não gostam de ser chamados de "velhos". Querem ser chamados de "idosos". Não gostaram do título da crônica. Pediram que eu trocasse o "velho" por "idoso". Mas a palavra "idoso" é boba. Não se presta para a poesia. "Idoso" é palavra que a gente encontra em guichês de supermercado e banco: fila dos idosos, atendimento preferencial. Recuso-me a ser definido por supermercados e bancos. "Velho", ao contrário, é palavra poética, literária. Já imaginaram se o Hemingway tivesse dado ao seu livro o título de *O idoso e o mar*? Eu não compraria. E o poema das árvores, do Olavo Bilac: "Veja essas velhas árvores...". Que tal "Veja essas árvores idosas..."? É ridículo. Eu jamais diria de uma casa que ela é "idosa". A palavra "idosa" só diz que faz muitos anos que a casa foi construída. Mas a palavra "velha" nos transporta para o mundo da fantasia. O velho sobradão do meu avô, onde vivi minha infância. Meus livros velhos, folhas soltas de tanto uso. Estão assim porque viveram muito, fiz amor com eles, tão frequentemente e tantas vezes que se gastaram. O Chico tem uma linda canção com o título: "O velho". É triste. Se o título fosse "O idoso" seria ridícula. Já imaginaram? O casal vai fazer bodas de ouro: cabeças brancas. Eles se abraçam, se beijam, e ele diz para ela, carinhosamente: "Minha idosa" – ao que ela responde com um sorriso: "Meu idoso". Não é nada disso. É "minha velha" e "meu velho"...

Meu pai

Do meu pai fica o seu retrato de olhar perdido, olhando o espaço vazio, cachimbo na boca, a fumaça dissolvendo os contornos. Eu disse "espaço vazio". Só para quem não o conhecia. Porque era ali que moravam seus sonhos. Já velho, pôs-se a criar galinhas, o que foi um desastre comercial, pois não permitia que fossem mortas, cada uma com o seu nome próprio e o seu prazer era vê-las, ao cair da noite, buscando os poleiros onde dormir. Foi muito rico, perdeu tudo, ficou pobre, mas acho que nunca lamentou. Nunca se acostumou com a civilização e tenho a impressão de que sempre teve saudades das casas de adobe e dos quintais de jabuticabeiras onde passara sua infância. Dizem que ficou esclerosado. Perdeu contato com a realidade. Talvez a verdade seja outra: voltou para a sua verdade, o "ignoto lar" a que se refere o Álvaro de Campos, inacessível a todos nós, do lado de cá. Entrou em sua canoa e remou para a terceira margem do rio, como no conto do Guimarães Rosa.

A chuva
Quando chovia, depois de muito sol quente, meu pai gostava de ficar na janela da casa velha, lá em Minas, vendo as plantas do quintal, cada uma delas fazendo os gestos que sabia. Os tomateiros, hortelãs e manjericão, exalando seus perfumes. As folhas de couve e de espinafre, brincando de juntar gotas d'água, grandes e brilhantes. As árvores e arbustos executando seus passos de dança, balançando as folhas, sob os pingos que caíam... Ele olhava, sorria, baforava o seu cachimbo e dizia: "Veja só como estão agradecidas".

Crepúsculo
A metáfora mais bonita que conheço para a velhice é o crepúsculo, o pôr do sol. O crepúsculo é lindo. Faz pensar. No crepúsculo tomamos consciência da rapidez do tempo. As cores rapidamente passam do azul para o verde, para o amarelo, para o abóbora, para o vermelho, para o roxo, para o negro... No crepúsculo sentimos o tempo fluir rapidamente. Por isso muitas pessoas têm medo dele. A famosa *happy hour* foi inventada como terapia para a tristeza do crepúsculo. No crepúsculo nos tornamos poetas. Muitos poetas escreveram sobre ele: Cecília Meireles, Fernando Pessoa, Browning, Wordsworth.

Sem substância
Alan Watts, no seu lindo livro *O Tao: o caminho das águas*; não é bem assim, mas digamos que o "Tao" é o deus do taoísmo. O deus do taoísmo é um rio em que temos de navegar sem remar, flutuando ao sabor das águas, sem fazer força, porque é inútil nadar ao contrário; pois é, o Alan

Watts escreveu o seguinte: "Especialmente à medida que se vai ficando velho, torna-se cada vez mais evidente que as coisas não possuem substância, pois o tempo parece passar cada vez mais rápido, de forma que nos tornamos conscientes da liquidez dos sólidos; as pessoas e as coisas ficam parecidas com reflexos e rugas efêmeras na superfície da água".

Nona
Recebi um telefonema de dona Nicolina Palermo, 86 anos de idade, a quem os amigos tratam por "Nona". Foi um momento de felicidade. É maravilhoso esse poder que têm os livros para criar pontes entre pessoas que se amam sem se conhecer. Uma vez, num lançamento de livros em Belo Horizonte, a inevitável sessão de autógrafos, vieram primeiro os velhos, os deficientes... Aproximou-se uma anciã que eu desconhecia numa cadeira de rodas, olhou para mim e disse: "Nunca te vi e sempre te amei". E começou a chorar. Eu chorei também.

Quantos anos você não tem?
Quando eu desfiz 60 anos... Desfiz: é a forma correta de dizer. Porque esses 60 são os anos que não tenho mais. Quantos eu tenho, só Deus sabe... Quando desfiz 60 anos consolei-me poeticamente com a palavra "sexagenário": sex + agenário = idade do sexo. Para trás ficou a década dos 60. Chegou a década dos 70. Agora, quanto ao sexo que ficou para trás, se tenta...

Assustei-me
Um homem, cabeleira branca, estava com os braços levantados, como se estivesse sendo assaltado, no aeroporto. Aproximei-me. De fato, era um velho. Devia ter aproximadamente a minha idade. De fato, estava com os braços levantados. Estavam apoiados no vidro que separa os que partem dos que ficam. Ele era um dos que ficavam. Lágrimas escorriam dos seus olhos. Alguém partira. Seus braços levantados, encostados no vidro,

diziam da inutilidade das suas lágrimas. Há um momento na vida em que cada separação anuncia a Grande Separação. Olhei para o porteiro que verificava os cartões de embarque. Ele entendeu a pergunta que estava no meu olhar e só disse: "O filho partiu...". Tive vontade de abraçá-lo. Porque eu também tenho despedidas a cumprir.

Sobre a velhice

Por oposição aos gerontologistas, que analisam a velhice como um processo biológico, eu estou interessado na velhice como um acontecimento estético. A velhice tem a sua beleza, que é a beleza do crepúsculo. A juventude eterna, que é o padrão estético dominante em nossa sociedade, pertence à estética das manhãs. As manhãs têm uma beleza única, que lhes é própria. Mas o crepúsculo tem um outro tipo de beleza, totalmente diferente da beleza das manhãs. A beleza do crepúsculo é tranquila, silenciosa – talvez solitária. No crepúsculo, tomamos consciência do tempo. Nas manhãs, o céu é como um mar azul, imóvel. Nos crepúsculos, as cores se põem em movimento: o azul vira verde, o verde vira amarelo, o amarelo vira abóbora, o abóbora vira vermelho, o vermelho vira roxo – tudo rapidamente. Ao sentir a passagem do tempo, nós percebemos que é preciso viver o momento intensamente. *Tempus fugit* – o tempo foge –, portanto, *carpe diem* – colha o dia. No crepúsculo, sabemos que a noite está chegando. Na velhice, sabemos que a morte está chegando. E isso nos torna mais sábios e nos faz degustar cada momento como uma alegria única. Quem sabe que está vivendo a despedida olha para a vida com olhos mais ternos...

Bom lugar para uma sepultura

O poeta R. S. Thomas, falando sobre o lugar que escolheria para a sua sepultura, disse o seguinte: "Ela deverá estar próxima à árvore da poesia, que é a eternidade vestida com as folhas verdes do tempo..." ("It will be found somewhere within sight of the tree of poetry, that is eternity wearing the green leaves of time").

Depressão da velhice

Recebi dois *e-mails* que me deram grande alegria. Um deles, de uma mulher que me falava de sua mãe. O outro, também de uma mulher, falava-me sobre sua avó. A primeira me contava de sua mãe, já velha, como eu, que estava mergulhada numa profunda melancolia. Passava os seus dias com olhar perdido. Certamente pensava no fim que se aproximava. Nunca havia lido um único livro em toda a sua vida. Na tentativa de tirar sua mãe da depressão, começou a ler para ela alguns dos meus textos. Um milagre aconteceu. Ela ressuscitou. Começou a ler e agora não queria parar. A outra me contou algo semelhante. Sua avó vivia a tristeza de duas perdas: do marido e da filha. A neta teve a mesma ideia: começou a ler para a sua avó. O mesmo milagre aconteceu. Agora não parava de ler. O que teria acontecido? Talvez eu, velho, tivesse colocado em palavras coisas que estavam nas suas almas. A grande tristeza da velhice é a solidão. Lembro-me de uma tola, tentando consolar um velho de 92 anos que só vivia de saudades: "É preciso esquecer o passado! É preciso olhar para a frente!". Mas que "para a frente" existe na alma de um velho de 92 anos? Talvez uma coisa simples e barata que possa ser feita para os velhos seja ler-lhes literatura, quem sabe poesia. A literatura nos liberta da solidão. E traz alegria.

Liberdade e velhice

T. S. Eliot se refere a um momento da vida quando se atinge "a liberdade íntima do desejo prático, quando se está livre da obrigação de fazer, livre das compulsões internas e externas...". Citei esse texto de Eliot num dos meus livros. O revisor se horrorizou. Imaginou que eu havia me enganado. Corrigiu a minha tradução e assassinou Eliot. Escreveu: "a liberdade íntima para o desejo prático...". Desejo prático é o desejo de fazer coisas. Nunca havia passado pela cabeça do revisor, certamente um ativista político, que exista na vida um delicioso momento de vagabundagem. Quando as mãos nada têm a fazer por obrigação. É nesse momento de vagabundagem que as coisas que haviam permanecido sufocadas durante a vida inteira pela obrigação prática de fazer começam a fazer o que querem. Max Weber confessou que suas melhores ideias lhe vinham quando caminhava distraído pelas ruas de Heidelberg. As ideias vêm quando não as estamos buscando. E, quando aparecem, ficamos surpresos. "Eu não procuro, eu encontro", dizia Picasso. A velhice é um desses momentos. Os velhos não têm obrigação de fazer coisa alguma. Nada se espera deles. Tempo da aposentadoria. A poesia começou a brotar da Cora Coralina depois dos 70 anos. Antes disso, a poesia não apareceu. Certamente ela estava muito ocupada com as obrigações de uma dona de casa. Meu primo Paulo Berutti passou a vida inteira fazendo as coisas que sua profissão de engenheiro agrônomo o obrigava a fazer. Aposentado, veio a vagabundagem. Perguntou-se: "Que vou fazer?". Foi então que surgiu das funduras do esquecimento o tapeceiro que ele fora desde sempre. Suas tapeçarias maravilhosas viajaram o mundo. E que dizer do professor Avelino Rodrigues de Oliveira, que durante sua vida profissional se dedicou de maneira competente a ensinar os mistérios da bioquímica aos seus alunos? Aposentou-se e o pintor que morara nele desde que nascera floresceu. Ele pinta quadros maravilhosos. A profissão é, frequentemente, o túmulo dos artistas.

Hans Born

Aconteceu com o meu amigo Hans Born, alemão de nascimento, naturalizado "mineirro". Aposentou-se. Mudou-se de São Paulo para Caldas com a Tomiko, sua esposa. Tomiko é aquela que, quando completei 60 anos, me disse que chegara a hora de eu comprar um *blazer* vermelho, a cor dos deuses, a quem tudo é permitido. Comprei, está no meu guarda-roupas, mas tenho vergonha de usá-lo. Livre da compulsão prática, o Hans viu nascer dentro dele um artesão apaixonado pelas madeiras. Artesão menino que gosta de brincar. As madeiras são os seus brinquedos. Acaba de fazer um painel com 35 cubos de madeiras diferentes que podem ser identificadas pela cor, pelos desenhos, pelo perfume. Com as madeiras, ele faz quebra-cabeças fantásticos de precisão milimétrica, inspirados nos desenhos doidos de Escher. Não servem para nada. Não têm nenhuma função prática. Servem para brincar. Mas só o Hans brinca três vezes. Brinca planejando o que vai fazer. Brinca fazendo o que planejou, serrando a madeira com serras da espessura de uma lâmina de gilete. Brinca uma terceira vez montando os quebra-cabeças... Quando se está livre da compulsão prática, a criança que foi reprimida pelo adulto salta lá de dentro e põe-se a fazer artes, a fazer arte. Os velhos são morada de crianças. "Os grandes silêncios da alma das crianças!", escreveu Miguel de Unamuno. "Os grandes silêncios da alma dos anciãos..." Crianças e velhos estão assim tão próximos uns dos outros porque ambos estão livres da compulsão prática. Tenho uma inveja boa do Hans. O seu rigor. A sua paciência. A ordem e limpeza da sua oficina. Mas o que o Hans gostaria mesmo de fazer, eu penso, é ensinar. Ensinar as crianças a ser crianças. Ensinar os adultos a ser crianças. E o que ele quer fazer, sem ter de fazer, por puro prazer, é transformar as madeiras em brinquedos, em entidades dotadas de alma. Não conheço ninguém que se pareça com ele, o Hans. Ele é uma caixa de surpresas. Surpresas que estiveram guardadas por muitos anos, os anos de suas atividades profissionais práticas. Até que chegou o momento feliz da liberdade da obrigação prática...

Causa mortis

Estou curioso. Pergunto aos médicos. Será que num atestado de óbito se pode escrever, na *causa mortis*, simplesmente "velhice"? Se não pode, acho que deveria poder. Explico. Há várias causas para explicar o fato de a chama da vela ter-se apagado: uma lufada de vento, alguém a apagou, faltou oxigênio, pingou água no pavio... Nesses casos, houve uma *causa mortis* exterior que produziu o apagamento da chama. Mas há também o caso daquela vela que vai queimando, vai queimando, até que a cera acaba e o pavio não tem outra alternativa a não ser apagar. A vida não será assim? Há golpes exteriores que lhe põem um fim. Aí faz sentido dizer: *causa mortis*. Mas há essa situação em que a morte acontece porque a vida gastou-se toda. Não houve uma causa para a morte. A vida simplesmente acabou... *Causa mortis*: velhice.

Inutilidade

À minha frente, um auditório cheio de idosos, cabelos brancos, calvas, rugas, desejoso de viver a vida. Eu, muito mais novo que eles (isso aconteceu há vinte anos...), comecei: "Senhoras e senhores: Então vocês chegaram finalmente à idade em que podem se dar ao luxo de ser totalmente inúteis...". Estabeleceu-se a confusão. Protestos. Serenados os ânimos, continuei: "Uma sonata de Mozart é inútil, não serve para nada. Mas uma vassoura é muito útil. Vocês preferem a companhia das vassouras à companhia da música de Mozart... Uma poesia do Fernando Pessoa não serve para nada, é inútil, mas o papel higiênico é muito útil. Vocês acham o papel higiênico mais importante que a poesia do Fernando Pessoa...". Os rostos bravos abriram-se em sorrisos. Eles compreenderam...

Velhice

Numa reunião do grupo de poesia com que me reúno às terças-feiras, uma participante contou a seguinte piada. Os dois velhinhos estavam ruins de memória. Esqueciam tudo. Foram ao médico. O médico, coitado, sabia que há males para os quais não há remédio. De qualquer forma, receitou-lhes uns placebos e deu-lhes um conselho prático: "Eu sugiro que vocês criem o hábito de carregar um caderninho, cada um com o seu, e que nesse caderninho escrevam as coisas que não podem ser esquecidas". Os dois ficaram encantados com sugestão tão simples. Compraram caderninhos numa papelaria a caminho de casa. Em casa, a mulher, cansada, disse ao marido: "Que vontade de tomar sorvete...". O marido respondeu: "Vou pegar o sorvete para você na geladeira, meu bem". Ela argumentou: "Acho melhor você escrever no caderninho: duas bolas de sorvete de creme com calda de chocolate". "Não é preciso", ele disse. "Daqui até a cozinha, não vou esquecer." Passados vinte minutos, ele voltou com o pedido da mulher. Trazia dois ovos fritos num prato. Ela disse irritada: "Eu sabia que você iria esquecer. Onde estão as tiras de bacon?". Um artifício de que lanço mão para não trocar sorvete por ovos fritos é ficar repetindo. Faço isso frequentemente com números de telefone... Repetir é coisa de quem tem memória fraca. Aí eu não entendo por que as pessoas religiosas ficam repetindo a mesma reza, as mesmas palavras. Por que repetir? Deus está com memória fraca? Deus tem Alzheimer? Deus se esquece com facilidade? Ou será que acham que Deus gosta de ouvir repetições? Se ele gosta, perdeu o meu respeito.

Êrro de acentuação

Um casal de velhos procurou um médico geriatra. Queriam viver uma vida saudável. Examinados os dois, o médico lhes prescreveu uma receita e deveriam voltar dali a duas semanas para uma reavaliação. No dia do retorno, o médico ficou perplexo: a velhinha estava sorridente, pintada, rejuvenescida vinte anos. Já o estado do marido era lamentável, joelhos trêmulos, dentadura frouxa. O médico pensava: como pode uma mesma receita produzir efeitos tão opostos? Até que, em meio à conversa, ele decifrou o enigma. E, dirigindo-se ao velho, falou: "Eu lhe disse que comesse *avêia* três vezes por dia e o senhor comeu a *véia* três vezes por dia...".

Velhos do mundo! Uni-vos!

Sinto uma grande ternura pelos velhinhos. Dentro daqueles corpos que os anos desgastaram – enrugados, flácidos, fracos – moram crianças que desejam brincar. Eles não brincam porque não fica bem. Seria um embaraço para os filhos... E moram também jovens que querem amar. Querem amar e ser amados. Abraçar. Beijar. Bom seria que os velhos se sentissem livres para fazer o que quisessem sem ter de prestar contas aos filhos. Há o *Manifesto comunista* que convida os operários, classe oprimida, à revolução. Mas os velhos não serão também uma classe oprimida? São. Então, que se escreva um *Manifesto dos velhos* que termine com um grito: "Velhos do mundo! Uni-vos!".

Aposentadoria

Não é curioso isso, que a velhice sendo o destino de todos nós, não haja nada, nas escolas, que nos prepare para essa experiência? Acho que é porque as escolas, e especialmente as universidades, estão comprometidas em preparar seus alunos para o mercado de trabalho. Acontece que os velhos estão fora do mercado de trabalho. A nossa sociedade define a nossa identidade por aquilo que fazemos, da mesma forma que os objetos são definidos por aquilo que podem fazer. Esferográficas: escrever. Lâmpadas: iluminar. Lâminas de barbear: barbear. Quando esses objetos ficam velhos e não mais podem executar a sua função, são jogados no lixo. Quem deixou de ter função econômica deixou de ter identidade. Vai para um lixo social chamado exclusão.

"Ele pensa que há um lugar aonde se chegar. Não há. Todos os caminhos levam ao mesmo fim. Na vida só há o caminho…"

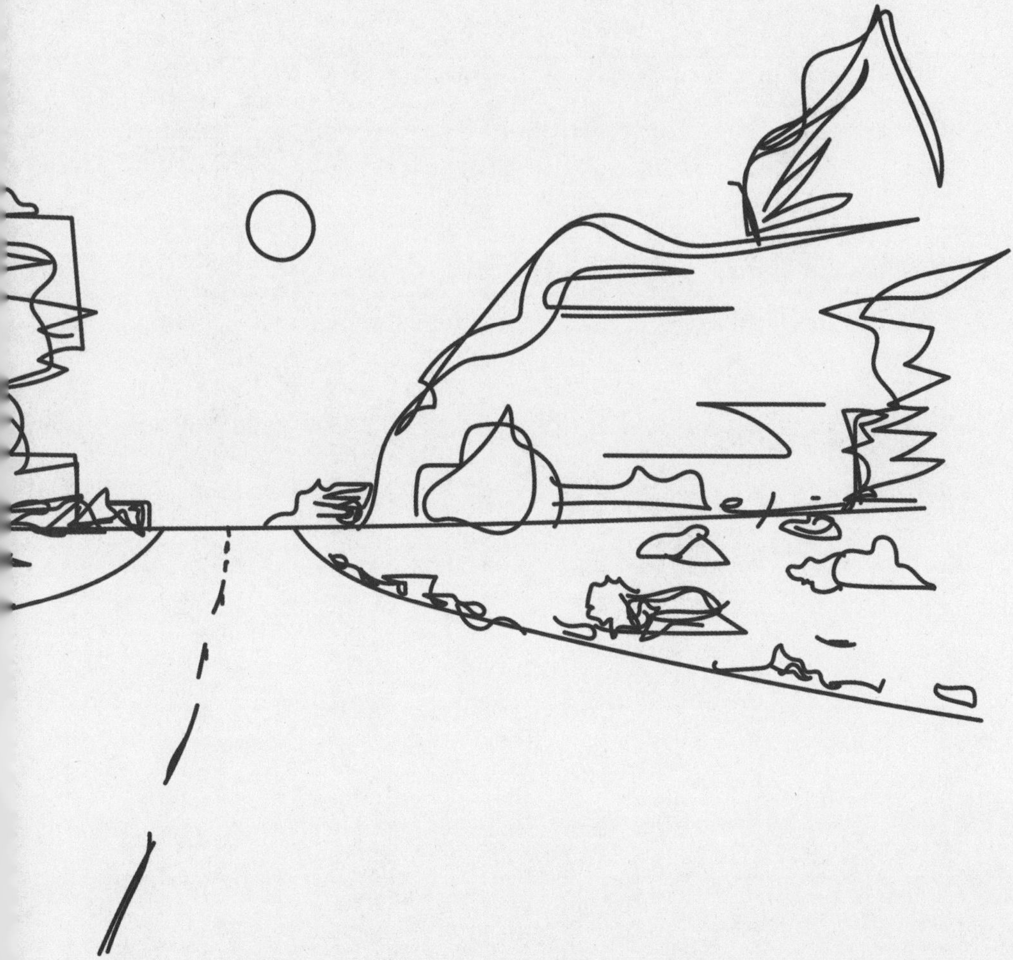

Morte

Sonho
Ela estava com câncer. Sabia que iria morrer. Mas não queria morrer. Era muito cedo. Havia muita coisa a ser vivida. Então, teve um sonho. Era um jantar, muitos amigos reunidos, comendo. Aí um garçom dirigiu-se a ela e segurou a borda do seu prato para tirá-lo. Mas ela não terminara ainda! A comida estava gostosa. Seu prato estava cheio. Segurou então o prato para impedir que o garçom o levasse. Ela queria comer tudo o que estava no seu prato, até o fim. Houve um momento imóvel: o garçom, decidido a levar seu prato, e ela, decidida a não deixar que ele o fizesse. Passados alguns segundos nesse impasse, ela olhou para o garçom, sorriu, largou o prato e disse: "Pode levá-lo...".

Cecília Meireles
Eu sinto uma terrível tristeza, uma vontade de não partir. Promessas de imortalidade da alma não me consolam. Sou um ser deste mundo. Meu corpo precisa dos cheiros, das cores, dos gostos, dos sons, das carícias... Poderia, por acaso, haver um caqui espiritual, ou um mar que não fosse água? Lembro-me da Cecília Meireles: "Pergunto se este mundo existe, e se, depois que se navega, a algum lugar enfim se chega... O que será, talvez, mais triste. Nem barca, nem gaivota: somente sobre-humanas companhias...". Não, não quero partir. Meu corpo pertence a este mundo.

Poeta

Muita gente tenta escrever poesia. Poucos conseguem. Eu mesmo nunca me atrevi. Mas tenho uma amiga agraciada pelos deuses, Cássia Janeiro. A poesia mora nela. O professor Antonio Candido, ao ler os poemas da Cássia, ficou espantado com a sua profundidade e beleza. O que o levou a escrever o prefácio do seu primeiro livro. Antes de me conhecer pessoalmente, a Cássia leu o que escrevi sobre pérolas e ostras. E foi isso que ela disse: "Certa vez li, num artigo de Rubem Alves, a seguinte expressão: 'Ostra feliz não faz pérola'. Aquilo ficou guardado na *minha* cabeça e me acompanhou nos momentos mais profundos de dor e de solidão que, quem sabe, tenham se transformado em pérolas ou ainda estejam se transformando". Pois a Cássia, ostra, produziu uma pérola poética, um novo livro de poemas com o título *A pérola e a ostra*. Com licença dela, transcrevo o poema que ela dedicou ao professor Antonio Candido, que havia acabado de perder sua esposa:

O QUE SOBROU
    O que sobrou de você neste
    Apartamento
    Foram as suas roupas,
    Que logo vão ser dadas,
    Os seus livros,
    Alguns dos quais serão meus,
    Aqueles que compramos juntos,
    As lembranças.
    O que sobrou foram seus retratos e,
    Quando vi uma foto sua, sorridente e saudável,
    Lembrei-me de que não me preparei
    Para a sua vinda,
    Mas pude me preparar para a sua ida.
    Mas quando você foi,
    Ah, meu Deus!
    O que sobrou?
    O que sobrou
    Fui eu.

A vida é o que fazemos com a nossa morte
Se estiver para morrer, que me digam. Se me disserem que ainda me restam dez anos, continuarei a ser tolo, mosca agitada na teia das medíocres, mesquinhas rotinas do cotidiano. Mas se só me restam seis meses, então tudo se torna repentinamente puro e luminoso. Os não essenciais se despregam do corpo como escamas inúteis. A Morte me informa sobre o que realmente importa. Me daria o luxo de escolher as pessoas com quem conversar. E poderia ficar em silêncio, se o desejasse. Perante a morte tudo é desculpável... Creio que não mais leria prosa. Com algumas exceções: Nietzsche, Camus, Guimarães Rosa, Gabriel García Márquez, Saramago. Todos eles foram aprendizes da mesma mestra. É certo que não perderia um segundo com filosofia. E me dedicaria à poesia com uma volúpia que até hoje não me permiti. Porque a poesia pertence ao clima de verdade e encanto que a Morte instaura. E ouviria mais Bach e Beethoven. E o Chico... Além de usar meu tempo no prazer de cuidar do meu jardim... Não, não é nada mórbido. É que não temos opções. A vida é aquilo que fazemos com a nossa Morte. Ou a olhamos de frente e ela se torna amiga, ou fazemos de conta que ela não bate à porta, e ela entra noturna, pela porta da cozinha, para nos ir comendo em silêncio. Curioso que ela nada saiba sobre si mesma. Quem sabe sobre a Morte são os vivos. A Morte, ao contrário, só fala sobre a Vida, e depois do seu olhar tudo fica com aquele ar de "ausência que se demora, uma despedida pronta a cumprir-se" (Cecília Meireles). E ela nos faz sempre a mesma pergunta: "Afinal, que é que você está esperando?". Como dizia o bruxo dom Juan ao seu aprendiz: "A Morte é a única conselheira sábia que temos. Sempre que você sentir que tudo vai de mal a pior e que você está a ponto de ser aniquilado, volte-se para a sua Morte e pergunte-lhe se isso é verdade. Sua Morte lhe dirá que você está errado. Nada realmente importa fora do seu toque... Sua Morte o encarará e lhe dirá: 'Ainda não o toquei'".

Direito
Na Declaração Universal dos Direitos Humanos falta um direito: "Todos os seres humanos têm o direito de morrer sem dor".

Suicídio

Albert Camus disse que o suicida prepara seu suicídio como uma obra de arte, ainda que horrenda. Quem vê a cena não esquece. Creio que algumas pessoas que morreram de morte natural, sabendo que iam morrer, também prepararam a sua morte como uma obra de arte. Um conhecido nos Estados Unidos doou o seu corpo para uma escola de medicina. Assim, não haveria velório nem sepultamento. Para preencher essa lacuna, ele deixou uma generosa quantia para um jantar do qual seus amigos mais queridos participariam. Um outro conhecido dispensou as urnas funerárias que são vendidas e compradas. Elas são de um mau gosto atroz. Aliás, toda a parafernália dos velórios é horrenda. Em anos passados, havia no velório municipal, ao lado do Cemitério da Saudade, umas frases que eram de fazer arrepiar os cabelos dos mais sensíveis. "Eterno e silencioso é o descanso dos mortos." Imaginar-me passando a eternidade descansando e em silêncio é horrível. Não sei se as ditas frases ainda estão lá. Esse conhecido mandou fazer uma urna funerária de pinho, sem nenhum adorno, nem mesmo verniz. Era outono. O chão estava coberto de folhas de plátano amarelas e vermelhas. Seus amigos se reuniram e costuraram centenas de folhas de outono até fazer um lençol que cobriu a urna funerária. As folhas vermelhas e amarelas caem das árvores e voltam à terra. Também os homens e as mulheres caem e voltam à terra... Nos velórios, o morto não tem vontade. O que é uma pena. Muitas pessoas que aparecem e fazem cara de tristeza, pela vontade do morto não estariam lá. No jantar é diferente. É preciso ser convidado... Se você fosse deixar um jantar pago para reunir seus amigos queridos, quais seriam eles?

Sobre a vida e a morte

Somente aqueles que se tornam discípulos da morte sentem a doçura da vida. Quem não é discípulo da morte fica sempre achando que ainda há muito tempo e, com isso, não se dá conta dos morangos que há à beira do abismo. Ele pensa que há um lugar aonde se chegar. Não há. Todos os caminhos levam ao mesmo fim. Na vida só há o caminho...

Meu velório
Vou ser cremado por não gostar de lugares fechados. As cinzas podem ser soltas ao vento ou colocadas como adubo na raiz de uma árvore. Assim posso virar nuvem ou flor. Um jantar para os amigos com sopa, vinho e Jack Daniels. Será que no outro mundo há Jack Daniels? Ofício religioso, Deus me livre. Não quero que se digam palavras dizendo que fui para o céu. O céu me dá calafrios. Mas gostaria que meus amigos ouvissem algumas das músicas que amo. São muitas. Separei algumas. Gluck: Melodia, da ópera *Orfeu e Eurídice*, Nelson Freire ao piano. Está no seu DVD. De Bach: o Minueto, do *Livro de Ana Madalena*. É a coisa mais singela... O CD *Bach*, do grupo O Corpo, com o Uakti. A primeira *suíte* para violoncelo, sobre a qual escrevi o livro *O Barbazul*. O CD *Lambarena*, em homenagem a Albert Schweitzer, com ritmos africanos. Bach ficaria assombrado! A ária para a quarta corda. Carl Orff, a canção "In trutina", da *Carmina Burana*. De Mozart, a Sonata em lá maior KV. 331 (*Marcha turca*); *Uma pequena serenata* (Eine kleine Nachtmusic). Eu fazia meu filho Sérgio dormir ouvindo essa delicadeza... De Liszt: a *Consolação nº 3*, de uma pungência infinita. De Dvorjak, *Sinfonia do Novo Mundo*, segundo movimento. De Ravel, o segundo movimento do Concerto para piano e orquestra em sol maior. E de Astor Piazzola, *Oblivion*, Arthur Moreira Lima ao piano.

Morte repentina
Odeio a ideia de morte repentina, embora todos achem que é a melhor. Discordo. Tremo ao pensar que o jaguar negro possa estar à espreita na próxima esquina. Não quero que seja súbita. Quero tempo para escrever o meu haicai.

O direito de morrer
A vida humana, diferente da vida dos bichos e plantas, que se mede por sinais biológicos e elétricos, se mede pela possibilidade de alegria que ela contém. Quando essa possibilidade não mais existe, uma pessoa tem o direito de exigir que sua vida biológica não seja mantida por meios

heroicos, porque cada pessoa é senhora de sua vida. Há uma hora em que o corpo e a alma desejam partir. Não se deve impedi-los se assim desejarem, por meio da força. Ainda que seja a força médica. Fazer isso seria uma crueldade que não se pode admitir.

Por quê?
Haviam acabado de jantar. Pai velho e filho médico vão para a sala de estar, para conversar. Conversa mansa, gostosa... De repente, o filho nota que o pai ficou silencioso, não mais reagia às suas palavras, a cabeça pendida para o lado... Médico, ele compreendeu imediatamente: seu pai morrera. Fez então aquilo que lhe haviam ensinado, que fazia parte dos seus automatismos médicos: deitou o pai no chão, fez respiração boca a boca, massagem cardíaca, lutou contra a morte, como é dever dos médicos. O coração recomeçou a bater. A respiração voltou. Seu pai voltou a viver. Mas houve sequelas. Ele perdeu o controle dos seus esfíncteres e ficou obrigado às humilhações e incômodos do fraldão. Assentado na sua cadeira, ele olhava o filho e lhe dizia: "Por que você fez aquilo? Eu morri tão feliz, em meio à nossa conversa... Mas você me trouxe de volta e agora estou aqui. Por que você fez aquilo, filho?".

Necrologia
Era a página de necrologia. Havia fotografias dos mortos enquanto vivos. Entre elas, a de uma linda menina. Teria uns 10 anos, talvez. Era o convite para uma missa, por ocasião do dia em que seria o seu aniversário. Meu coração ficou junto ao coração dos pais. Imaginei-me na situação deles, a dor pela perda de uma filha menina ainda. Mas houve uma afirmação que não entendi. Dizia-se que a missa seria "em sufrágio de sua alma". Eu não sei o que "sufrágio" quer dizer. A alma da menininha estaria em alguma fila de espera no outro mundo? Deus não abraça as crianças? Há débitos pendentes? Não estava no céu? Acho que não. Porque se estivesse no céu seria só alegria. Nenhum sufrágio seria necessário. Tenho uma enorme dificuldade em entender as coisas das religiões.

Solução criativa
Meu irmão foi engenheiro-chefe da Rede Ferroviária Federal, em Minas. E havia uma norma relativa ao uso dos telégrafos: somente os telegrafistas-chefes tinham permissão para telegrafar. Imagino que essa norma foi escrita para impedir abusos, namoro pelo telégrafo, recados pelo telégrafo. Pois um telegrafista-chefe e seu ajudante se encontravam numa estaçãozinha perdida na serra. E o telegrafista-chefe teve um ataque de coração e morreu. O ajudante ficou numa situação impossível. De um lado, ele tinha de avisar o escritório central rapidinho do ocorrido. Do outro, ele estava proibido de fazê-lo usando o telégrafo, por causa da dita norma. Mas ele encontrou uma solução inteligente. Por ela deveria ter sido promovido a telegrafista-chefe. Foi ao telégrafo e mandou a mensagem: "Quero comunicar à chefia que faleci esta manhã". E assinou o nome do telegrafista-chefe.

O direito de decidir sobre a própria vida
Todos saem comovidos do filme *Menina de ouro*. O assunto é o direito que tem uma pessoa de tomar a decisão de pôr um fim à sua vida quando a vida perdeu o sentido. Os diálogos com o padre, no filme, são terríveis. O padre nada sente da vida. Ele vive num mundo de regras que teólogos lógicos deduziram. Identifiquei-me com a moça. Se estivesse na situação dela, eu não desejaria continuar a viver. E identifiquei-me com o seu treinador, Clint Eastwood. Eu teria feito o que ele fez. Esse assunto vai crescendo dentro de mim à medida que a vida se escoa. Amo a vida absurdamente. Meu epitáfio deverá ser: "Ele teve um caso de amor com a vida...". Mas a vida humana não se mede por batidas cardíacas ou ondas cerebrais. A vida humana só é humana enquanto existe a possibilidade de beleza e riso. Sem beleza e sem risos a vida humana acabou. O que resta é apenas um corpo que deseja morrer. Hoje já se está dando atenção ao que se chama "terapia paliativa". "Paliativo" vem do latim *pallium*, capa, cobrir, esconder. A terapia paliativa entra em cena quando se sabe que a batalha está perdida. Não há mais sentido para os "recursos heroicos". Quantas quimioterapias sabidamente inúteis deixariam de ser feitas! Quanto

sofrimento seria poupado! O objetivo da terapia paliativa é tornar o mais confortável possível a despedida da pessoa que vai morrer. Há de se viver bem. Há de se morrer bem. A ideia de que a medicina é uma luta contra a morte está errada. A medicina é uma luta pela vida boa, da qual a morte faz parte.

Delicadeza
Eu estava nos Estados Unidos com a família, como professor visitante do Union Theological Seminary, Nova York. Era novembro. Um telefonema do Brasil nos deu a triste notícia: meu sogro havia morrido num acidente automobilístico. A notícia correu, mas estávamos mergulhados na dor e na solidão, no pequeno apartamento onde vivíamos. Nada podíamos fazer. Aí, por alguma razão, abrimos a porta de entrada. No chão se encontrava um buquê de flores. Devia ter estado lá por bastante tempo. A pessoa que o trouxera não apertara o botão da campainha. Simplesmente deixara o buquê ali, silenciosamente, e se fora. O envelope tinha o nome da minha esposa. No cartão havia uma única frase, curtíssima: "Não quis perturbar a sua dor". Já faz muitos anos. Mas não me esqueci e não me esquecerei.

Morte
E pediram ao profeta: Fale-nos sobre a Morte. E ele disse: "A coruja, cujos olhos noturnos são cegos durante o dia, não pode revelar o mistério da luz. Se quereis realmente contemplar o espírito da morte, abri bem o vosso coração para a vida. Pois a vida e a morte são uma, assim como o rio e o mar são um. Nas profundezas das vossas esperanças e desejos está vosso conhecimento silencioso do além. E, como sementes sonhando embaixo da neve, vosso coração sonha com a primavera. Confiai em vossos sonhos, pois neles estão escondidas as portas para a eternidade. Pois o que é o morrer além de estar nu ao vento e derreter-se ao sol? E o que é cessar de respirar, senão livrar a respiração de suas incansáveis marés, que se elevam e expandem e buscam Deus sem obstáculos? Só cantareis de verdade quando beberdes do rio do silêncio. E quando chegardes ao

topo da montanha, só então começareis a subir. E quando a terra pedir os vossos membros, só então dançareis". (Khalil Gibran, *O profeta*)

O que falar da morte?
As Sagradas Escrituras sugerem que o silêncio é a palavra mais significativa que se pode falar diante da morte. Porque no silêncio não dizemos nada. O silêncio é como uma taça vazia que, por ser vazia, permite que a pessoa que está sofrendo recolha nela todas as suas lágrimas, que nós não conhecemos.

Quem leu *O Pequeno Príncipe* entenderá
"Naquela noite não o vi partir. Saiu sem fazer barulho. Quando consegui alcançá-lo ele caminhava decidido, num passo rápido. Disse-me apenas: 'Ah! aí estás...'. E segurou a minha mão. Mas preocupou-se de novo: 'Fizeste mal. Tu sofrerás. Eu parecerei estar morto e isso não será verdade...'. Eu me calara. 'Tu compreendes. É muito longe. Eu não posso carregar este corpo. É muito pesado.' Eu continuava calado. 'Mas será como uma velha concha abandonada. Não tem nada de triste numa velha concha... Será lindo, sabes? Eu também olharei as estrelas. Todas as estrelas serão como poços com uma roldana enferrujada. Todas as estrelas me darão de beber... As pessoas veem as estrelas de maneira diferente. Para aqueles que viajam, as estrelas são guias. Para outros, elas não passam de pequenas luzes. Para os sábios, elas são problemas... Mas todas essas estrelas se calam. Tu, porém, terás estrelas como ninguém nunca as teve... Quando olhares o céu de noite, eu estarei habitando uma delas, e de lá estarei rindo; então será, para ti, como se todas as estrelas rissem! Dessa forma, tu, somente tu, terás estrelas que sabem rir!'"

Pensamentos da hora da morte
Tive uma amiga, professora da Universidade de Birmingham, na Inglaterra, que adorava escalar montanhas. Por que escalar uma montanha? Ela respondia: "Porque ela está lá...". Cada pico coberto de neve lhe era

um desafio irresistível! Pois ela me contou o seguinte: ela e um grupo de amigos escalavam uma montanha gelada, se não me engano no Peru ou no Equador. Os membros do grupo, por segurança, estavam todos amarrados uns nos outros. De repente, um deles escorregou e começou a deslizar encosta abaixo. Os outros foram arrastados com ele. Os alpinistas levam uma minipicareta amarrada ao pulso. Enquanto ela deslizava montanha abaixo, possivelmente para a morte, não pensou sobre a morte. Não sentiu terror. Começou a pensar irrelevâncias. Seus braços jogados para cima, a picareta pulava de um lado para o outro acima da sua cabeça. E o que ela pensou foi: "Como são perigosas essas picaretas! É preciso fazer algo para diminuir o seu perigo!". Quatro dos seus amigos morreram. Ela sobreviveu. Pois algo parecido aconteceu com meu querido amigo Carlos Rodrigues Brandão, que não morreu por pouco. Viajava de ônibus para uma pequena cidade do Triângulo Mineiro. O ônibus se chocou com um caminhão. Ele foi projetado contra o banco da frente e teve vários ossos do rosto fraturados. Sentiu-se sem movimentos e sem sensibilidade no corpo. Imaginou que a medula havia se rompido. O sangue jorrava e escorria pelo rosto. Pensou que iria morrer. Então rezou agradecendo a vida que estava por terminar. Mas repentinamente lhe veio um pensamento: "O Rubem planta uma árvore no seu sítio para cada amigo que morre. E eu não lhe disse qual a árvore que quero que plante para mim. Como é que ele vai fazer? Deveria ter-lhe dito que eu quero que plante uma paineira branca...". O Brandão está bem, boca amarrada, comendo por um canudo, chupando sopa fazendo barulho... Já ganhei uma muda de paineira branca, linda e rara. Acho que não vai fazer mal plantá-la agora. A minha árvore já está plantada, com mais de três metros de altura...

"Me ajuda..."

Foi-me relatado por um amigo médico. Ele estava ao lado de um menino, 11 anos, segurava suas mãos. O menino estava morrendo. O menino olhou para ele, apertou sua mão e disse: "Tio, como é difícil morrer! Me ajuda a morrer...".

Onipotência

Um amigo querido do Rio de Janeiro está passando por momentos doloridos. Falou-me do seu sofrimento. Seu irmão está vivendo talvez os últimos dias numa cama de hospital. Mas a tristeza do meu amigo e da família é acrescida pela insensibilidade arrogante do médico que cuida do seu irmão. Meu amigo, professor universitário, deseja ver os resultados dos exames de laboratório. Eu também desejaria. Pois o referido médico determinou que somente ele, médico, pode ter acesso aos exames. A família permanece na ignorância. Esse é um dos horrores possíveis no caso de uma internação hospitalar: a perda dos direitos sobre o próprio corpo. Fica-se à mercê de um outro, desconhecido. Infelizmente ainda há médicos que, possuídos de arrogância e onipotência, se julgam donos do doente. Pois eu acho que quem é dono é o doente, dono dos procedimentos médicos que ele pode aceitar ou rejeitar, dono das informações que ele passa ao médico, se assim o desejar. Esta é uma questão muito séria e julgo que os médicos deveriam estudá-la, como parte da ética médica. O doente, por ser doente, não está reduzido à condição de um nabo cozido. Ele continua sendo um ser humano, dono de si mesmo. E se ele não está em condições, são os seus seres queridos que administram os seus direitos e cuidam para que eles não sejam transgredidos. Um comportamento assim seria objeto de punição se acontecesse em qualquer outra situação. Até os criminosos são protegidos pela lei. Imagino que Kafka deve ter se inspirado numa situação hospitalar para escrever *O processo*. É preciso que os médicos estejam conscientes de que não são donos do doente, mas servos do doente. Assim, uma das condições essenciais para o exercício da medicina é a humildade. Comportamentos como esse que denuncio não são a regra. Mas existem.

Cata-vento

Ele visitava semanalmente o túmulo do pai e levava flores novas. Ficava triste vendo as flores murchas e secas da semana anterior, que ninguém regara. Aí teve a ideia de substituir as flores por um cata-vento. Fincado o catavento, sempre que o vento soprava, ele girava...

No cemitério
... minha filha de 4 anos explicava ao irmão grande que a levava pela mão: "Há dois tipos de túmulo. Nesses que parecem uma caixa as pessoas são enterradas deitadas. Nesses que parecem uma torre de igreja elas são enterradas de pé...".

"O pão nosso de cada dia..."
O norueguês Thor Heyerdahl, que em 1947 empreendeu a famosa expedição Kon-Tiki, através do oceano Pacífico, morreu enquanto dormia, aos 87 anos. Parou de comer e beber ao ser informado de que sofria de um tumor cerebral. E se os médicos, em nome da ética, o entubassem e o obrigassem a ingerir alimentos? Uma paciente antiga relatou-me que o pai velho, doente e religioso, havia parado de comer. Mas era seu hábito orar diariamente o Pai-Nosso. Aí ela notou que o seu Pai-Nosso estava diferente. Ele não rezava a cláusula "o pão nosso de cada dia dai-nos hoje".

Tristeza e comunhão
Os que bebem juntos da mesma fonte de tristeza descobrem, surpresos, que a tristeza partilhada se transmuta em comunhão.

"Será que eu escapo desta?"
"Doutor, agora que estamos sozinhos quero lhe fazer uma pergunta: Será que eu escapo desta? Mas por favor, não responda agora porque sei o que o senhor vai dizer. O senhor vai desconversar e responder: 'Estamos fazendo tudo o que é possível para que você viva'. Mas não me interessa nem o que o senhor está fazendo nem o que todos os médicos do mundo estão fazendo. Sou uma pessoa inteligente. Sei a resposta. Sei que vou morrer. Na escola de medicina os senhores aprendem a ajudar as pessoas a viver. Mas haverá professores que ensinam a arte de ajudar as pessoas a morrer? Pois a morte não é parte da vida da mesma forma que o crepúsculo é parte do dia? Ou isso não faz parte dos saberes de um médico?

O que eu desejo é que o senhor me ajude a morrer. Meus parentes mais queridos se sentem perdidos. Quando quero falar sobre a morte, eles logo dizem: 'Tire essa ideia de morte da cabeça. Logo você estará andando...'. Mentem. Então eu me calo. Quando saem do quarto, choram. Sei que eles me amam. Querem me enganar para me poupar de sofrimento. Mas são fracos e não sabem o que falar... Fico então numa grande solidão. Não há ninguém com quem eu possa conversar honestamente. Fica tudo num faz de conta... As visitas vêm, assentam-se, sorriem, comentam as coisas do cotidiano. Fazem de conta que estão fazendo uma visita normal. Eu finjo que estou prestando atenção, obedecendo às normas da delicadeza. Sorrio. Acho estranho que uma pessoa que está morrendo tenha a obrigação social de ser delicada com as visitas. As coisas sobre que falam não me interessam. Dão-me, ao contrário, um grande cansaço. Elas pensam que estou ali na cama. Não sabem que já estou longe, dentro da minha canoa, navegando no grande rio, rumo à terceira margem. Mas o meu tempo é curto e não posso desperdiçá-lo ouvindo banalidades. Contaram-me de um teólogo místico que teve um tumor no cérebro. O médico lhe disse a verdade: 'O senhor tem mais seis meses de vida...'. Aí ele se virou para sua mulher e disse: 'Chegou a hora das liturgias do morrer. Quero ficar só com você. Leremos juntos os poemas e ouviremos as músicas do morrer e do viver. A morte é o acorde final dessa sonata que é a vida. Toda sonata tem de terminar. Tudo o que é perfeito deseja morrer. Vida e morte se pertencem. E não quero que essa solidão bonita seja perturbada por pessoas que têm medo de olhar para a morte. Quero a companhia de uns poucos amigos que conversarão comigo sem dissimulações. Ou somente ficarão em silêncio'. Enquanto pude, li os poetas. Nesses dias eles têm sido os meus companheiros. Seus poemas conversam comigo. Os religiosos não me ajudam. Eles nada sabem sobre poesia. O que pensam saber são coisas do outro mundo. Mas o outro mundo não me interessa. Não vou gastar o meu tempo pensando nele. Se Deus existe, então não há por que me preocupar com o outro mundo, porque Deus é amor. Se Deus não existe então não há razão para me preocupar com o outro mundo, porque ele não existe e nada me faltará se eu mesmo faltar. Ah! Como seria bom se as pessoas que me amam lessem os poemas de que gosto. Então eu sentiria a presença de

Deus. Ouvir música e ler poesia são, para mim, as supremas manifestações do divino. A consciência da proximidade da morte trouxe lucidez aos meus sentimentos. Eles ficaram simples e claros. Neste momento, o que enche a minha alma é a tristeza. A vida está cheia de tantas coisas boas! Não quero partir... Acho que o nome dessa tristeza é saudade. Já estou com saudades deste mundo... Um amigo me contou que sua filha de 2 anos o acordou pela manhã e lhe perguntou: 'Papai, quando você morrer você vai sentir saudades?'. Foi o jeito que ela teve de dizer: 'Papai, quando você morrer eu vou sentir saudades'. Na cama, o dia todo fico a meditar: 'Nas escolas ensinam-se tantas coisas inúteis que não servem para nada. Mas nada se ensina sobre o morrer'. Me diga, doutor: O que lhe ensinaram na escola de medicina sobre o morrer? Sei que lhe ensinaram muito sobre a morte como um fenômeno biológico. Mas o que lhe ensinaram sobre a morte como uma experiência humana? Para isso seria necessário que os médicos tivessem lido os poetas. Os poetas foram lidos como parte do seu currículo? Na escola de medicina nada lhe ensinaram sobre o morrer humano porque ele não pode ser dito com a linguagem da ciência. A ciência só lida com generalidades. Mas a morte de uma pessoa é um evento único, nunca houve e nunca haverá outro igual. Minha morte será única no universo! Uma estrela vai se apagar. Os remédios que o senhor receita, nesse ponto, são inúteis e o senhor sabe disso. O senhor os receita como desencargo de consciência. Na verdade, o senhor está medicando os meus parentes. São ilusões para manter neles acesa a chama da esperança. Mas há um momento da vida em que é preciso perder a esperança. Abandonada a esperança, a luta cessa e vem então a paz. Mas há algo que os seus remédios podem fazer. Não quero morrer com dor. Nesse ponto, é para isso que serve a ciência: para me tirar a dor. Muitos médicos se enchem de escrúpulos por medo de que os sedativos matem o doente. Preferem deixá-lo sofrendo a fim de manter limpa e sem pecado sua própria consciência. Com isso, eles transformam o fim harmonioso da melodia que é a vida num acorde de gritos desafinados. Somos humanos apenas enquanto brilha em nós a esperança da alegria. Quando a possibilidade de alegria se vai, é porque a vida humana se foi. Este é o meu último pedido: quero que minha sonata termine bonita e em paz... E agora, doutor, me responda: Será que eu saio desta? Ficarei feliz se o senhor não me der aquela resposta boba mas se assentar ao lado da minha cama e me disser: 'Você está com medo de morrer. Eu também tenho medo de morrer...'. Então conversaremos sobre o medo que mora em nós dois que vamos morrer..."

Oração pelos que vão morrer
"Ó tu, Senhor da eternidade, nós que estamos condenados a morrer elevamos nossas almas a ti à procura de forças, porque a Morte passou por nós na multidão dos homens e nos tocou, e sabemos que em alguma curva do nosso caminho ela estará nos esperando para nos pegar pela mão e nos levar... não sabemos para onde. Nós te louvamos porque para nós ela não é mais uma inimiga, e sim um grande anjo teu, o único a poder abrir, para alguns de nós, a prisão de dor e de sofrimento e nos levar para os espaços imensos de uma nova vida. Mas somos como crianças, com medo do escuro e do desconhecido, e temos deixar esta vida que é tão boa, e os nossos amados, que nos são tão queridos. Dá-nos um coração valente para que possamos caminhar por essa estrada com a cabeça levantada e um sorriso no rosto. Que possamos trabalhar alegremente até o fim e amar os nossos queridos com ternura ainda maior, porque os dias do amor são curtos. Sobre ti lançamos a carga mais pesada que paralisa nossa alma: o medo que temos de deixar aqueles que amamos, os quais teremos de deixar desabrigados num mundo egoísta. Nós te agradecemos porque experimentamos o gosto bom da vida. Somos-te gratos por cada hora de nossas vidas, por tudo o que nos coube das alegrias e lutas dos nossos irmãos, pela sabedoria que ganhamos e será sempre nossa. Se nos sentirmos abatidos com a solidão, sustenta-nos com a tua companhia. Quando todas as vozes do amor ficarem distantes e se forem, teus braços eternos ainda estarão conosco. Tu és o Pai dos nossos espíritos. De ti viemos e para ti iremos. Regozijamo-nos porque, nas horas das nossas visões mais puras, quando o pulsar da tua eternidade é sentido forte dentro de nós, sabemos que nenhuma agonia da mortalidade poderá atingir nossa alma inconquistável e, para aqueles que em ti habitam, a morte é apenas a passagem para a vida eterna. Nas tuas mãos entregamos o nosso espírito." (Walter Rauschenbusch, *Orações por um mundo melhor*, São Paulo, Paulus, 1997)

"Amamos não a pessoa que fala bonito, mas a pessoa que escuta bonito..."

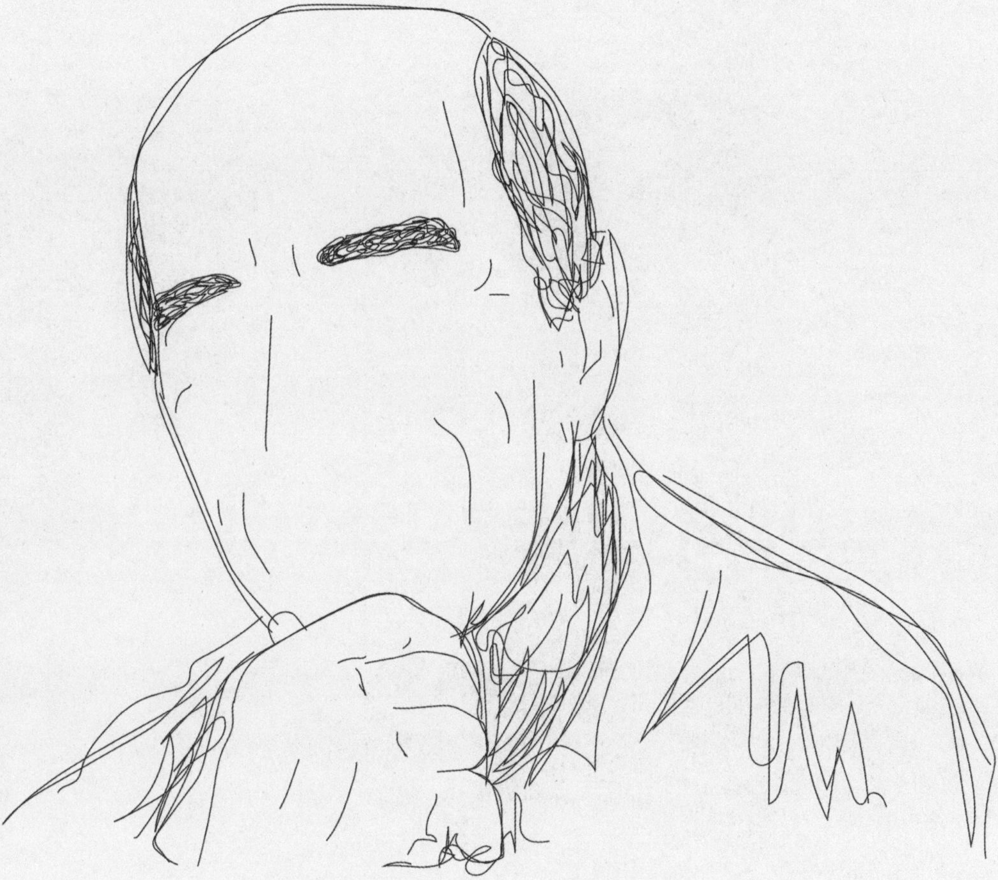

Biografia do autor

Rubem Alves nasceu em 15 de setembro de 1933 em Dores da Boa Esperança, em Minas Gerais. Filho de Herodiano Alves do Espírito Santo e Carmen de Azevedo Alves, caçula dos irmãos Ismael, Murilo e Ivan.

Conheceu muito cedo a pobreza, pois seu pai, que era um homem muito rico, foi levado à falência em 1930 devido à quebra da Bolsa de Nova York em 1929. Por conta disso, a família foi morar em uma roça, com casa de pau a pique, iluminada por lamparinas.

Aos poucos o padrão de vida ia melhorando, e eles se mudaram para Lambari, depois para Três Corações e então para Varginha. Durante as férias escolares, visitavam os avós maternos em um casarão colonial, de família abastada e tradicional em Lavras, Minas Gerais.

A despeito dos tempos pobres, Rubem Alves teve uma infância muito feliz, da qual sempre guardou memórias e "causos" com muito carinho e humor.

Em 1945, a família se muda para o Rio de Janeiro, onde teria um padrão de vida melhor. Rubem foi matriculado no Colégio Andrews, um dos mais famosos da cidade, onde conheceu o *bullying* por ser o garoto de sotaque "caipira" e pobre que estava estudando entre os ricos. Sua adolescência foi marcada por essa vivência, a qual o levou a rumos mais solitários. Em 1948, começou a estudar piano com o intuito de ser pianista profissional e também conheceu a primeira igreja protestante onde se sentiu acolhido, ligando-se ao protestantismo.

Em 1953, com 19 anos, muda-se para Campinas para fazer seu bacharelado em Teologia no Seminário Teológico Presbiteriano (filiado à Igreja Presbiteriana do Brasil), concluído em 30 de novembro de 1957.

Ao iniciar seu bacharelado em Campinas, Rubem Alves cursou paralelamente o CPOR de São Paulo (Centro de Preparação de Oficiais da Reserva) do Ministério da Guerra, o qual concluiu em 10 de setembro de 1954, recebendo sua espada como prêmio de 1º lugar em Artilharia. E também durante esses anos continuou seus estudos de piano, obtendo seu diploma de habilitação para ensinar piano no Conservatório Carlos Gomes em 15 de dezembro de 1956.

No fim do seminário, em 1956, Rubem conhece Lidia Nopper, que começa a namorar. Concluído o seminário, torna-se pastor de uma comunidade presbiteriana em Lavras, no interior de Minas. Rubem e Lidia casam-se em 7 de fevereiro de 1959 e Lidia passa a morar com Rubem em Lavras. Em 10 de dezembro de 1959 nasce Sergio Nopper Alves, o primeiro filho do casal.

Em pouco tempo como pastor, Rubem tomou consciência de que sua linha de pensamento teológica não era convencional, o que o levaria a caminhos difíceis. Como ele mesmo escreveu: "Eu achava que religião não era para garantir o céu, depois da morte, mas para tornar esse mundo melhor, enquanto estamos vivos. Claro que minhas ideias foram recebidas com desconfiança...".

Nessa época, além de pastor, Rubem Alves lecionava Filosofia no curso científico do Instituto Gammon.

Em 17 de julho de 1962 nasce Marcos Nopper Alves, o segundo filho do casal. Em 1963, Rubem viaja sozinho para Nova York para fazer sua pós-graduação em estudos religiosos avançados no Union Theological Seminary, o qual lhe confere o título de Mestre de Teologia Sacra em 19 de maio de 1964, com a defesa da sua tese "A Theological Interpretation of the Meaning of the Revolution in Brazil" [Uma interpretação teológica do significado da revolução no Brasil]. Nesse período, Lidia fica com os filhos em Campinas, onde moravam seus pais.

No fim da sua estadia nos Estados Unidos, descobre a chegada do golpe militar de 31 de março de 1964, o que lhe dá grande preocupação, pois sabia que sua visão como pastor não era considerada ortodoxa. De volta ao Brasil, regressa a Lavras com a família, onde começam seus anos de solidão, medo e perseguição, uma vez que seu nome havia sido enviado ao Supremo Concílio com acusações difamatórias. "Voltei ao Brasil. Comecei a aprender a conviver com o medo. Antes eram só as fantasias. Agora, sua presença naquele homem que examinava o meu passaporte e o comparava com uma lista de nomes. Ali ficava eu, pendurado sobre o abismo, fingindo tranquilidade (qualquer emoção pode denunciar), até que o passaporte me era devolvido." Com ajuda dos seus amigos e contatos, tem acesso ao "dossiê", resultado da incursão militar de meses antes, o qual confirma que Rubem Alves era um dos indiciados. "O que mais doeu foi que uma das peças básicas da denúncia era um documento da direção do Instituto Gammon, escola protestante, que funcionava numa chácara que pertencera ao meu bisavô, que a vendera aos missionários que fugiam da epidemia de febre amarela em Campinas, nos fins do século passado."

Em 1965 foi convidado a fazer doutorado pela United Presbyterian Church (Igreja Presbiteriana Unida dos Estados Unidos da América), em combinação com o presidente do Seminário Teológico de Princeton. Rubem Alves volta aos Estados Unidos para morar em Princeton, desta vez junto com sua família. "Não me esqueço nunca do momento preciso quando o avião decolou. Respirei fundo e sorri, descontraído, na deliciosa euforia da liberdade." Em 4 de junho de 1968 recebe seu título de Doutor em Filosofia. Seus anos de exílio foram de muita felicidade.

Regressam para o Brasil no fim de 1968, para morar em Campinas, quando Rubem experimenta o desemprego. Em 1969 começa a lecionar na Faculdade de Filosofia de Rio Claro, onde inicia sua carreira acadêmica. Nessa época, influenciado pela experiência amarga do desemprego, renova seus conhecimentos de piano, obtendo o registro como professor de piano em 30 de junho de 1970, pelo Conselho Estadual de Cultura.

Em 1971 é convidado a lecionar como professor visitante no Union Theological Seminary, em Nova York, onde vive novamente com sua família durante um ano; quando recebe o título de Cidadão Honorário de Indianápolis. Regressando novamente ao Brasil em 1972, retorna à Faculdade de Rio Claro.

Em 1974, ingressa no Instituto de Filosofia da Universidade Estadual de Campinas (Unicamp). Em 10 de novembro de 1975 nasce sua filha Raquel Nopper Alves, fato que marca a sua vida e sua carreira. Ela nasce com lábio leporino e fissura palatal, e diante disso Rubem Alves transforma seu jeito de escrever. Começa a se desligar dos formatos acadêmicos de escrita, dando espaço àquilo que lhe dizia o coração, como forma de tocar a alma e também ajudar a sua filha.

Em 8 de abril de 1980 conquista o grau de Livre-Docente em Filosofia Política pela Unicamp e em 1982 torna-se membro da Academia Campinense de Letras. Segue sua carreira como professor universitário na Unicamp até o começo da década de 1990, quando se aposenta. Nesse período assume a Diretoria da Assessoria Especial para Assuntos de Ensino (de 1983 a 1985) e a Diretoria da Assessoria de Relações Internacionais (de 1985 a 1988).

Esses anos marcam o início da explosão da sua carreira como escritor, quando começa a lançar seus primeiros livros em 1984, totalmente descomprometidos com a linguagem e o ambiente acadêmicos. Inspirado pela sua filha, começa a escrever estórias para crianças também. No fim dessa década, começa a fazer curso de formação em Psicanálise em São Paulo, para iniciar sua trajetória como psicanalista quando se aposentasse.

Durante a década de 1990, dedicou-se à sua rotina de psicanalista e escritor, e nessa época já era convidado a dar palestras por todo o Brasil na área de educação.

Em 1995 divorciou-se de Lidia para começar um relacionamento com Thais Couto, com quem teve uma relação estável durante catorze anos.

Neste mesmo ano, em 3 de maio, recebe o título de Professor Emérito da Unicamp, devido à sua contribuição ao desenvolvimento da universidade. E em 27 de maio de 1996 recebe o título de cidadão campineiro, pela cultura que trazia para a cidade.

Os anos de seu relacionamento com Thais marcam seu desligamento gradativo da vida de psicanalista, ocupando-se exclusivamente de dar palestras (nacionais e internacionais) e escrever. Foi nesses anos que conheceu o vilarejo de Pocinhos do Rio Verde, por onde se apaixona. Constrói um chalé no alto de uma colina desse lugar, para poder viver perto da natureza também, revezando dias em Campinas e dias em Pocinhos (de 1998 a 2008). Rubem Alves se consagrou como um dos maiores nomes da educação brasileira nesses anos, e também intensificou sua produção literária nas áreas de educação e crônicas do cotidiano.

Em 2003, recebe do governador do estado de São Paulo o Prêmio PNBE "O educador que queremos". Em 2006 seu relacionamento com Thais termina, e Rubem Alves descobre um câncer no estômago, do qual se cura apenas cirurgicamente. Retoma seu relacionamento com Thais no fim desse ano, até 2009, quando rompem definitivamente. Recebe o 2º lugar do Prêmio Jabuti na categoria "Contos e Crônicas" com seu livro *Ostra feliz não faz pérola* (Editora Planeta) e logo em seguida, em 9 de novembro de 2009, submete-se a uma cirurgia cardíaca.

O processo de pós-operatório o reaproxima de Lidia, com quem nunca perdera contato definitivamente. Em 18 de dezembro de 2010 Rubem e Lidia se casam novamente. No início de 2011 descobre o mal de Parkinson, doença que o enfraquece aos poucos, forçando a parada gradativa de suas tarefas e de seus compromissos, como palestras e escritas semanais de crônicas para jornais.

Em 2012, a publicação nos Estados Unidos do seu livro *Transparências da eternidade*, intitulado *Transparencies of Eternity*, recebeu o prêmio Eric Hoffer Awards (Menção Honrosa em Excelência em publicações religiosas). Fundou em 15 de setembro do mesmo ano o Instituto Rubem Alves, com a iniciativa de preservar e perpetuar todo o seu acervo e a sua obra e também marcar a presença do seu pensamento na educação no Brasil.

Faleceu em 19 de julho de 2014, de falência múltipla dos órgãos.

Saiba mais em https://institutorubemalves.org.br/